OLHE
DE NOVO

Tali Sharot e Cass R. Sunstein

OLHE DE NOVO
OLHE DE NOVO

O PODER DE PERCEBER O QUE SEMPRE ESTEVE AO SEU REDOR

Tradução de
Cláudia Mello Belhassof

Copyright © 2025 by Tali Sharot e Cass R. Sunstein
Este livro pode ser exportado para todos os territórios, exceto Portugal.

TÍTULO ORIGINAL
Look Again: The Power of Noticing What Was Always There

PREPARAÇÃO
Ana Gabriela Mano

REVISÃO
Mariana Gonçalves
Rayana Faria

DIAGRAMAÇÃO
Mayara Kelly

DESIGN DE CAPA
James Iacobelli

CIP-BRASIL. CATALOGAÇÃO NA PUBLICAÇÃO
SINDICATO NACIONAL DOS EDITORES DE LIVROS, RJ

S541o

Sharot, Tali
 Olhe de novo : o poder de perceber o que sempre esteve ao seu redor / Tali Sharot, Cass R. Sunstein ; tradução Cláudia Mello Belhassof. - 1. ed. - Rio de Janeiro : Intrínseca, 2025.
 240 p. ; 21 cm.

 Tradução de: Look again : the power of noticing what was always there
 Inclui índice
 ISBN 978-85-510-1410-3

 1. Mudança (Psicologia). 2. Percepção. 3. Mudança de hábito. 4. Conduta. I. Sunstein, Cass R. II. Belhassof, Cláudia Mello. III. Título.

24-94484   CDD: 158.1
        CDU: 159.947.5

Meri Gleice Rodrigues de Souza - Bibliotecária - CRB-7/6439

[2025]
Todos os direitos desta edição reservados à
EDITORA INTRÍNSECA LTDA.
Av. das Américas, 500, bloco 12, sala 303
22640-904 – Barra da Tijuca
Rio de Janeiro – RJ
Tel./Fax: (21) 3206-7400
www.intrinseca.com.br

Para Livia, Leo, Ellyn, Declan e Rían

Mil coisas que pareciam anormais e repulsivas logo se tornaram naturais e comuns para mim. Suponho que tudo na existência absorva o tom das cores dos nossos arredores.

— H. G. Wells[1]

SUMÁRIO

Introdução: Como nos habituamos a tudo o tempo todo 11

PARTE I — BEM-ESTAR

1. **Felicidade:** Sorvete, crise da meia-idade e monogamia 21
2. **Variedade:** Por que você deve dividir o que for bom em pedaços, mas engolir de uma só vez o que for ruim 41
3. **Redes sociais:** Como despertar do coma induzido pela tecnologia 53
4. **Resiliência:** Um ingrediente crucial para ter a mente saudável 67

PARTE II — PENSAR E ACREDITAR

5. **Criatividade:** Supere a habituação do pensamento 83
6. **Mentiras:** Como impedir que o nariz do seu filho cresça 95
7. **(Des)informação:** Como fazer as pessoas acreditarem em (quase) tudo 111

PARTE III — SAÚDE E SEGURANÇA

8 **Risco:** O que os suecos nos ensinaram com o *Högertrafikomläggningen* — 129

9 **Ambiente:** Você poderia morar ao lado de uma fazenda de porcos no sul durante o verão — 145

PARTE IV — SOCIEDADE

10 **Progresso:** Liberte-se das prisões das baixas expectativas — 163

11 **Discriminação:** O Judeu Gentil, a cientista que usa minissaia e as crianças que simplesmente não eram legais — 174

12 **Tirania:** A natureza devastadoramente progressiva da ascensão ao fascismo — 188

13 **Lei:** Como precificar a dor? — 200

14 **Experimentos com vivência:** O futuro da desabituação — 208

Agradecimentos — 215

Notas — 217

Índice remissivo — 233

INTRODUÇÃO:
COMO NOS HABITUAMOS A TUDO O TEMPO TODO

Habituação. Essa pode ser uma característica tão fundamental da vida quanto o DNA.

— VINCENT GASTON DETHIER[1]

Qual foi o melhor dia da sua vida? Talvez você tenha dificuldade para escolher *o melhor*. Sem problema; apenas escolha um dia muito bom.

Algumas pessoas pensam no dia do casamento. Outras, escolhem o dia do nascimento do filho ou da filha, ou o dia da própria formatura. Outras ainda dão respostas mais idiossincráticas: "Quando fiz passos de breakdance com o meu labrador no telhado" ou "Quando fiz um discurso sobre o medo de falar em público". Contanto que tenha sido um ótimo dia, está valendo.

Visualize-se revivendo esse dia. O sol brilha; o céu está azul; você corre pela praia usando seu maiô amarelo. Ou talvez o tempo esteja nublado; a neve, caindo; e você aquece o nariz, vermelho de frio, na pele do seu novo amor. Seja como for: é um dia feliz. Agora, imagine-se revivendo esse dia. De novo. E de novo. E de novo. E de novo. Você está preso num loop do "melhor dia da minha vida". O que vai acontecer?

O seguinte: o melhor dia da sua vida vai se tornar menos empolgante, menos alegre, menos divertido e menos significativo. Em pouco tempo, ele vai se tornar algo tedioso. O sol não vai parecer tão quentinho; a neve, tão mágica; seu amor, tão perfeito; suas realizações, tão importantes; e seus mentores, tão sábios.

O que na segunda-feira era empolgante já se tornou um tédio na sexta. Nós nos *habituamos*, o que significa que reagimos cada vez menos a estímulos que se repetem.² Isso faz parte da natureza humana. Até as coisas que um dia você achou muito empolgantes (um relacionamento, um emprego, uma música, uma obra de arte) perdem o brilho depois de um tempo. A partir de estudos, revelou-se que as pessoas começam a se habituar até mesmo à magia das férias tropicais 43 horas depois de chegar ao destino.³

Mas e se você pudesse restaurar a sensação de encantamento por essas coisas que já perderam o brilho ou as quais você nem sequer percebe mais? E se você pudesse, até certo ponto, se *desabituar*?

É disso que se trata este livro. Vamos refletir sobre o que poderia acontecer se as pessoas conseguissem superar a habituação que passam a sentir no trabalho, na vida íntima ou nos esportes. Qual seria o impacto disso na felicidade, nos relacionamentos, no emprego, na comunidade? E de que modo você poderia fazer isso? Veremos como mudar por determinado tempo o seu ambiente, as regras, as pessoas com quem interage, e fazer minipausas, reais ou imaginárias, na rotina pode ajudar você a recuperar a sensibilidade e voltar a notar elementos que agora passam despercebidos.

Não vamos pensar apenas sobre a desabituação em relação às melhores coisas da vida, como um emprego, uma casa, um bairro ou um relacionamento incrível. Também vamos explorar como é possível se desabituar do que é ruim. Talvez você ache essa ideia pavorosa. Por que alguém iria querer viver coisas terríveis como se fosse a primeira vez? É lógico que, se o fizéssemos reviver o pior dia da sua vida inúmeras vezes, você iria querer ter um cérebro capaz de se habituar. Sua vontade seria que a dor da tristeza ou o sofrimento atenuasse com o tempo. Seria uma bênção.

Faz sentido, mas é aí que está o problema. Quando nos habituamos ao que é ruim, ficamos menos motivados a lutar por mudanças. Quando o pesadelo de terça-feira se transforma no cochilo de domingo, lutar contra a tolice, a crueldade, o sofrimento, o desperdício, a corrupção, a discriminação, a desinformação e a tirania se torna um grande desafio. Habituar-se ao que é ruim pode nos levar a assumir riscos financeiros imprudentes, não perceber mudanças graduais e preocupantes no comportamento de nossos filhos e nossas filhas, permitir que questões pequenas nos nossos relacionamentos amorosos tomem proporções cada vez maiores e parar de nos importar com qualquer tipo de estupidez ou ineficiência no trabalho.

Portanto, vamos explorar o que acontece quando você se habitua não apenas ao que é bom como também ao que é ruim, e como se desabituar de ambos. Viajaremos até a Suécia, onde mudar a faixa da rodovia em que as pessoas dirigem ocasionou uma diminuição temporária no número de acidentes em cerca de 40%, em parte devido à desabituação ao risco.[4] Veremos como as câmaras de ar puro podem ajudar as pessoas a se darem conta da poluição (e, assim, se preocuparem com ela), como se colocar no lugar do outro pode nos ajudar a nos desabituar à discriminação[5] e como dar um tempo das redes sociais pode ajudá-lo a voltar a apreciar a vida.[6] Além disso, vamos analisar como o fato de olhar para as coisas de um novo jeito ou sob outra perspectiva pode resultar em uma inovação surpreendente.

Mas, antes de mergulharmos nisso tudo, pensemos *por que* nos habituamos tão rápido a tudo o tempo todo. (Bem, pelo menos a quase tudo e quase o tempo todo. Chegaremos a essa questão.) Pensemos no motivo de nosso cérebro ter evoluído a ponto de ficar viciado em desejar coisas (um carro de luxo, uma mansão, um casamento bem-sucedido, um emprego que pague muito bem), mas que logo as deixa de lado quando enfim as conquistamos. Questionemos por quê, apesar de sermos criaturas sofisticadas, aceitamos com certa prontidão coisas absurdas que se tornam norma na sociedade, como a crueldade, a corrupção e a discriminação. Para resolver esses enigmas, usaremos ideias e produções — tanto dos nossos estudos quanto de outros pesquisadores — nos ramos da psicologia, neurociência, economia e filosofia.

Por que nos habituamos tão rápido? Não é porque somos fracos, ingratos ou estamos sobrecarregados, incapazes de avaliar ameaças e apreciar as maravilhas da vida. A resposta tem a ver com uma característica básica que nós, criaturas bípedes e cabeçudas, compartilhamos com todos os outros animais que habitam a Terra, incluindo macacos, cachorros, aves, sapos, peixes, ratos, e até mesmo com seres vivos como as bactérias.

COMO TUDO COMEÇOU... E PARA ONDE ESTÁ INDO

Mais de 3 bilhões de anos atrás, seus ancestrais surgiram na Terra.[7] Você, no entanto, não saberia disso só de olhar para eles. A semelhança não é evidente. Eles eram menores e menos refinados. Felizmente, a sofisticação era suficiente para que sobrevivessem em condições rudimentares. Eles não tinham pernas, mas sabiam nadar e cambalear para buscar ambientes ricos em nutrientes. No entanto, até mesmo essas ações primitivas exibiam as marcas da habituação: quando o nível de nutrientes do ambiente era estável, seus ancestrais cambaleavam num ritmo constante, como se estivessem em piloto automático. A frequência dos movimentos só era alterada quando a qualidade de nutrientes mudava.[8]

Quem eram essas criaturas primitivas? Bactérias unicelulares. Como o próprio nome sugere, esses seres só contavam com uma única célula. Para efeito de comparação, seu corpo é composto de 37,2 trilhões de células.[9] Essas células interagem entre si, permitindo que você não apenas nade e cambaleie como também corra, salte, ria, cante e grite. Mas o comportamento de até mesmo uma única célula pode se habituar ao inibir a própria reação.

Muitos anos depois dos organismos unicelulares terem aparecido no planeta, organismos multicelulares simples começaram a surgir. Eles têm neurônios capazes de "conversar" uns com os outros. A probabilidade de conversarem muda com o passar do tempo. Depois que um neurônio envia uma mensagem inicial para o outro — um neurônio sensorial transmitindo informações sobre um cheiro desagradável para um neurônio motor, por exemplo —, é comum que a frequência dos sinais enviados comece a diminuir, mesmo que o odor ainda esteja presente.[10] O resultado é que as respostas comportamentais, como os movimentos feitos para se afastar desse odor, são reduzidas.

Esses processos também acontecem no cérebro humano. Esse é um dos motivos pelos quais você para de notar o cheiro de tabaco depois de alguns minutos num cômodo cheio de fumaça e se surpreende por ter se acostumado a um ruído de fundo que, de início, era extremamente irritante.

Para demonstrar esse princípio básico, voltemos no tempo, até Viena, na Áustria, em 1804. Um médico suíço de 24 anos, Ignaz Paul Vital Troxler, estava realizando estudos no campo da visão quando fez uma descoberta surpreendente.[11] Ele percebeu que, se fixasse o olhar numa imagem a uma distância próxima por tempo suficiente, ela parecia desaparecer. Experimente. Localize na orelha da capa deste livro a imagem de um retângulo colorido com uma cruzinha preta no centro. Fixe os olhos na cruz preta por cerca de trinta segundos. O fundo furta-cor logo vai desaparecer e se transformar em um vazio acinzentado.

Isso acontece porque o cérebro para de responder a coisas que não mudam.* Assim que mover os olhos, você logo vai recuperar a consciência das cores e enxergá-las de imediato. Ao mover os olhos, você muda as informações que estão sendo enviadas para o seu cérebro. É lógico que o cérebro não para de notar nuvens coloridas constantes. Com o tempo, você para de sentir as meias nos pés, ou de ouvir o zumbido persistente de um ar-condicionado.[12] (Talvez esteja deixando de perceber um ruído de fundo agora mesmo!)

Você também se acostuma a circunstâncias muito mais complexas (como riqueza, pobreza, poder, riscos, casamento e discriminação), e esse tipo de habituação envolve a *inibição* ativa entre diferentes neurônios.[13] Por exemplo, imagine que sua vizinha, a sra. Wheeler, tem um pastor-alemão chamado Finley. E ele late muito. No início, os latidos são inesperados, então você percebe cada um deles. Mas, depois de um tempo, seu cérebro cria um "modelo" (ou seja, uma representação interna) da situação ("Sempre que eu pas-

---

* Neste caso, também é possível que seus fotorreceptores tenham parado de responder à imagem.

sar pela casa da sra. Wheeler, Finley vai latir").[14] Você passa a prever o latido. Quando você vive o fato ("Finley late"), seu cérebro compara a experiência ao modelo ("Sempre que eu passar pela casa da sra. Wheeler, Finley vai latir"). Se a experiência combinar com o modelo, sua resposta (neural, emocional, comportamental) será inibida.

Quanto mais experiências você tiver com o latido do Finley, mais precisão terá seu modelo interno, combinando-o cada vez mais à experiência real de ouvir Finley latir. Quanto mais precisa for a combinação, mais sua resposta será inibida. Se a combinação não for idêntica (por exemplo, o cachorro parecer latir mais alto ou mais baixo, ou parecer mais raivoso, ou pular por cima da cerca e correr em sua direção), porém, você será pego de surpresa, e sua resposta será menos inibida.

Vamos testar isso. Olhe para a foto a seguir.

Se você for como a maioria das pessoas, é provável que de início tenha se apavorado ao ver foto. Você pode ter sentido apreensão, repugnância ou até medo por um ou dois segundos. Mas, contanto que o cachorro não salte da página e crave os dentes afiados no seu pescoço macio, seu cérebro vai reagir cada vez menos à boca escancarada e ao olhar raivoso.[15] Como consequência, a sensação de desconforto vai se esvaindo. Você terá se habituado. (Algo parecido acontece com você quando encontra alguém com uma aparência incomum. No início, você vai perceber e talvez se preocupar; depois de um tempo, pode se surpreender ao notar que quase não registra mais o fato.)

Seu cérebro parece ter evoluído e criado diferentes mecanismos, desde aqueles que envolvem uma única célula até os que envolvem sistemas neurais mais complexos, que obedecem ao mesmo princípio prevalente. O princípio é simples: quando algo apavorante ou inesperado acontece, seu cérebro reage com intensidade. Mas, quando tudo é previsível, ele passa a reagir menos e, às vezes, nem sequer responder ao fato. Como a primeira página de um jornal diário, seu cérebro se preocupa com o que mudou há pouco tempo, e não com o que permaneceu igual. Isso acontece porque, para sobreviver, ele precisa priorizar aquilo que é novo e diferente: o súbito cheiro de fumaça, um leão esfomeado correndo na sua direção, ou um interesse romântico promissor passando por perto. Para fazer o novo e o inesperado se destacarem, seu cérebro filtra o que é antigo e esperado.

Nos capítulos a seguir, veremos como compreender o funcionamento do cérebro pode ajudar você a identificar maneiras de se deleitar com as coisas boas às quais se habituou — de modo que aspectos fenomenais da sua vida possam "voltar a brilhar" — e destacar as ruins que você não percebe mais (incluindo os maus hábitos que cultiva) para tentar mudá-las. Vamos considerar questões como saúde, segurança e meio ambiente, explorando maneiras de voltar a perceber riscos sérios aos quais você se acostumou. Mostraremos como tomar consciência de que o cérebro reage menos a estímulos recorrentes pode ajudar a se tornar resiliente frente a desinformações repetitivas vindas de outras pessoas, além de ajudar a lidar com o estresse crônico e com as distrações advindas das redes sociais. Mostraremos as lições que a habituação e a desabituação oferecem na área dos negócios: o que mantém os funcionários motivados e os clientes engajados? Também faremos considerações a respeito do que leva as pessoas a se acostumarem com a discriminação racial e de gênero e até mesmo com a ascensão gradual do fascismo, até que "empreendedores da desabituação" — rebeldes que combatem as regras — apontem essas ocorrências.

Dito isso, a habituação é crucial para a sobrevivência, já que nos ajuda com a rápida adaptação ao ambiente. A incapacidade de se habituar (por exemplo, à dor física) pode gerar grande sofrimento. Algumas pessoas também são menos propensas a se habituar do que outras. Veremos como a habituação lenta pode acarretar uma série de problemas voltados à saúde mental, mas também a insights criativos e inovações extraordinárias (nos negócios, nos esportes e nas artes).

Esperamos que este livro ajude você a redefinir seu cérebro e voltar a enxergar as cores, em vez dos tons de cinza.

PARTE I

BEM-ESTAR

RPM STAR

1

FELICIDADE:
SORVETE, CRISE DA MEIA-IDADE E MONOGAMIA

> *Se eu tivesse ficado aqui nos últimos dezoito anos fazendo a mesma coisa o dia inteiro, todos os dias, é provável que aquele pó de pirlimpimpim teria desvanecido da minha vida. Mas eu me afasto e acabo sentindo muita saudade de tudo. Aí volto, e o brilho volta também.*
>
> — JULIA[1]

Conheça Julia e Rachel. Essas duas mulheres estão vivendo o que muitas pessoas chamariam de "vida encantada". Elas têm entre 50 e 60 anos; Julia mora no Novo México, e Rachel, no Arizona. Ambas têm parceiros amorosos. Julia tem três filhos adoráveis: dois meninos e uma menina. Rachel tem duas filhas. Tanto Julia quanto Rachel têm empregos gratificantes nos quais se destacam e que as deixaram ricas. Elas também estão em forma e são saudáveis. Muitas pessoas diriam que as duas foram, digamos, abençoadas.

As semelhanças, no entanto, terminam por aqui. Embora as duas mulheres tenham ganhado na loteria da vida em diversos aspectos, a experiência subjetiva de cada uma é bem diferente. Na maioria dos dias, Julia se sente agraciada pela sorte que tem, mas Rachel não vê mais sua vida sob a perspectiva de um conto de fadas.

Julia fica maravilhada com os milagres da própria vida, dos mais aos menos expressivos. Ela afirma ter uma "vida feliz". Se alguém pergunta como é um dia ideal em sua vida, ela responde: "Quando há harmonia em casa: dias em que acordo e preparo o café da manhã, e então mando minhas crianças para a escola. Em seguida, saio em alguma aventura com meu marido: andamos de bicicleta, tomamos um café, ou fazemos uma refeição em algum lugar. E ainda assim sobra tempo para mim mesma, até que me dou conta de que já são quase três da tarde. Então saio para buscar as crianças na escola, e depois tem o treino de lacrosse. E por fim preparo o jantar."[2]

Rachel tem algo a dizer sobre dias assim: "Um tédio!" Lógico que ela entende a benção que é ter uma família, dinheiro, saúde e amigos. Não é que Rachel seja uma pessoa triste ou esteja deprimida, mas ela não considera a própria vida cotidiana "feliz". Para ela é "razoável".

Que ingredientes cruciais diferenciam Julia de Rachel? Não é algum traço de personalidade nem genético. Também não se trata da qualidade dos relacionamentos com a família e os amigos. A diferença é pequena, mas significativa. Julia viaja a trabalho com frequência; passa alguns dias fora, às vezes semanas, e depois volta para casa. Ela diz: "Eu me afasto e sinto muita saudade de tudo. Aí volto, e o brilho volta também." Estar longe permite que ela perceba "a alegria dos detalhes da vida". Ela diz: "Se eu tivesse ficado aqui nos últimos dezoito anos fazendo a mesma coisa o dia inteiro, todos os dias, é provável que aquele pó de pirlimpimpim teria desvanecido da minha vida."[3]

Rachel não faz pausas frequentes da rotina e, por isso, não percebe o pó de pirlimpimpim que cobre seu mundo. Ela não sabe como é ter uma vida sem o marido, as filhas e a casa confortável. Pelo contrário, tudo está ali, bem na frente dela, todo santo dia. Como resultado, acumulam poeira e perdem o brilho.

Temos um segredo para compartilhar: você já deve ter ouvido falar na Julia. Talvez já tenha passado um tempo com ela na sala de casa, comendo pipoca, de pijama. A Julia de quem estamos falando é ninguém menos que Julia Roberts, a famosa atriz (e as declarações são reais). Sabemos o que está pensando: "É óbvio que a Julia Roberts é alegre e grata. Não existe alguém mais privilegiado que ela!" Mas, neste caso, achamos que as observações de Julia a respeito de sua vida extraordinariamente privilegiada podem lançar luz sobre a experiência humana comum. E acreditamos que elas têm o potencial de oferecer insights sobre como a vida de cada um de nós pode voltar a brilhar.

Agora, embora nunca tenha ouvido falar de Rachel (ela é uma conhecida minha cujos detalhes que poderiam identificá-la foram alterados), é provável que você conheça alguém que se pareça com ela. De várias maneiras, Rachel representa a realidade vivida por muita gente. Ela reflete a experiência cotidiana de muitos de nós que podemos até não ter o que Rachel tem, mas que temos, sim, coisas preciosas na vida (talvez uma família amorosa, ou bons amigos, ou até um emprego interessante, ou um talento), mas temos a tendência de não prestar muita atenção nisso — pelo menos não a cada momento nem todos os dias.

O que pode parecer incrível para outras pessoas, ou o que já foi incrível para nós, se torna parte da paisagem da vida. Nós nos habituamos. Por exemplo, a partir de estudos, revelou-se que, assim que se casam, as pessoas em geral relatam estar mais felizes. Mas, passados cerca de dois anos desse alegre período da lua de mel, os níveis de felicidade tendem a diminuir, voltando aos analisados antes do casamento.[4]

Então, tentaremos entender por que pessoas como Rachel param de notar e apreciar as coisas boas da própria vida, e como Rachel pode adotar a perspectiva de vida de Julia. Isto é, sem ter que se tornar uma estrela de Hollywood com um sorriso estonteante.

SORVETE TODO DIA

Recentemente, ao subir uma trilha pelas montanhas, na Califórnia, Tali e sua filha de 9 anos, Livia, depararam com uma mansão lindíssima localizada em um penhasco à beira-mar. Imagine as mansões europeias estonteantes daqueles filmes antigos com a atriz Grace Kelly. (É possível que Julia more numa dessas hoje em dia.) Tali suspirou, deslumbrada, e então perguntou à filha se ela gostaria de morar numa mansão como aquela.

— Não! — respondeu Livia.

— Por que não? — perguntou Tali.

— Ah, é que sempre que eu ganho um sorvete ou um brinquedo, é como se fosse um presente, e eu fico muito feliz. Mas uma pessoa rica desse jeito deve ter sorvete e brinquedos o tempo todo, então não deve ser tão legal pra ela, porque ela tem aquilo todo dia. O sorvete e os brinquedos não parecem mais um presente, e aí você não se sente mais grata por eles.

O argumento de Livia faz sentido. Ele é, inclusive, repetido por pensadores mais maduros. O economista Tibor Scitovsky, por exemplo, afirmou que o prazer resulta da satisfação incompleta e intermitente dos desejos. Vale a pena repetir: *o prazer resulta da satisfação incompleta e intermitente dos desejos.*[5] Isso significa que as coisas boas da vida (o que quer que você deseje — comidas maravilhosas, ótimo sexo, carros de luxo) só vão desencadear uma explosão de alegria se você as tiver de vez em quando. No entanto, uma vez que essas experiências se tornam frequentes, talvez até diárias, elas param de gerar um prazer verdadeiro. Em vez disso, geram conforto. Scitovsky acreditava que sobretudo a riqueza transforma as boas emoções em conforto — algo bom, mas entediante.

Achamos que o insight geral de Scitovsky é correto, mas não tão associado assim à riqueza. Não é necessário ser rico para transformar o prazer intermitente em conforto mundano. Pense no macarrão com queijo. Muita gente (incluindo Livia) gosta bastante do prato, que pode ser considerado básico. Talvez você também goste dessa massa quentinha e pegajosa, cheia de queijo. Mas o que aconteceria se você a comesse todo santo dia?

Sabemos a resposta porque um grupo de pesquisadores conduziu um estudo científico com grupo controle para descobrir.[6] Eles recrutaram determinado número de voluntários e os dividiram de maneira aleatória em dois grupos. Um deles comeu macarrão com queijo em uma das refeições todos os dias por uma semana. No início da semana, os voluntários adoravam a comida, mas, aos poucos, com o passar dos dias, começaram a achar o macarrão com queijo cada vez menos agradável. Haviam simplesmente se habituado ao prato. Quase qualquer estímulo recebido várias vezes num período curto, seja um jardim de flores, sejam pilhas de lixo na calçada, vai provocar uma reação emocional menor, não importa se boa ou ruim.

O outro grupo de voluntários comeu macarrão com queijo em uma das refeições apenas uma vez por semana, durante cinco semanas. Eles adoraram a refeição na primeira semana. E na segunda semana. E na terceira. Você já deve ter percebido onde isso vai parar. Não houve queda no nível de prazer que sentiam ao comer macarrão com queijo, porque *o prazer resulta da satisfação incompleta e intermitente dos desejos*.

Talvez você esteja triste pelo grupo que comeu macarrão com queijo todos os dias. Por favor, não fique. Os participantes que receberam a mesma refeição todos os dias passaram a comer menos macarrão com queijo, e isso fez com que suas calças jeans coubessem com mais facilidade. Aqueles que só comeram o prato uma vez por semana sempre consumiam a mesma quantidade, e alguns tiveram dificuldade para abotoar a calça.*

RECUPERE O BRILHO

Julia "come macarrão com queijo" sem pausas. Quando a habituação se instala, é porque está na hora de ela viajar e comer bife com batatas fritas. Quando ela volta, algumas semanas depois, o "macarrão com queijo" parece divino outra vez. Rachel, em contrapartida, tem "comido macarrão com queijo" todo santo dia há décadas. Ela consegue se lembrar da empolgação da primeira garfada — a primeira noite em sua casa, as primeiras semanas no emprego incrível, o primeiro beijo com o marido. Mas, conforme o efeito da novidade foi passando, o prazer também passou.

---

* Embora experimentar a mesma coisa várias vezes costume reduzir a quantidade de prazer que sentimos com determinada experiência, ter alguma familiaridade pode aumentá-lo. Por exemplo, o *efeito da mera exposição* é um fenômeno psicológico no qual as pessoas tendem a desenvolver uma preferência por certas coisas (arte, música, feições) pelo simples fato de lhe serem familiares. Então, as primeiras repetições podem aumentar a alegria antes de acabarem diminuindo-a por causa da habituação.[7]

Rachel nos lembra de um personagem trágico chamado Henry Francis Valentine, do antigo programa de televisão *Além da imaginação*. Em um episódio chamado "Outro lugar", Henry, um criminoso, é baleado pela polícia e morre durante um assalto. Ao acordar, ele percebe que está na presença de seu simpático anjo da guarda, Pip, que o informa de sua morte. Henry fica atônito, mas logo descobre que Pip está disposto a dar tudo o que ele quiser: dinheiro, apostas certas em cassinos, oportunidades com mulheres bonitas, qualquer coisa mesmo. *Devo estar no paraíso*, pensa Henry.

É tudo bem empolgante no início. No entanto, depois de algumas semanas, Henry começa a enlouquecer de tédio. Ao que parece, dinheiro, champanhe e carros velozes não são tão agradáveis se você tem acesso a eles o tempo todo, a qualquer hora do dia. Henry não aguenta mais. Ele implora a Pip que o leve ao "outro lugar" — você sabe, aquele com as chamas ardentes. "O que o fez pensar que estava no paraíso, sr. Valentine? *Este é o outro lugar!*", diz Pip.

É lógico que Rachel não está confundindo o paraíso com o inferno. No entanto, ela não se encanta por completo com as alegrias do próprio paraíso na terra porque já está habituada a ele. Com "habituada a ele" queremos dizer que ela tem uma percepção reduzida de tudo que há de adorável na própria realidade (cozinha limpa, obras de arte, árvores frondosas); ela reage menos a tudo isso, aprecia menos. Para voltar a sentir alegria, talvez precise se desabituar. Para nos desabituarmos a determinada coisa (uma comida específica, um casamento bem-sucedido, um excelente emprego, o calor do sol, o azul do mar), precisamos ficar longe dela por um tempo, para que assim possamos nos surpreender outra vez com quão boa é.

Até mesmo pequenas pausas podem desencadear a desabituação e despertar a alegria. Por exemplo, você prefere escutar uma música do início ao fim ou que a experiência seja interrompida por pequenas pausas? Acreditamos que prefira a primeira opção. A maioria das pessoas responde isso. Mas, se sua meta é maximizar a satisfação, sua escolha pode estar errada.

Em um estudo,[8] voluntários foram submetidos a melodias agradáveis, divididos entre quem as escutaria do início ao fim ou com pequenas pausas, e então deram uma nota para a própria satisfação. Embora 99% dos voluntários tivessem previsto que as pausas piorariam a experiência, na realidade, o efeito foi o exato oposto! Quem ouviu as melodias com pausas curtiu mais a experiência. Esse grupo também se mostrou disposto a gastar o dobro para ouvir a mesma música num show do que aquele que a escutou sem pausas.

As pausas reduziram a tendência a habituar-se a algo bom, então as explosões de alegria que a música causava foram mais duradouras. Surpreendentemente, esse resultado se deu a despeito do que as pessoas faziam durante a pausa. Um grupo não fazia nada, outro, ouvia barulhos irritantes, e o terceiro, escutava outra música. Em todos os casos, as pausas aumentaram a satisfação que todo o grupo sentiu enquanto ouvia a melodia original.

Ao que parece, a maioria das pessoas subestima o poder da habituação e não percebe os benefícios de dividir boas experiências em segmentos. Como resultado, podem decidir consumi-las (seja uma música, seja uma massagem, um filme ou férias) de uma só vez, em vez de inserir pausas artificiais que tornem essas experiências mais bem aproveitadas (falaremos mais sobre isso no próximo capítulo).

Bem, Rachel pode não ter a opção de escapar de jatinho para fazer pausas na rotina por alguns dias ou semanas como Julia Roberts, mas até mesmo uma noite ou um fim de semana longe de tudo pode desencadear a desabituação. Um tempo afastada, por mais curto que seja, vai permitir que Rachel encare a vida sob um novo olhar — vai oferecer uma quebra na própria realidade. Porém, e se Rachel não conseguir escapar nem mesmo por um fim de semana? Bem, talvez ela possa mudar de ares apesar de permanecer no mesmo lugar. Por exemplo, quando Tali teve Covid-19 enquanto escrevia este livro (seus sintomas foram fracos), ficou exilada no quarto de hóspedes no porão de sua casa. Ela se surpreendeu ao descobrir que morar no porão parecia uma aventura. Quando o isolamento acabou, e ela pôde retomar o convívio com a humanidade no térreo, a vida doméstica pareceu, como diria Julia, ter sido salpicada com pó de pirlimpimpim mais uma vez.

Você não precisa, no entanto, usar seu porão como destino improvisado de férias para desencadear a desabituação — pode usar a própria imaginação. Laurie Santos, também conhecido como "professor de felicidade de Yale", sugere mudar de ares usando apenas a mente.[9] Feche os olhos e imagine a sua vida, mas sem sua casa, seu emprego, sua família; crie imagens vívidas, com cores e detalhes. A experiência não só é horrível como também faz a maioria das pessoas se sentir sortuda por ter o que tem.

É meio que como ter um pesadelo no qual você perde um ente querido. Quando acorda e percebe que foi só um sonho e que a pessoa está bem ao seu lado, você sente ainda mais gratidão. Antes do pesadelo, você podia até *saber* que tem algo a apreciar, porém, mais que isso, depois de despertar do sonho você também *sente* isso.

Mesmo ao se habituar a determinada coisa boa, você pode muito bem *saber* que ela é maravilhosa. Por exemplo, se tem a sorte de ter garantido o emprego dos seus sonhos, você talvez não sinta mais o "Uau!" quando entra no escritório, mas ainda assim tem consciência de que se trata de um excelente cargo. Isso acontece porque a sua avaliação explícita do que é bom não se habitua com a mesma rapidez que seus sentimentos.

Num estudo conduzido na Universidade Haifa, em Israel, no laboratório de Assaf Kron,[10] um grupo de voluntários foi submetido a uma série de fotografias de coisas agradáveis, como um filhotinho de cachorro adorável ou um bebê fofinho. Cada foto foi mostrada dezesseis vezes. Enquanto os voluntários as observavam, seus movimentos faciais eram medidos com o uso de eletromiografia (EMG). O EMG registra a atividade elétrica produzida pelos músculos esqueléticos. Quando você sente prazer, os músculos zigomáticos se movem, e isso possibilita que você sorria. Esses músculos se estendem desde os ossos zigomáticos (as maçãs do rosto) até os cantos da boca.

Quando os voluntários observaram as fotos fofas pela primeira vez, os músculos zigomáticos foram ativados de leve, e eles relataram sentir prazer. No entanto, com o tempo, eles se habituaram — e relataram sentir cada vez menos prazer a cada exposição repetida ao filhotinho ou ao bebezinho, e os músculos zigomáticos se moveram cada vez menos (uma condição de controle mostrou que isso não estava relacionado à fadiga). Mesmo assim, os voluntários continuaram a classificar as fotos como maravilhosas. Embora *soubessem* que as fotos eram adoráveis, eles não sentiam mais alegria ao vê-las. O que apreciamos em nível intelectual pode ser dissociado do que sentimos em nível emocional.

Essa separação entre "sentir" e "saber" faz sentido se você considerar que o "sentir" — as emoções — é uma reação evolutiva antiga que os seres humanos compartilham com outros animais mais abaixo na escala evolutiva, enquanto o "saber" pode ser compreendido como uma capacidade mais recente e, de certas maneiras, mais explicitamente humana. Tanto um quanto o outro se apoiam em sistemas cerebrais um tanto diferentes. A "antiga" reação emocional se habitua depressa, enquanto a "nova" reação intelectual leva mais tempo.

Mas por que a reação emocional se habitua depressa? Por que nosso cérebro evoluiu de tal maneira que sente cada vez menos prazer com as coisas boas que se manifestam com constância ou repetição? Não seria ótimo se você se encantasse com seu emprego, sua casa ou seu cônjuge como no início?

Talvez sim, talvez não. A habituação ao que é bom faz você seguir em frente e progredir. Se não se habituasse, ficaria satisfeito com menos do que seria capaz de alcançar. Por exemplo, um cargo iniciante poderia deixar você feliz mesmo depois de muitos anos. Bem, se satisfazer com menos pode ser desejável, mas isso também significa que sua motivação para aprender, se desenvolver e mudar seria reduzida. Sem a habituação emocional, nossa espécie talvez não tivesse alcançado a inovação tecnológica nem criado as belas obras de arte que temos, porque é provável que as pessoas não teriam motivação para criá-las.

É necessário chegar a um equilíbrio delicado nessa situação. A habituação pode nos levar à insatisfação, ao tédio, à inquietação e à ganância. Mas sem ela (e, ousamos dizer, sem esses sentimentos evocados por ela) talvez ainda morássemos em cavernas.

Um dos motivos para não estarmos todos sentados numa caverna fria e escura neste momento é que progredir nos deixa felizes. A alegria muitas vezes vem de nos percebermos em movimento, mudando, aprendendo e evoluindo. Tomemos como exemplo uma pesquisa conduzida em Londres por dois neurocientistas, Bastien Blain e Robb Rutledge.[11] Eles pediram aos voluntários que relatassem seus sentimentos em intervalos de poucos minutos enquanto estavam envolvidos em um jogo novo. Descobriram que os voluntários ficavam mais felizes não quando ganhavam mais dinheiro no jogo (embora isso também os alegrasse), e sim quando aprendiam sobre o jogo. O aprendizado contribuía mais que o dinheiro para a felicidade. Nós nos habituamos a coisas — um carro luxuoso, uma TV de muitas polegadas —, mas não à alegria de aprender, porque o aprendizado é, por definição, uma mudança. E não é possível se habituar à mudança.

Em *A importância de ser prudente*, de Oscar Wilde, Ernest Worthing diz à sua pretendente romântica, Gwendolen Fairfax, que ela é perfeita. Em contrapartida, ela responde: "Ah! Espero que eu não seja assim. Isso não deixaria nenhum espaço para eu me desenvolver, e eu pretendo me desenvolver em várias direções."[12]

Gwendolen não está sozinha. Como Henry Valentine aprendeu em *Além da imaginação*, a perfeição não é um estado que as pessoas apreciam. Em um estudo, Andra Geana e seus colegas em Princeton[13] pediram a voluntários que jogassem um videogame para o qual tinham todas as informações necessárias para obter um desempenho perfeito. As pessoas não gostaram nada desse jogo. Logo ficaram entediadas. ("Este é o outro lugar!") Então, Geana lhes deu outro jogo. Neste, os voluntários não tinham de antemão as informações sobre como ter um bom desempenho — precisavam aprender conforme avançassem no jogo. Os voluntários ficaram muito mais envolvidos. Eles se divertiram bem mais, embora também tivessem que se esforçar mais para obter um desempenho perfeito.

Depois, Geana deu aos jogadores a oportunidade de alternar entre um jogo e outro. Ela descobriu que os jogadores estavam muito mais suscetíveis a ir do jogo do conhecimento perfeito para o da incerteza e do aprendizado — e permanecer neste. Quando não há espaço para aprender, ficamos entediados e infelizes.

MESMICE DA MEIA-IDADE

Quando a mudança é interrompida — quando você deixa de aprender e progredir —, a depressão chega com tudo. Acreditamos que esse seja um dos principais motivos da temida "crise da meia-idade". Ao escutar essa expressão, pode ser que você imagine um homem careca com mais de 50 anos dirigindo um carro esportivo vermelho. Mas a realidade é bem diferente. A queda nos níveis de felicidade entre os 40 e os 60 anos é observada em todos os indivíduos, sejam de diferentes países, sejam de diferentes profissões e circunstâncias de vida — casados, solteiros, gays, heterossexuais. Essa queda foi observada em pelo menos setenta países, a partir de entrevistas com milhares de pessoas.[14]

A idade exata em que as pessoas atingem o fundo do poço difere um pouquinho de um país para o outro. Por exemplo, acontece na faixa dos 40 anos nos Estados Unidos, no Reino Unido, no Canadá e na Suécia; dos 50 na Índia, na França, na Alemanha e na Argentina; e bem no início dos 60 na Grécia, no Peru e na Áustria. (Rússia, Croácia, Polônia e Bósnia são exceções: os níveis de felicidade só chegam ao fundo do poço em pessoas na faixa dos 70 ou 80 anos.)

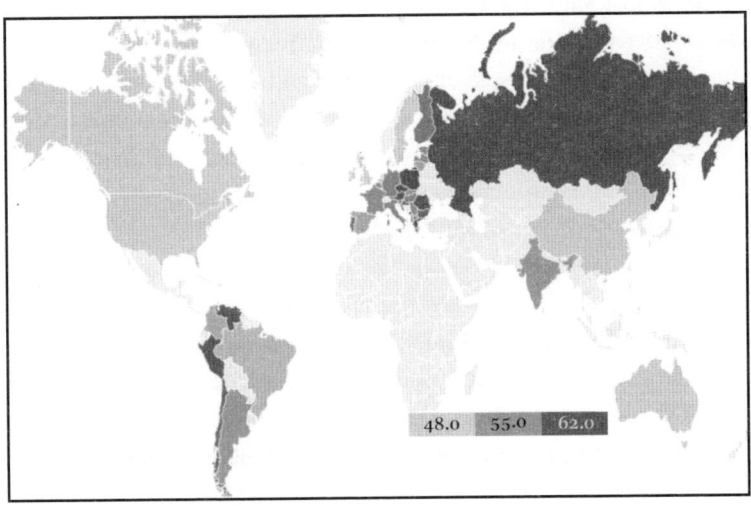

A idade com maior taxa de infelicidade no mundo. A faixa etária em que os níveis de felicidade atingem o ponto mais baixo em países de todo o mundo (considerando aqueles onde os dados estavam disponíveis e foram analisados). As cores mais escuras indicam o "fundo do poço" em idade mais avançada (por volta dos 62), enquanto as cores mais claras indicam a queda de felicidade mais precoce (por volta dos 48).[15]

Antes de chegarem à marca da meia-idade, muitos indivíduos podem sentir que estão aprendendo e evoluindo no campo profissional e em outras áreas da vida — aprendendo dança do ventre, como ser um amigo de verdade, enfermeiro, cozinheiro, escrevente, professor, cônjuge, advogado, ativista, chef de confeitaria, figura parental. Quando se tem 19 anos, tudo é possível: você pode se apaixonar hoje ou amanhã e aprender algo que vai virar sua vida do avesso ou mudá-la por completo. Mas, conforme se aproximam da meia-idade, muitas pessoas se sentem estagnadas. Passam a sentir que as coisas estão estáveis e que vão continuar assim por muito tempo.

Estabilidade não é algo ruim, e a vida pode ser "boa" no sentido convencional. Mas ela implica menos mudança, menos aprendizado, menos acontecimentos desconhecidos ou imprevisíveis. As pessoas podem ter coisas ótimas na vida, mas muitas delas são constantes; são coisas às quais os indivíduos se habituaram.

No entanto, não se preocupe: a infelicidade não dura para sempre. Ela evoca uma reviravolta positiva conforme ficamos ainda mais velhos. Sabe aquela imagem do idoso rabugento? Os dados não a corroboram. Pode parecer surpreendente, mas já foi demonstrado que os níveis de felicidade voltam a crescer depois da meia-idade e continuam a aumentar até nossos últimos anos de vida.[16] Talvez isso aconteça porque, após ultrapassar essa marca (fim dos 50 anos, início dos 60), a mudança se manifesta de novo — em geral, é o momento em que o filho ou a filha saem de casa, as aventuras aparecem, as pessoas se aposentam e buscam novos horizontes. Isso é só especulação, mas talvez a necessidade de reestruturar a vida e aprender a ser uma pessoa diferente sob novas circunstâncias impulsione esses indivíduos a sair da habituação e seguir rumo ao aprendizado e à desabituação.

Em contrapartida, a "mesmice" da meia-idade pode ser duradoura e desmotivadora. As taxas de suicídio (sobretudo no caso dos homens) são em certo grau expressivas entre as pessoas que estão quase chegando aos 50 anos.[17] Os motivos que levam ao suicídio são complexos e diversos, mas a falta de mudança, a redução do aprendizado e a sensação de progresso interrompido podem contribuir para essa alta da estatística.

GELADEIRAS E RELÓGIOS *VERSUS* PRAIAS E SHOWS

Para combater o marasmo inerente à meia-idade, os indivíduos podem tentar induzir mudanças. Peter compra uma moto, Jacqueline vive se mudando, Chloe muda de emprego, Muhammad desenvolve habilidades de jardinagem, Viola viaja para a China e Thomas faz um curso de escrita criativa na faculdade local. Quem terá mais sucesso em dar uma injeção de felicidade na rotina?

Bem, a partir de várias pesquisas mostra-se que experiências (férias, idas a restaurantes, eventos esportivos, shows, cursos, o desenvolvimento de uma nova habilidade) tendem a gerar mais alegria do que novas posses (carros, casas, tablets, roupas, móveis, televisões, lava-louças). Talvez você já tenha ouvido falar dessa famosa descoberta,[18] mas pode não saber *por que* as experiências (em geral) deixam as pessoas mais felizes do que adquirir bens.

Pense em algum bem material que você comprou em algum momento recente. (Um notebook novo? Uma bicicleta? Uma geladeira?) Ótimo, agora pense na aquisição de uma experiência que você teve também por agora. (Uma viagem para Londres? Uma ida a uma churrascaria? Ingressos para um jogo de futebol?) Tente escolher duas coisas (um bem material e uma experiência) que lhe custaram mais ou menos a mesma quantia e que você adquiriu mais ou menos na mesma época (algumas semanas ou meses atrás). Qual é o seu nível de satisfação com cada uma delas?

Se for como a maioria das pessoas, você terá se sentido mais feliz com a experiência em detrimento do bem material. Esse resultado foi obtido a partir de estudos, mas nós já sabíamos disso, certo? Agora vem a parte interessante. Quando as pessoas pensam em suas aquisições *anteriores*, elas costumam ficar mais felizes com as férias na Carolina do Sul do que com o sofá novo; com o musical na Broadway ao qual assistiram do que com a camisa polo nova; porém, no exato momento da compra, não há diferença alguma no nível de felicidade obtido com cada coisa.[19] Por que isso ocorre?

Embora a satisfação gerada por bens materiais diminua radicalmente ao longo do tempo, o mesmo não acontece com a satisfação proveniente de experiências. De acordo com os resultados de pesquisas, muitas vezes ela aumenta! A alegria que você obtém da compra de uma geladeira ou de ingressos para um show pode ser quase a mesma no início, mas, ao passo que você se habitua a uma geladeira French Door da KitchenAid, a felicidade desencadeada pela lembrança de ver uma apresentação do Prince, antes de sua morte precoce, na O2 Arena, em Londres, dura a vida toda. O impacto duradouro que as experiências causam nas taxas de felicidade em relação ao impacto fugaz dos bens materiais pode ser um dos motivos por que as pessoas estão mais suscetíveis a se arrepender de não ter adquirido uma experiência (uma viagem a Paris, um passeio de pônei) do que de ter deixado de comprar determinado bem.

Não estamos dizendo que todas as experiências são melhores do que todas as posses. Algumas experiências são horríveis, e algumas posses, divinas. Como escreveu Samuel Johnson: "Nada é mais desesperador do que um projeto de alegria."[20]

Apesar disso, *em geral*, muitos de nós parecemos subestimar o valor das experiências e superestimar o valor dos bens materiais.[21] Um motivo para esse erro sistemático é acharmos que as posses são duradouras, e as experiências, por sua vez, fugazes. Parece fazer sentido pensar assim — uma geladeira, um carro ou um adereço vão durar anos. (Tali ainda usa roupas que comprou quando tinha 15 anos; isso é o que eu chamo de dinheiro bem gasto.) Uma caminhada na orla, um salto de bungee jump, uma aula de música, uma estadia num hotel caro são coisas que duram semanas, dias, horas ou até mesmo minutos. Na mente humana, no entanto, a posse está mais suscetível a ser efêmera, e a experiência, a durar para sempre. Depois de pouco tempo, talvez uma nova posse comece a passar despercebida por você. Em contrapartida, uma experiência pode gerar benefícios duradouros.

Pense num mergulho espetacular, numa aula que mudou por completo sua visão de mundo, numa viagem para o Alasca. Tudo isso pode voltar a sua mente — não em pequenas doses, e sim em grandes. Não é *apesar* de sua fugacidade que essas lembranças ainda brilham, e sim *por causa* dela. Pense num romance maravilhoso. Romances breves podem ser salpicados de pó de pirlimpimpim nostálgico por décadas, ao passo que os que atravessaram décadas podem ser lembrados sem nenhum pó de pirlimpimpim.

QUANDO PARIS, FRANÇA, SE TORNA PARIS, IDAHO

No filme *Casablanca*, Rick e Ilsa vivem um romance fugaz. Quando chega a hora de partir, Rick se vira para Ilsa e diz: "Nós sempre teremos Paris." Temos certeza de que Paris (e *Casablanca*) estarão gravados bem fundo em seus córtices até os últimos dias de sua vida. E se, no entanto, o contexto não fosse a Segunda Guerra Mundial, e Rick e Ilsa não precisassem se separar? Se, em vez disso, eles se casassem, fossem morar juntos, tivessem um ou dois filhos ou filhas e, depois, um punhado de netos e netas? E se o Titanic nunca tivesse afundado? E se Rose e Jack tivessem desembarcado juntos do grandioso navio na cidade de Nova York?

Oscar Wilde tinha uma visão nítida sobre esse assunto: "É muito romântico se apaixonar. Mas não há nada de romântico numa proposta definitiva. (...) A empolgação desaparece logo depois. A essência do romance é a incerteza."[22]

Pouco tempo atrás, Cass foi a um casamento em Nova York. A conversa à mesa de jantar se voltou naturalmente para os tópicos amor e casamento. Por algum milagre, sentada bem diante de Cass, estava uma especialista no assunto: a renomada terapeuta de casais Esther Perel. As perspectivas dela sobre esse assunto não são muito diferentes das de Wilde.

Perel já atendeu inúmeros casais. Ela observou que, ao longo dos anos, a intimidade e o conforto aumentam entre os cônjuges. É comum que o amor persista. A empolgação, no entanto, incluindo a excitação erótica, diminui.

"A intimidade aumenta pela repetição e familiaridade", diz Perel, "mas o erotismo é entorpecido pela repetição."[23] Este, então, é o paradoxo: o aumento da intimidade muitas vezes anda lado a lado com a redução do desejo sexual, transformando-o em uma chama mais fraca.

Na visão de Perel, o erotismo "floresce com o misterioso, o novo e o inesperado" (como disse Wilde, "a incerteza"), porque "o desejo exige uma elusividade constante. Ele está menos interessado pelos locais onde já esteve e mais apaixonado pelos locais aonde ainda pode ir". O que os casais esquecem é que "o fogo precisa de ar".

A novidade e a mudança, fundamentais para o desejo, não combinam com a segurança e a previsibilidade, elementos que as pessoas também valorizam e dos quais precisam. "Privada do enigma", diz Perel, "a intimidade se torna cruel quando exclui todas as possibilidades de descoberta. Quando não há mais nada a esconder, não há mais nada a procurar." O hábito e a rotina são brochantes. Como diz ela: "O desejo bate cabeça com o hábito e a repetição."[24]

Quando seu parceiro se torna fixo e previsível aos seus olhos, a paixão é reduzida ou até mesmo extinta. No entanto, essa percepção da previsibilidade não passa de uma ilusão. Podemos garantir que a pessoa com quem você se relaciona tem segredos, experiências e perspectivas que você ficaria surpreso ao descobrir, mesmo que estejam juntos há décadas. (Esperamos que nenhum deles seja do tipo pavoroso, embora alguns possam ser desagradáveis.) A ideia de que você conhece seus entes queridos como a palma da própria mão é simplesmente equivocada, não importa se trata-se de um cônjuge, melhor amigo(a), filho ou filha, pai ou mãe. Perceber que você compreende apenas uma fração de quem a pessoa com quem você se relaciona de fato é pode manter viva a empolgação.

Pense numa época em que você sentia uma atração em especial por seu parceiro ou sua parceira. O que esta pessoa estava fazendo? Onde vocês estavam? Quando Perel pedia aos seus pacientes que descrevessem uma ocasião em que tivessem se sentido muito atraídos pela pessoa com quem estavam se relacionando, eles mencionavam duas situações em geral: em primeiro lugar, sentiam uma atração em especial quando ainda não havia familiaridade na relação, ou seja, quando eram desconhecidos — por exemplo, quando viam o outro de longe ou quando o observavam mergulhado numa conversa com terceiros; em segundo, sentiam uma atração em especial pela pessoa quando passavam um tempo distantes e depois se reencontravam. Depois de anos escutando casais em sua clínica, Perel conclui que, para evitar que Paris, França, se torne Paris, Idaho, é necessário que a relação tenha menos grude e um grau maior de separação.[25]

A conclusão de Perel tem respaldo científico. Em um estudo[26] realizado com 237 indivíduos, mostrou-se que, quando as pessoas que se relacionam passam mais tempo afastadas, elas relatam sentir maior interesse sexual. Os membros de cada casal devem encontrar a dose ideal de distanciamento para a relação: talvez passar semanas separados, ou fins de semana, ou apenas algumas noites. É necessário chegar a um equilíbrio delicado. As pessoas precisam ter tempo de qualidade juntas e compartilhar experiências para manter um relacionamento, mas cultivar um pouco de independência talvez seja o melhor remédio.

Costumamos supor (talvez de maneira inconsciente) que, se algo é constante, sua permanência é garantida. Por isso, concentramos nossa atenção e nosso esforço no próximo item da lista.[27] Porém, se conseguirmos fazer as coisas constantes parecerem menos garantidas, nossa atenção vai naturalmente se voltar a ela, e — tratando-se de algo bom — aquilo que é constante pode voltar a brilhar.

O EXPLORADOR E O ACOMODADO

A família de Cass tem uma máxima: "A gente sempre faz a mesma coisa." O objetivo dessa frase é servir de repreensão (em geral) carinhosa a Cass, que costuma se ater à rotina. A esposa de Cass prefere novidades e aventuras, e não se importa de lidar com alto grau de incerteza. Cass é, digamos, um "acomodado": prefere o que lhe é familiar e costuma fazer escolhas com benefícios já conhecidos (a *staycation* — isto é, ficar em casa nas férias — e o restaurante de sempre). Já sua esposa está mais para uma "exploradora" do desconhecido: prefere fazer escolhas com benefícios incertos, mas com potencial de serem melhores (as férias num lugar inusitado e o novo restaurante).

Pense em suas preferências. Suponha que você vá sair para jantar no próximo sábado. Você gostaria de ir a um lugar que conhece bem e já sabe que gosta, ou prefere experimentar um lugar novo que inaugurou no mês passado? Gosta de conhecer pessoas, ou costuma achar que os melhores amigos são os mais antigos?

Você é aventureiro? Quando ouve o termo *staycation*, sorri ou faz uma careta?

Para não haver dúvidas, todo mundo (inclusive você) tem um pouco do "explorador" e do "acomodado" dentro de si. Todos nós voltamos a lugares e pessoas que nos são familiares e que sabemos serem ótimos, mas às vezes decidimos correr riscos e exploramos rotas inéditas. O equilíbrio entre ambos, no entanto, pode variar muito entre duas pessoas. Algumas parecem ser naturalmente atraídas pela acomodação, e outras, pela exploração.

Nós especulamos que as pessoas que se habituam depressa se sentirão atraídas pela exploração. A redução da emoção resultante da habituação a um *status quo* incentiva a busca por novas experiências e descobertas. Você pode chamar essas pessoas de *caçadoras de sensações*. São do tipo que vivem em busca de novos estímulos, novos sentimentos e novas experiências.

Você sabe do que estamos falando: pessoas que viajam pelo mundo, saltam de bungee jump, experimentam drogas psicodélicas ou interagem com um grupo diverso de indivíduos. Essas pessoas se arriscam a explorar o desconhecido, em parte porque costumam se habituar depressa ao que lhes é conhecido. Contudo, entre os exploradores há um jeito comum de explorar o desconhecido que não exige viajar nem fazer uso de drogas psicodélicas. Pelo contrário, é possível ficar em casa tomando uma xícara de chá de ervas e lendo um livro.

Dani Bassett, professora na Universidade da Pensilvânia, e seus colegas descobriram que os exploradores — os caçadores de sensações que gostam de experimentar coisas novas — seguem um padrão específico em sua busca por conhecimento. Em um estudo,[28] Bassett pediu a 149 voluntários que fizessem pesquisas na Wikipédia durante 21 dias e registrassem todas as buscas. Quando analisou a atividade deles, Bassett descobriu que os voluntários podiam ser divididos em dois grupos.

O primeiro, os "xeretas", buscava informações sobre diversos assuntos, criando um repertório de conhecimento sobre conceitos pouco relacionados. Por exemplo, uma pessoa podia ler a página da Wikipédia sobre a produtora de televisão Shonda Rhimes, depois a página sobre doenças cardíacas e, por fim, a página sobre alcachofras. O outro grupo, os "rastreadores", criava redes de conhecimento sólido, buscando informações sobre conceitos relacionados. Por exemplo, uma pessoa podia ler a página da Wikipédia sobre Barack Obama, depois a página sobre Michelle Obama e, por fim, a página sobre a Fundação Obama. O tipo de "buscador de conhecimento" que a pessoa era dava pistas sobre sua personalidade: os xeretas tinham mais probabilidade de ser caçadores de sensações (ou seja, exploradores) do que os rastreadores.

Olhe para as pessoas ao seu redor: seu interesse amoroso, amigos e amigas e colegas. Muitos vão se encaixar com precisão nas categorias xereta/explorador ou rastreador/acomodado. Os dois tipos podem se encaixar em pessoas muito interessantes e bem-sucedidas. Pense, por exemplo, em duas das pessoas mais ricas do planeta: Bill Gates e Warren Buffett. Ambos são leitores ávidos.

Gates, cofundador da Microsoft, é conhecido por ler um livro por semana desde criança. Isso significa cerca de 2.592 livros ao longo da vida. Suas recomendações de livros incluem um sobre a ciência do sono (*Por que nós dormimos*, de Matthew Walker); vários sobre educação (por exemplo, *Prepared*, de Diane Tavenner); um livro de ensaios sobre o jogo de tênis (*String Theory*, de David Foster Wallace); um romance sobre um professor com síndrome de Asperger em busca de uma esposa (*O projeto Rosie*, de Graeme Simsion); um livro de não ficção sobre o escândalo da empresa Theranos, do Vale do Silício (*Bad Blood: fraude bilionária no Vale do Silício*, de John Carreyrou); e vários livros de história (como *Presidents of War*, de Michael Beschloss), entre outros.[29] Nossa suspeita é que Gates se encaixaria no grupo de xeretas de Bassett.

Buffett também é um leitor assíduo. Ele recomenda ler quinhentas páginas por dia. "É assim que o conhecimento funciona: ele vai se acumulando, como juros compostos", diz Buffett. Quais livros fazem parte da lista de recomendações dele? *O investidor inteligente*, de Benjamin Graham; *Investing Between the Lines*, de L. J. Rittenhouse; *O investidor de bom senso*, de John C. Bogle.[30] Poderíamos continuar, mas você já entendeu onde queremos chegar. A lista de Buffett não é uma coleção tão diversa quanto a de Gates.

Ela é quase que composta apenas de livros de negócios, a maioria sobre investimentos. Muitos são como manuais: apresentam um modelo de como ter sucesso em investimentos e negócios. Supondo que a lista de recomendações de Buffett reflita o que de fato ele lê, podemos supor que ele é do tipo rastreador.

Embora haja uma correlação entre a tendência de buscar novidades em um domínio (como turismo ou culinária) e outro (como leitura), as pessoas podem, apesar disso, explorar em alguns contextos e se acomodar em outros. Cass, por exemplo, é um caçador de conhecimento xereta, mas um acomodado que prefere ficar em casa.

A coautora de Cass acredita não ser um mero acaso o fato de ele, que prefere uma *staycation* a viver uma aventura, ser casado com uma exploradora. Para obter o melhor da vida, precisamos das duas coisas: explorar o novo e aceitar o antigo. Quando nossa fisiologia, nossa constituição genética ou nossas experiências anteriores nos inclinam mais (talvez além do necessário) para uma direção que para outra, unir-se a uma pessoa que tenha a natureza oposta pode reestabelecer nosso equilíbrio. Talvez a mãe natureza, ou a natureza humana, esteja juntando o yin e o yang.

2

VARIEDADE:
POR QUE VOCÊ DEVE DIVIDIR O QUE FOR BOM EM PEDAÇOS, MAS ENGOLIR DE UMA SÓ VEZ O QUE FOR RUIM

Uma mudança faria bem a você.

— SHERYL CROW

Pare por um instante para refletir a respeito de sua vida. Existe algum aspecto que gostaria de mudar? Talvez você esteja pensando em mudar de emprego ou de casa. Ou então considere embarcar em um novo relacionamento ou cair fora de um. Ou talvez apenas esteja se perguntando se deveria procurar um novo hobby ou mudar a cor das paredes do banheiro. Como é possível saber se uma mudança faria bem a você?

Considere o caso de uma jovem professora talentosa, a quem chamaremos de N. Alguns anos atrás, N. foi contratada por uma das melhores universidades de seu país. Há muita competição para conseguir uma vaga no corpo docente universitário. É comum que centenas de inscritos disputem um cargo, e a contratação pode ser um processo longo e trabalhoso. N. estava empolgada por ter conseguido o emprego. E então algo inesperado aconteceu.

Poucos dias depois de assumir o novo cargo, N. começou a ter dúvidas. O novo departamento era bem diferente do antigo, no qual ela estava havia muitos anos. O corpo docente era outro; as coisas sobre as quais eles falavam e com as quais se importavam eram diferentes, assim como as regras e as rotinas. Até as opções de almoço não eram nada parecidas. N. estava arrasada. Poucas semanas depois de começar no emprego, ela já pensava em voltar ao antigo.

O caso de N. não é incomum. A partir de entrevistas, mostrou-se que um número inesperadamente alto (chega a 40%!) de funcionários pede demissão dentro dos primeiros seis meses em um emprego.[1] Esses dados variam dependendo do setor, mas a mesma taxa surpreendente se apresenta em quase todos. Mais de um terço de novos funcionários no setor financeiro e na área da saúde se demitem ainda no primeiro ano. Em todos os setores, o número de pessoas que pede demissão nos primeiros seis meses é mais alto do que o número das que saem nos seis seguintes.[2]

Se você já se mudou para um novo local, talvez conheça bem o desejo de voltar atrás — de trocar a marcha bem rápido e fazer o retorno. Apesar disso, em poucos meses, a maioria das pessoas se adapta a uma nova cidade, um novo emprego e uma nova residência e, em muitos casos, acaba relutando em ir embora.

Felizmente, um amigo sugeriu que N. respirasse fundo e se acalmasse enquanto se adaptava ao novo departamento. De fato, as primeiras semanas podem ser difíceis, uma vez que você se depara com inúmeras irritações e precisa se encaixar em um novo ambiente. Esses aborrecimentos (talvez sua sala seja pequena; ou o chefe seja rígido) parecem que vão ser um incômodo para sempre. Você anseia pelo que é antigo e familiar. Mas quer saber? Em poucos meses, as coisas que deixavam você infeliz no primeiro dia vão passar despercebidas.

É preciso deixar a habituação fazer sua mágica antes de tomar uma decisão. Talvez seu novo emprego, seu novo relacionamento e sua nova casa não sejam adequados. Mas é difícil avaliar se, a longo prazo, você se sentirá feliz morando com Wolfram em Phoenix ou atuando como diretor de marketing na ChopChop, antes de se permitir habituar-se às coisas ruins (a cidade de Phoenix é quente e seca) e às boas (Wolfram faz um café fresquinho para você todo dia de manhã).

N. decidiu ficar. Em retrospecto, ela diz que fica feliz por ter feito essa escolha. N. passou uns bons anos na universidade. No fim das contas, ela recebeu outra oferta e foi para uma terceira instituição. Mais uma vez, viveu as dores da transição, que se amenizaram com o tempo. Hoje em dia, N. se sente tão feliz no novo cargo quanto era no antigo. Então, os questionamentos que ficam são: as mudanças valeram a pena? Foi algo bom para ela?

O VALOR DE UMA VIDA MULTIFACETADA

As respostas dependem do que você considera uma vida boa. Ou seja, o que você está tentando otimizar no seu dia a dia? Não estamos falando de dinheiro, amizades ou poder, e sim do que você espera que essas coisas tragam para sua realidade.

Existem três respostas clássicas para essa pergunta. A primeira é menos surpreendente: em todas as probabilidades, você quer ser feliz. A felicidade tem essa fama de ser difícil de definir, mas pode significar desfrutar do próprio tempo, desejar que os dias sejam repletos de conforto e alegria e querer evitar a ansiedade e a dor. Talvez você deseje amor, casamento, filhos ou filhas e um salário generoso porque acredita que essas coisas vão trazer felicidade. E às vezes trazem mesmo.

N. pode ter decidido aceitar o novo emprego porque achou que a faria mais feliz. Se for o caso, então talvez não tenha sido uma escolha muito boa. Ela não acabou mais feliz no novo cargo do que estava no anterior (isso não surpreende, porque as pessoas muitas vezes se adaptam a novas situações e acabam atingindo o nível "de referência" de felicidade).[3]

Além da felicidade, talvez você queira sentir que sua vida tem um propósito. Essa é a segunda resposta que as pessoas dão. Às vezes, propósito e felicidade andam lado a lado, mas às vezes não. Se você passar uma noite inteira maratonando uma nova série, pode até se divertir (se a série for boa), mas é improvável que mais tarde considere que esse tempo tenha tido algum significado em especial. Se você passar um dia fazendo trabalho voluntário voltado à caridade, é provável que atribua bastante propósito ao momento, mas também é possível que não o considere muito agradável; a tarefa pode ser desafiadora ou árdua.

Cass odeia ir a funerais — para ele, são tristes demais —, mas pouco tempo atrás foi ao funeral de um de seus melhores amigos, e, embora tenha odiado, Cass atribuiu muito significado ao momento e não o teria perdido por nada no mundo. O antigo e o novo empregos de N. eram semelhantes em termos de propósito, então é provável que a busca por significado tenha tido pouco — ou nenhum — efeito sobre a decisão de substituir um pelo outro.

Tanto a felicidade quanto o significado são importantes,[4] mas o que você considera algo que traz felicidade e significado pode perder a importância com o passar do tempo. Você pode passar sete noites seguidas maratonando uma série maravilhosa, mas, na quarta noite, prevemos, a habituação já vai ter se instalado, e a experiência vai passar a ser menos empolgante (mesmo que, em termos objetivos, o décimo episódio seja tão bom quanto o segundo). É possível passar anos se dedicando a pesquisas sobre o câncer, e, depois de um tempo, a sensação de propósito diminuir e o encantamento e a gratidão serem substituídos pela sensação de rotina.

Existem exceções, é óbvio. Por exemplo, você pode sentir que o prazer e o propósito que encontrou na criação de seus filhos e suas filhas não diminuíram tanto, ou até que não diminuíram nada, ao longo dos anos. Seria possível, então, que a satisfação que vem de fazer algo para outras pessoas, como criar crianças ou fazer um trabalho voluntário, diminuísse menos depressa?

Imagine que você receba 5 dólares para comprar algo para si. Você pode gastar com um par de meias coloridas, uma caneta roxa ou uma barra de chocolate (ou duas). É provável que esses presentinhos lhe tragam alegria. Agora, imagine que no dia seguinte você recebe uma segunda nota de 5 dólares. Mais uma vez, você faz um agrado a si. No terceiro dia, nós lhe damos a mesma quantia; e de novo no quarto e no quinto dias. Considere que todos os dias nós lhe demos as mesmas instruções — use o dinheiro para fazer um agrado a si. Como seria de esperar, a alegria que você sente ao receber os 5 dólares de presente diminui um pouquinho a cada dia. Para sermos mais precisos, ela vai diminuir, em média, cerca de um ponto numa escala de sete pontos de felicidade.[5] Pelo menos, esse foi o dado obtido em um estudo no qual as pessoas recebiam 5 dólares por dia durante cinco dias consecutivos.

Agora, imagine de novo que você recebe 5 dólares, mas dessa vez as instruções são para gastar com outra pessoa. Você pode comprar barras de chocolate para seu ou sua colega, meias coloridas para seu cônjuge ou uma caneta roxa para sua filha ou seu filho. No segundo dia, lhe damos mais 5 dólares e as mesmas instruções. Mesma coisa nos terceiro, quarto e quinto dias. Todos os dias perguntamos o quanto você ficou feliz com os 5 dólares. Mais uma vez, a alegria induzida pelo dinheiro deve diminuir com o tempo.

No entanto, verifica-se que a alegria de proporcionar algo a alguém se habitua muito mais devagar do que a de obter para si. Numa escala de sete pontos, a felicidade de presentear outra pessoa diminui apenas meio ponto ao longo de cinco dias — ou seja, meio ponto a menos do que a felicidade de obter para si. Proporcionar algo a outra pessoa em vez de para si costuma promover uma sensação maior de propósito,[6] e esse experimento sugere que o benefício de fazer algo significativo para outras pessoas passa por um processo mais lento de habituação.

Certo, vamos voltar à pergunta sobre o que as pessoas estão tentando alcançar na vida. Muitos de nós tentamos maximizar a felicidade; ou então o significado, ou o propósito. Mas pode ser também que você queira tentar alcançar outro aspecto da vida além da variação "felicidade e significado". Pode ser que você queira uma vida repleta de novas experiências, novos lugares, novas pessoas e novas perspectivas e, portanto, com diversidade no que vê e faz.

Os psicólogos Shigehiro Oishi e Erin Westgate chamam isso de "vida psicologicamente rica" e acreditam que muitas pessoas se esforçam para obtê-la.[7] Os seres humanos se importam com a felicidade e o significado, com certeza, mas também com a diversidade e a variedade. Muitas pessoas dizem que desfazer o maior arrependimento de sua vida a tornaria mais diversa.[8]

N. com certeza obteve variação a cada movimento. É provável que mudar de emprego tenha tornado sua vida mais interessante e dado a ela mais oportunidades de aprendizagem. Essas possibilidades aumentaram seu conhecimento e ofereceram novas ideias — coisas que provavelmente também melhoraram a qualidade de seu trabalho. É por isso que fazer um intercâmbio de funcionários entre departamentos de vez em quando ou encorajá-los a atuar em projetos diversificados pode ser vantajoso. No governo dos Estados Unidos, as pessoas podem ser "transferidas" de uma agência ou departamento (digamos, da Agência de Proteção Ambiental) para outro (digamos, a Casa Branca), em parte porque de alguma forma precisaram delas em outro departamento e, em parte, pela crença de que a nova experiência vai ser enriquecedora e vai melhorar o desempenho delas quando estiverem de volta ao posto ao qual pertenciam.

No cenário acadêmico, membros do corpo docente de vez em quando tiram um período sabático — um semestre em que são liberados das obrigações normais de ensino e ficam livres para trabalhar em outros lugares. Eles podem escrever um livro, visitar outras universidades, trabalhar em outras áreas que não a acadêmica por um tempo, ou apenas viajar pelo mundo. Isso pode parecer um luxo ou uma bobagem, e talvez seja mesmo. Mas não é só isso. Não importa o que façam no período sabático, essa pausa lhes proporciona variedade. Isso é o que vai aumentar a satisfação percebida na própria vida e, como explicaremos no Capítulo 5, desencadear a criatividade.

Uma vida multifacetada pode estar associada à felicidade e ao significado, mas não é regra. Você pode querer variedade mesmo que isso não lhe traga mais felicidade nem contribua — ou contribua pouco — para aumentar a sensação de se ter uma vida com significado. Oishi e Westgate descobriram que muitas pessoas sacrificariam tanto a felicidade quanto o propósito em prol da diversidade de experiências, porque uma vida multifacetada é considerada boa.

SEM MUDANÇAS SUFICIENTES

A mudança gera variedade, mas cobra um preço; também pode gerar problemas e riscos, já que você nunca sabe o que isso vai provocar. Dessa forma, as pessoas podem ficar relutantes em implementar uma mudança, ainda que suas circunstâncias atuais não sejam tão boas, ou até mesmo sejam ruins. Não estamos nos referindo a casos como o de N., que aceitou um novo emprego não porque estava infeliz, e sim porque recebeu uma oferta intrigante. Em vez disso, estamos nos concentrando em pessoas que estão nitidamente insatisfeitas — talvez com o próprio peso, ou com o emprego, ou até mesmo com determinados relacionamentos —, mas ainda assim se mostram indecisas em relação ao que fazer a respeito. Em média, será que as pessoas que consideram mudar um aspecto da vida não acabam tendo, além de uma vida mais "variada", mais felicidade também?

Essa é a exata pergunta que o economista Steven Levitt tentou responder.[9] Para descobrir se, em média, a mudança gera mais felicidade, Levitt poderia ter apenas perguntado às pessoas quão felizes elas se sentiam antes e depois de tomar uma decisão transformadora em sua vida e, então, ter comparado o nível de felicidade delas ao das que não fizeram mudança alguma. Por exemplo, tanto Lauretta* quanto Bernadette estão pensando em pedir o divórcio em seus respectivos casamentos. Lauretta, por fim, segue em frente com a decisão, e Bernadette continua casada. E, vejam só, Lauretta, que optou pela separação, está mais feliz do que Bernadette, que decidiu manter o matrimônio.

Bem, talvez esse resultado reflita o fato de que Lauretta tinha mais a ganhar com o divórcio do que Bernadette, e por isso ela se separou, e Bernadette, não. Talvez o casamento de Lauretta estivesse pior do que o de Bernadette; ou então Lauretta se sentisse mais confiante para voltar a namorar. Realizar um estudo do tipo antes/depois não nos forneceria uma resposta adequada. É necessário um método científico melhor. Felizmente, Levitt tinha um plano.

---

* Ao longo deste livro, descrições de um participante específico não se referem a um indivíduo, mas a uma representação de um grupo de indivíduos.

O plano de Levitt era encorajar uma parte aleatória dos participantes de um grande grupo a fazer uma mudança na própria vida e da mesma forma incentivar a outra parte a manter o *status quo*. Como ele faria isso? No cara ou coroa! Ele chamou pessoas que já estavam pensando em mudar determinada situação não tão boa para jogar cara ou coroa virtual e escolher entre as opções. Cara significava fazer a mudança, e coroa, manter o *status quo*. ("Se der cara, começo uma dieta; se der coroa, vou me afundar em brownies e sorvete.") Parece até loucura pensar que as pessoas usariam uma moeda para ajudá-las a tomar esse tipo de decisão, mas foi exatamente isso que muitas fizeram. Como Levitt contava com 20 mil participantes, e por ter feito várias perguntas de acompanhamento, ele conseguiu descobrir se o grupo que ficou mais feliz no fim das contas foi o das pessoas que mantiveram o *status quo* ou o daquelas que instauraram uma mudança.[10]

Por incrível que pareça, as pessoas cuja moeda deu cara tiveram 25% mais probabilidade de implementar uma mudança. O mais importante é que, no geral, a mudança foi para melhor. As pessoas que a fizeram ficaram substancialmente mais felizes do que as que não fizeram. Mas, como nem todos os participantes seguiram à risca o indicado pela moeda, o estudo de Levitt teve um problema de autosseleção (ou seja, a escolha dos participantes que ficaram nas condições "mudar" e "não mudar" não é de todo aleatória). Apesar disso, as descobertas sugeriram que fazer uma mudança (pedir demissão ou aceitar um novo emprego; pedir o divórcio ou se casar) gerou um ganho maior de felicidade, e esse ganho foi encontrado até seis meses depois que as moedas foram lançadas.[11]

Para pontuar: não estamos recomendando que você se divorcie nem se demita! As pessoas que lançaram a moeda já estavam pensando em realizar alguma mudança. É provável que elas já a estivessem considerando porque se sentiam infelizes. A descoberta não significa que, se você está feliz no seu casamento, teria ainda mais felicidade se pedisse o divórcio. Os resultados do estudo também não foram indicativos de qual mudança será melhor (por exemplo, talvez a mudança necessária seja fazer uma terapia de casal). Em vez disso, ele sugere que, *no geral*, você ficará mais feliz depois de fazer a mudança na qual está pensando; o fato de você a considerar implica que a situação atual não é ideal.

Talvez o mais importante seja que os resultados do estudo indicam que as pessoas não estão implementando tantas mudanças quanto deveriam. Elas cometem o erro de se agarrar ao *status quo*, mesmo quando tentar algo diferente não apenas é possível como também melhor. Em pequenas e grandes escalas, as pessoas optam por continuar fazendo a mesma coisa — frequentam os mesmos restaurantes, preferem ir aos locais de sempre nas férias, leem os tipos de livros que têm costume, se recusam a tentar novas abordagens. Elas negligenciam a bela "sacudida" que podem obter ao experimentar algo novo e diferente.

DIVIDA O QUE FOR BOM EM PEDAÇOS, MAS ENGULA DE UMA SÓ VEZ O QUE FOR RUIM

Nossa suspeita é que existem dois lados dessa moeda (sem trocadilhos propositais). Por um lado, talvez você faça menos mudanças do que deveria por sentir ansiedade em relação ao desconhecido e subestimar sua capacidade de se adaptar a novas situações. Por outro lado, talvez se empolgue com a perspectiva de mudanças, sejam elas grandes (casa nova!), sejam pequenas (televisão nova!), porque acha que elas podem gerar felicidade a longo prazo, quando, na verdade, vão gerar apenas alegria a curto prazo, até que a habituação ocorra.

Quando realizam mudanças, as pessoas pensam mais em como vão se sentir logo depois da transformação e muito menos em como vão se sentir meses depois. Isso significa que nós superestimamos, ao mesmo tempo, a alegria de uma mudança bem-vinda e os horrores de uma desconfortável ou assustadora.

Por exemplo, quando foi pedido a um grupo de estudantes para que se imaginassem separados de seu par romântico por algumas semanas, dois terços afirmaram que a experiência não seria menos dolorosa nas segunda, terceira, quarta e quinta semanas do que foi na primeira.[12] Em outras palavras, o grupo não conseguiu prever a habituação à dor da separação. Um equívoco como esse poderia ter levado os estudantes a desistir de experiências psicologicamente enriquecedoras, como estudar no exterior por um semestre.

Prever a habituação é importante não apenas para experiências transformadoras. Todo dia você faz escolhas que poderiam induzir só um pouco mais de dor e um pouco menos de prazer na sua vida porque menosprezou o poder da habituação.

Por exemplo, imagine que você tenha que limpar um vaso sanitário. Levaria cerca de meia hora para concluir essa tarefa desagradável. Você prefere limpá-lo de uma vez só, ou fazer pausas de dez em dez minutos? Ou, então, suponha que seu vizinho de cima, Marvin, está fazendo uma faxina e você consegue ouvir o barulho irritante do aspirador de pó com todos os detalhes que tem direito. Será que você deveria oferecer uma xícara de café a Marvin, para que ambos tenham uma pausa do zumbido?

A maioria das pessoas prefere as pausas. Quando foi perguntado a 119 pessoas se elas preferiam uma pausa de um fedor horrível a simplesmente acabar com a experiência de uma vez, 90 delas responderam: "Pausas, por favor!" A maioria — 82 das 119 pessoas — também afirmou que preferiria fazer uma pausa de um barulho irritante como o de um aspirador de pó. As pessoas optaram pela pausa porque acreditavam que a experiência seria menos irritante com um intervalo.[13]

Parece uma previsão razoável, mas está errada. Quando de fato vivenciaram o barulho do aspirador, as pessoas que optaram pela pausa no geral sofreram mais.[14] A pausa interrompeu a habituação natural ao barulho inconveniente. A lição é que, se você precisa concluir uma tarefa desagradável, como limpar o vaso sanitário ou passar o aspirador no carpete, é mais sábio não intervalar a experiência. Quando você faz uma pausa, ao voltar, o cheiro vai estar pior, o barulho, mais alto, e a experiência, mais desagradável no geral. Evitar pausas vai facilitar a habituação e, assim, tornar tais tarefas menos desagradáveis.

E quando se trata de experiências agradáveis? Imagine que você foi ao seu restaurante preferido para jantar e o garçom separou a melhor mesa. É uma área tranquila que permite que você tenha uma conversa agradável com seu par, e, além disso, ainda há uma janela bem ao lado com uma bela vista. Você bebe vinho e desfruta de uma massa deliciosa. O jantar dura cerca de duas horas. Você diria que é melhor ficar na mesa boa o tempo todo ou fazer pequenos "intervalos" no fundo lotado e barulhento do restaurante?

Ah, que pergunta idiota, você deve estar pensando. Quem iria querer ir para os fundos quando se está num local adorável? De fato, 95% das pessoas entrevistadas disseram que prefeririam não fazer "intervalos" se estivessem em um espaço confortável.[15] No entanto, será que, de maneira contraintuitiva, fazer pausas de uma situação agradável faria bem a você?

Estar em uma boa mesa é agradável, mas é provável que a alegria sentida na primeira hora diminuiria com o tempo. A menos que... você interrompa a experiência. Mudar para a área lotada e barulhenta do restaurante por um tempo (talvez para ir ao banheiro) desencadeia a desabituação, fazendo você apreciar o espaço confortável e o luxo oferecidos de início. Esse experimento ainda não foi realizado, então não sabemos com certeza se salpicar uma refeição agradável com momentos menos agradáveis fará sua experiência voltar a brilhar, mas há provas que sugerem que sim. Por exemplo, clientes que receberam massagens agradáveis com intervalos curtiram mais a experiência do que aqueles que a receberam sem interrupções.[16]

Embora as pessoas costumem preferir manter as experiências positivas intactas, talvez seja melhor dividi-las em partes.[17] Pense nas férias, por exemplo. Alguns anos atrás, Tali fez uma viagem a trabalho para um resort ensolarado na República Dominicana. Sua missão era descobrir o que deixava os hóspedes mais felizes e por quê. Ela perguntou às pessoas sobre suas experiências e pediu para que preenchessem questionários. Quando os dados chegaram, ela percebeu que uma palavra aparecia com muita frequência: *primeiro*. Os hóspedes falavam da alegria de "ver o mar pela *primeira* vez", "nadar na piscina pela *primeira* vez", "tomar o *primeiro* gole de um drink nas férias". As primeiras experiências pareciam ter extrema importância.[18]

Como as primeiras experiências costumavam acontecer no início das férias, e não no fim, Tali se perguntou se as pessoas ficavam mais felizes nesse início. Por sorte, a grande empresa de viagens para a qual ela trabalhava tinha pedido para viajantes do mundo todo classificarem suas férias. Tali utilizou esses dados para testar sua previsão. A partir da análise ela descobriu que a alegria das pessoas atingia o pico nas primeiras *43 horas* das férias.[19] No fim do segundo dia, assim que terminavam de se acomodar, as pessoas alcançavam o ápice da felicidade. Depois disso, era só ladeira abaixo.

É importante pontuar: a maioria das pessoas não chegava ao fim das férias se sentindo infeliz. Mesmo quando voltavam para casa, muitas ainda se beneficiavam dos agradáveis sentimentos pós-férias. Mesmo assim, em menos de uma semana elas logo se ajustavam à vida cotidiana: trabalho, escola, contas a pagar. Sete dias depois, era difícil detectar algum efeito das férias no humor delas.

Essas evidências sugerem que, *não havendo um fator inesperado*, você pode se beneficiar mais de várias pequenas viagens espalhadas pelo ano do que de uma escapada longa. Se tirar duas semanas de férias, você pode se habituar às maravilhas do oceano azul e da areia branca no terceiro dia. No entanto, se tirar duas férias de quatro dias cada com alguns meses de intervalo, você vai sentir o encantamento do primeiro dia duas vezes. Seu prazer total vai durar mais tempo. Você vai maximizar as primeiras experiências e as sensações posteriores, sem falar da alegria gerada pela expectativa para as férias maravilhosas, imaginando margaritas à beira da praia e o calor do sol — duas vezes.

É lógico, existem entraves a considerar. O tempo da viagem completa é mais longo se você dividir suas férias em miniférias, e isso também pode torná-las mais caras. Mas não é uma regra. Você pode, por exemplo, escolher duas miniférias para lugares mais próximos de casa em vez de um destino mais distante. Em geral, sempre que possível, é melhor dividir essas experiências agradáveis em experiências menores. Quando conseguir uma boa mesa num restaurante, tente visitar a área barulhenta nos fundos.

No entanto, quando se tratar de tarefas e experiências desagradáveis, mas necessárias, engula tudo de uma vez só.

3

REDES SOCIAIS:
COMO DESPERTAR DO COMA INDUZIDO PELA TECNOLOGIA

Nós, seres humanos, podemos nos adaptar a muitas coisas; é fácil entrar num estado de estresse crônico e distração como um sonâmbulo sem nem mesmo refletir que as coisas poderiam ser diferentes.

— TIM HARFORD[1]

Dois anos e meio atrás, Sam Holstein, autora e blogueira, tomou o que ela considera uma das melhores decisões de sua vida. Não foi uma escolha aventureira, como se mudar para o Alasca, se tornar piloto ou entrar para o circo. Não, sua decisão, muito mais mundana, levou apenas cinco minutos para ser implementada. No entanto, depois de realizada, sua vida mudou em muitos sentidos. Segundo ela, essa única ação a deixou mais feliz, mais relaxada, mais produtiva e mais interessante, e tudo isso levou a uma vida social mais rica.[2]

Sam não está sozinha. Muitas outras pessoas tomaram a mesma decisão e relatam efeitos semelhantes. Por exemplo, Shovan Chowdhury. De início, Shovan achou difícil implementar essa mudança: "Não consegui me concentrar nos estudos durante alguns dias... mas estava determinado a não voltar à minha vida anterior. Eu estava me acostumando à novidade."³ Depois de apenas algumas semanas, ele se adaptou à nova vida e descobriu que dormia melhor, procrastinava menos, se exercitava mais e, no fim das contas, ainda encontrou um novo emprego e uma nova paixão.

Você deve estar se perguntando: *Afinal, qual foi a decisão mágica que mudou a vida de Sam e Shovan de maneira tão radical?* Sam e Shovan decidiram abandonar as redes sociais. Eles apagaram suas contas no Facebook, no Snapchat, no X (antigo Twitter), no WeChat e em todas as outras redes. Porém, será que a experiência de Sam e Shovan é comum? Ou seja, será que a maioria de nós se beneficiaria de abandonar (mesmo que temporariamente) as redes sociais? Se sim, por quê?

UMA BROCA DE DENTISTA PRESA NA SUA BOCA

A vida é composta de algumas tarefas irritantes e desagradáveis que precisamos concluir (ir ao dentista, declarar o imposto de renda, limpar o vaso sanitário). No capítulo anterior, recomendamos que você "engula essas situações de uma só vez" a fim de permitir que a habituação reduza o sofrimento. Por exemplo, se você precisa cuidar de algumas cáries, pode ser melhor fazer isso de uma vez só. Conforme se habitua ao barulho da broca eletrônica e ao sabor do flúor líquido, você sofre menos do que se fizesse o tratamento de uma cárie a cada dia.

Agora, imagine uma realidade alternativa em que uma broca dental eletrônica ficasse presa à sua boca de modo permanente (sabemos que isso é impossível, mas entre no jogo). Um zumbido agudo constante ficaria na sua cabeça durante vários dias, meses, talvez até anos. Você iria para o trabalho, assistiria a um jogo de beisebol, teria um jantar romântico — tudo com o zumbido de uma broca presa à sua boca. Por causa da habituação, depois de um tempo, pode ser que você mal perceba o zumbido. Apesar disso, o objeto estranho vai interferir em algum grau na sua alegria de viver e na sua concentração. Mas talvez você não consiga identificar o que de fato está errado.

Então, certo dia, seu dentista decide que enfim chegou a hora de tirar a broca da sua boca. O impacto é inesperado. Você se surpreende absurdamente ao descobrir como sua vida é muito melhor sem o zumbido constante da peça de metal.

Assim como muitas vezes não reconhecemos as coisas boas da vida até que sejam tiradas de nós, também não reconhecemos o impacto das irritações constantes, sejam elas pequenas ou grandes, até que sumam, uma vez que nos acostumamos a elas. Talvez você tenha passado pelo fim de um relacionamento longo que não era tão bom. De início, você se sente triste, mas logo depois se surpreende ao perceber que a vida está mais calma e feliz. Durante o relacionamento, você não estava totalmente consciente de como ele afetava de forma negativa seu bem-estar, mas, depois do término, o impacto foi perceptível, cristalino de tão nítido.

A única maneira de avaliar o impacto de fatores constantes e com potencial de dano à sua vida é se afastar um pouco deles. Isso vai permitir que você se desabitue e avalie esses fatores com outros olhos.

As redes sociais são um exemplo importante desse tipo de fator. Para alguns de nós, elas são como uma broca zumbindo o tempo todo na boca. Talvez você desconfie que essa presença constante atrapalhe sua rotina, mas não sabe se de fato isso acontece e, em caso afirmativo, até que ponto.

AFASTAMENTO AGRESSIVO

Seria tolice nossa tirar conclusões generalizadas a partir de um punhado de histórias como as de Sam e Shovan. Para saber a probabilidade de melhora de vida das pessoas *no geral* a partir do afastamento das redes sociais, são necessários amplos estudos científicos. Por sorte, alguns desses estudos foram realizados e oferecem descobertas intrigantes.

Digamos que pedíssemos a você que desativasse sua conta na sua rede social preferida (Facebook? YouTube? Instagram? TikTok?). Você concordaria em fazer isso? Não? Certo, e se oferecêssemos dinheiro? Também não? E se fosse só por um mês? Quanto você pediria para parar de rolar a tela, curtir um post e repostar durante trinta dias? 10, 100, 1.000 dólares? Mais?

Essa foi a pergunta que o economista Hunt Allcott e seus coautores fizeram a 2.884 usuários do Facebook.[4] Eles ofereceram dinheiro aos usuários para que desativassem suas contas por um mês. Algumas pessoas quiseram milhares de dólares, uma quantia que os pesquisadores não tinham como pagar. No entanto, 60% dos usuários responderam que estariam dispostos a desativar suas contas por 102 dólares ou menos. Allcott e sua equipe podiam pagar esse valor razoável, e foi o que fizeram. O objetivo era testar se uma desintoxicação do Facebook deixaria as pessoas mais felizes.

De acordo com uma estimativa, as pessoas com acesso à internet dedicam, em média, cerca de duas horas por dia às redes sociais e verificam suas telas de cinquenta a oitenta vezes por dia.[5] O mundo tem mais de 4,7 bilhões de usuários de redes sociais.[6] Dessa forma, você pode pensar que tais fatos demonstram que a vida on-line, incluindo o uso de redes sociais, é algo maravilhoso. Se as pessoas adoram determinada coisa, qual é o problema? Os economistas usam o termo *excedente de consumo* para mostrar os ganhos que os indivíduos obtêm do que consomem. Como o acesso à maioria das maravilhas da internet se dá a um custo baixo, o excedente de consumo deveria ser espetacular de tão alto.

Allcott, no entanto, não tinha certeza disso. Sim, as pessoas escolhem (ao que parece por vontade própria) passar muitas horas nas redes sociais. Contudo, será que elas não se conectam por hábito, inconscientes do impacto que isso causa em seu bem-estar?

Para testar essa possibilidade, Allcott e sua equipe dividiram em dois grupos os usuários que aceitariam 102 dólares ou menos para sair do Facebook. As pessoas no "grupo de tratamento" desativaram suas contas por um mês, e as do "grupo controle", não. Todos os participantes indicaram seu nível de felicidade antes, durante e depois da desativação (ou não) da conta. Também indicaram o nível de satisfação com a própria vida e responderam a outras perguntas semelhantes.

Em pouco tempo, os dados chegaram. Em todas as dimensões, descobriu-se que aqueles que desativaram as contas passaram a se sentir cada vez mais felizes com a própria vida. As pessoas desse grupo se mostraram menos suscetíveis à depressão e à ansiedade. Em resumo, sem Facebook, a vida melhorou. Deixar as redes sociais para trás provocou, na vida da maioria das pessoas, um efeito semelhante ao que ocorreu na vida de Sam e Shovan. Foi como remover uma broca da boca desses indivíduos. De repente, o zumbido constante que eles não percebiam de maneira consciente, mas que, mesmo assim, estava ali cobrando seu preço, havia desaparecido.

Allcott e seus coautores calcularam que o aumento no nível de felicidade das pessoas com a desintoxicação de Facebook foi equivalente ao causado por um acréscimo de 30 mil dólares na renda de alguém.[7] Pelo visto, um aumento bem grande, então.

O estudo de Allcott não é o único que relaciona o uso das redes sociais à redução da felicidade. Vamos dar uma olhada no estudo conduzido pelo italiano Luca Braghieri, que avaliou os dados relativos à saúde mental de universitários antes e depois de o Facebook ser lançado em seus campi.[8] Mark Zuckerberg lançou o Facebook em 2004, em Harvard. No início, a rede social estava disponível apenas para usuários que tivessem uma conta de e-mail harvard.edu. Isso foi feito, em parte, para dar um ar de exclusividade à plataforma. Durante os dois anos seguintes, o Facebook aos poucos se espalhou pelas universidades dos Estados Unidos. Depois de Harvard, veio Columbia, em seguida Stanford, e então Yale. O Facebook gradativamente abriu suas portas para muitas outras universidades.

Braghieri e sua equipe usaram esse lançamento gradual para testar a relação entre a saúde mental e o uso da rede social. A saúde mental dos alunos de universidades dos Estados Unidos era documentada com frequência em entrevistas, então Braghieri analisou se ela sofria um decréscimo em cada universidade pouco tempo depois que o Facebook era lançado no campus. E, sim, isso acontecia. A cada vez que a plataforma era disponibilizada em determinada instituição, a maioria dos alunos criava uma conta, e, pouco depois, a saúde mental do corpo discente sofria uma retração; a felicidade decaía, e os sintomas de depressão se acentuavam. Os alunos mais atingidos eram aqueles que não moravam no campus e não pertenciam a uma sororidade ou fraternidade e os que estavam acima do peso.

O Facebook ficou disponível para o público geral em 2008 e, durante os dez anos seguintes, os episódios de depressão que assolaram os universitários chegaram a um aumento espantoso de 83%! É difícil estabelecer a causa, e somos céticos quando se trata de números específicos, mas vale a pena notar que Braghieri e sua equipe estimam que pelo menos um quarto desse aumento tenha sido causado pelo uso de redes sociais.[9]

A MUDANÇA NOS NÍVEIS DE ADAPTAÇÃO

Por que os usuários do Facebook ficam mais felizes sem a rede social? As pessoas ganharam, em média, cerca de sessenta minutos extras por dia depois que saíram da plataforma. Uma pessoa que estava em processo de desintoxicação do Facebook disse: "Tenho lido livros e tocado piano, coisas que eu fazia todos os dias antes do celular tomar conta de tudo."[10] Participantes passaram parte do novo tempo livre com os amigos e a família (e, curiosamente, nenhum momento desse tempo foi dedicado a outras plataformas de redes sociais). Contudo, nós achamos que existe outro motivo, mais profundo, para as pessoas ficarem mais felizes depois de abandonar o Facebook. As redes sociais desconfiguram nossa percepção de "normalidade" — alteram o que desejamos experimentar e o que achamos surpreendente.

Considere o caso de um conhecido nosso, Bob. Ele mora numa linda casa em São Francisco e tem uma esposa e uma filha amorosas e maravilhosas. Bob é uma figura intelectual renomada (demos a ele um novo nome e mudamos alguns detalhes que poderiam identificá-lo; talvez você já tenha lido os livros dele e o siga no X (ele tem cerca de 250 mil seguidores). No geral, Bob está satisfeito com a própria vida. No entanto, sua alegria é um pouco refreada sempre que ele se conecta às redes sociais.

O motivo? Toda vez que ele as acessa, é exposto à vida empolgante de seus amigos ainda mais famosos. "Eu me pergunto: 'Por que não fui convidado para dar uma palestra nesse evento fabuloso?'", ou "Por que não conheci o presidente?" — são alguns dos pensamentos que passam pela cabeça de Bob. Sua vida e sua carreira, que do nosso ponto de vista são excepcionais, parecem um pouco menores à luz de seus colegas tão bem-sucedidos.

Muitos de nós já vivemos algo parecido. Você pode acessar sua rede social preferida enquanto está bebericando o café matinal e descobrir que, no mesmo momento, Fiona está nas Bahamas, a filha de Georgina acabou de se matricular em Yale e Patricia vendeu sua startup para o Google por uma fortuna. (Estes podem ser casos extremos, mas você entendeu o ponto.) *O que estou fazendo com a minha vida?*, talvez você se pergunte.

Em outras palavras, o seu *nível de adaptação* muda. Esse é o nível de um estímulo (como dinheiro, amor, seguidores) ao qual você se habituou no quesito emocional a ponto de vê-lo como neutro — e ele é estabelecido pelas suas experiências recentes.[11]

Vamos pensar em termos de renda. Se ganhou cerca de 130 mil dólares anuais nos últimos anos, você não sentiria nenhuma euforia ou tristeza em especial se ganhasse a mesma quantia de novo este ano — afinal, esse é o nível ao qual você já tem habituação. No entanto, caso receba uma promoção e passe para 150 mil dólares, você vai ficar empolgado por um tempo. Só que, em pouco tempo, 150 mil dólares vão se tornar o ponto neutro, já que seu nível de adaptação vai mudar de 130 para 150.

Agora vem a parte interessante. Embora costumemos supor que o nível de adaptação seja condicionado por aquilo que vivemos de maneira direta, ele também pode mudar a partir de fatores que vão além da experiência pessoal. Um desses fatores, por exemplo, são as expectativas.[12] Considere, então, a seguinte descoberta: prisioneiros relatam sentir uma frustração em especial pouco antes de serem libertados.[13] Durante esses últimos dias, eles ainda estão encarcerados, mas, na própria mente, já estão do outro lado dos muros. Essa expectativa mental muda a percepção de "normalidade" dos prisioneiros de encarcerados para livres. Contudo, na realidade, eles ainda estão trancados numa cela pequena. Essa diferença desencadeia uma reação negativa tão forte que alguns tomam a decisão irracional de tentar fugir a poucas semanas do fim da sentença.[14]

O que consideramos "ruim", "ótimo" ou apenas "aceitável" depende do que pensamos que os outros estão obtendo. A partir de estudos, descobriu-se que o fato de se estar feliz com a própria vida sexual depende muito do que você acredita estar acontecendo na vida íntima das outras pessoas.[15] Dinheiro, roupas, relacionamentos, propriedades — seu nível de felicidade em relação ao que tem depende, em parte, do que você acredita que os outros têm.

Qualquer pessoa que tenha dois filhos ou filhas (ou mais) já testemunhou esse efeito em ação. Se, numa bela manhã de domingo, você dá à sua filha, Daria, duas panquecas de mirtilo com xarope de bordo e ao seu filho, Samuel, apenas uma, é provável que Samuel fique magoado e talvez até muito mais chateado do que ficaria se você não tivesse dado nada a nenhum dos dois. O falecido Antonin Scalia, que foi juiz da Suprema Corte dos Estados Unidos e tinha muitos filhos e filhas, escreveu certa vez:

> Os pais sabem que os filhos aceitam prontamente todos os tipos de disposições substantivas arbitrárias — nada de televisão à tarde ou à noite, ou até mesmo nada de televisão em nenhum momento do dia. Mas tente deixar um irmão ou uma irmã ver televisão quando os outros não podem, e você vai sentir a fúria da noção de justiça fundamental. A Cláusula de Proteção Igualitária resume mais a justiça do que qualquer outra provisão da Constituição.[16]

Nesse sentido (e em muitos outros), os adultos não são muito diferentes das crianças. Somos programados para comparar e contrastar o que temos ao que os outros têm (ou o que achamos que têm), porque fazer isso motiva nossa ambição e faz com que nos esforcemos mais. A nível social, isso leva ao progresso (o que é bom). No entanto, também pode dificultar a tarefa de ser feliz com o que temos.

Os seres humanos vêm comparando a própria vida com a dos outros desde o início dos tempos. Você pode imaginar seus ancestrais comparando o tamanho e o nível de conforto da própria caverna com a do vizinho. No entanto, a comparação e o contraste hoje chegaram a um nível novo. Em primeiro lugar, não comparamos nossa vida apenas à das pessoas que são nossos vizinhos de porta. Não, hoje comparamos nossa vida à de pessoas que seguem diferentes estilos de vida e que moram até do outro lado do mundo, incluindo as ricas e famosas. Em segundo lugar, não comparamos mais nossa vida à vida real dos outros, e sim à vida repleta de edição deles.

Voltemos a Bob. Fora das redes sociais, ele percebe a própria vida (privilegiada) como boa ou até mesmo ótima. Depois de navegar pelas redes sociais, contudo, seu ponto de referência muda: a vida passa a não parecer mais tão maravilhosa. A ironia é que a percepção de Bob em relação à vida dos amigos é irreal. Ela tem fundamento no que eles decidem postar, que é uma seleção enviesada dos acontecimentos da rotina. É provável que a vida deles não seja nem de perto tão incrível quanto parece on-line. Não surpreenderia se ficássemos sabendo que muitos dos amigos de Bob (incluindo os que parecem ser os mais bem-sucedidos) não se sentem tão empolgados com a própria existência depois de verem os posts de Bob.

Como Bob está nas redes sociais há anos, não está totalmente consciente do impacto que elas têm sobre seu bem-estar. De como o Facebook, o Instagram, o YouTube e todas as outras redes mudaram as expectativas dele, provocando uma sensação constante de leve decepção. Se Bob se afastasse das redes sociais por um mês, talvez se sentisse como um dos participantes do estudo de Allcott, que disse: "Fiquei muito menos estressado. (...) E descobri que não me importava tanto com as coisas que estavam acontecendo [on-line], porque estava mais focado na minha vida. (...) Eu me senti mais satisfeito. Acho que no geral meu humor melhorou. Pensei que fosse sentir falta de ver as atividades diárias de todo mundo. (...) Mas não senti nem um pouco."[17] Sem rastrear os outros o tempo todo, as coisas poderiam melhorar, e a vida de Bob poderia voltar a ter brilho (ou, pelo menos, parecer "boa o suficiente" em vez de "não estar à altura do padrão").

UMA PEGADINHA

Contudo, há uma pegadinha. No estudo de Allcott, o ganho de felicidade que as pessoas sentiram teve um custo. Aquelas que saíram do Facebook ficaram mais felizes, mas também passaram a estar menos inteiradas sobre política e notícias em geral. Elas podem ter ficado mais felizes, em parte, *porque* sabiam menos sobre os acontecimentos do dia. O tipo de informação que as pessoas tendem a receber no Facebook — não apenas notícias como também sobre novidades de amigos e familiares — pode não as deixar mais felizes, mas dizem respeito a coisas que elas gostariam de saber.

Uma das pessoas que saiu do Facebook disse que estava "por fora das conversas [on-line] ou simplesmente desatualizado em relação ao que as pessoas estão fazendo ou pensando. (...) De início, não gostei nem um pouco, porque me senti muito excluído".[18] Você pode não querer se sentir de fora, mesmo que sofra menos com a ansiedade e a depressão e sinta mais satisfação com a própria vida.

Então, apesar de indicarem que estavam mais felizes sem o Facebook, depois que o mês acabou e os participantes do estudo de Allcott puderam reativar as contas, muitos o fizeram. As pessoas puderam experienciar uma vida sem Facebook, o que, em geral, as deixou mais felizes, mas depois logo voltaram à plataforma. Talvez elas quisessem saber o que estava acontecendo no país, mesmo que as informações as deixassem tristes, com raiva e ansiosas. Talvez estivessem preocupadas de perder oportunidades de networking e outras captações de clientes. Ou talvez pensem que, se alguém vive numa sociedade em que inúmeras pessoas usam determinada plataforma, deve-se continuar o uso.

No entanto, a escolha que esses participantes fizeram era mais embasada. Eles passaram pela experiência do "afastamento agressivo"; ou seja, puderam comparar os benefícios de uma vida sem redes sociais aos custos da vida on-line. Alguns decidiram continuar off-line, mas a maioria decidiu voltar a se conectar.

Não é incomum ver as pessoas sofrerem com as interações nas redes sociais e, mesmo assim, continuarem nelas. Não estamos falando apenas dos danos mínimos que Bob sofre nem de saber que alguns estão melhores que você.

Pouco tempo atrás, uma das amigas de Tali — vamos chamá-la de Miriam — procurou-a aos prantos depois de sofrer o que Miriam descreveu como assédio on-line, no X. O assédio constante teve um impacto significativo na saúde mental de Miriam. Ela não conseguia dormir; não conseguia trabalhar. Sua autoestima ficou seriamente prejudicada. Tali sugeriu que Miriam se desconectasse.

Incrédula, Miriam respondeu: "Me desconectar?" Ela arregalou os olhos e pareceu alarmada. Embora a plataforma, nitidamente, a deixasse infeliz, sair das redes sociais, mesmo que por alguns meses, não era uma opção para Miriam. A forte vontade que ela sentia de entrar no X várias vezes por dia, apesar das consequências negativas, é quase como um vício.

O vício acontece quando determinado comportamento (como beber, fumar, comer, se exercitar, postar) gera uma vontade incessante de continuar com a prática, apesar de seus efeitos negativos. Parte do motivo é que *não* continuar com a prática provoca dor e sofrimento. Ou seja, Miriam se sente ansiosa quando não está no X. Para reduzir essa ansiedade, ela acessa a rede social, mas logo depois se sente péssima por causa dos comentários desagradáveis. Quando acessou o X pela primeira vez, Miriam não sofria por estar off-line. Esse sofrimento surgiu aos poucos, com o tempo, à medida que ela entrava na rede social mais vezes, e isso criou um círculo vicioso. Miriam se conectava para se sentir melhor, mas, toda vez que fazia isso, o sofrimento de não se conectar aumentava quando ela estava off-line.

Se você já teve problemas com abuso de substâncias ou morou com alguém que teve, é provável que tenha testemunhado isso em primeira mão. Benjamin Rush, signatário da Declaração de Independência e um dos primeiros pesquisadores no campo dos vícios, ouviu certa vez de um etilista: "Se houvesse um barril de rum no canto de um cômodo e um canhão disparando projéteis o tempo todo entre mim e o barril, eu não conseguiria evitar passar na frente desse canhão para chegar até o rum."[19]

Alguns economistas dizem que você tem vício em algo se (1) o consumo de hoje aumenta a demanda de amanhã (quanto mais Miriam se conecta, mais ela quer se conectar) e (2) você consome mais do que gostaria (quando Miriam se desconecta, sente vontade de ter passado menos tempo on-line).[20] A primeira condição sugere uma ladeira escorregadia: você começa com um pouco da substância viciante (seja vinho, seja cocaína ou outra coisa), o que leva a um consumo cada vez maior. A vontade (de fumar, comer chocolate, ver vídeos no TikTok) aumenta cada vez mais. Mas quer saber de uma coisa? Sua satisfação diante do objeto de desejo não aumenta.

Isso acontece, em parte, por causa da habituação. Em seu primeiro dia nas redes sociais, você pode sentir empolgação e até espanto em ver que seu post recebeu, digamos, dez curtidas. Uau, dez seres humanos reais gostaram do que você disse! Que maravilha! No segundo dia, contudo, receber dez curtidas talvez não provoque um impacto tão grande. Você pode precisar de vinte ou, talvez, cinquenta para obter o mesmo estímulo emocional que obteve com as dez do primeiro dia. Como as pessoas têm uma resposta emocional mais fraca a um estímulo repetido, precisam de quantidades cada vez maiores desse estímulo para alcançar uma euforia equivalente. Esse é um dos motivos pelos quais os dependentes químicos às vezes sofrem uma overdose.

A segunda condição — você consome mais do que gostaria — sugere que, se ajudarmos as pessoas a consumirem menos, elas farão isso. É a exata circunstância que acontece com as redes sociais — se o afastamento das redes for facilitado, muitas pessoas vão de fato se afastar.

Pense no seu comportamento. Você gostaria de passar menos tempo nas redes sociais? Em um estudo,[21] 2 mil usuários de Instagram e Facebook instalaram o Phone Dashboard, um aplicativo que permite que as pessoas definam limites de tempo para o uso de tela. Eles podiam usar o aplicativo se desejassem. E eles desejavam. Quase 80% dos participantes usaram o Phone Dashboard e reduziram o tempo de tela em 16%, em média.

Depois que o aplicativo foi instalado, os usuários relataram que tinham *menos probabilidade* de:

- usar o celular por mais tempo do que pretendiam;
- usar o celular para se distrair da ansiedade ou dormir;
- ter dificuldade de deixar o celular de lado;

- perder o sono por causa do uso de celular;
- procrastinar usando o celular; e
- usar o celular de maneira inconsciente.

Para não haver dúvidas: não estamos sugerindo que o uso das redes sociais só provoca efeitos negativos. As redes oferecem um espaço para se conectar, se informar e compartilhar. É evidente que as pessoas têm acesso a conhecimento, amizades e oportunidades de emprego nessas plataformas. O que estamos destacando é que, para muitas pessoas, como Sam e Shovan, usar certas plataformas com menos frequência, de maneira diferente ou até mesmo não usar vai proporcionar uma vida mais feliz e produtiva. Muitos desconfiam que isso seja verdade e talvez queiram mudar os hábitos de uso para testar o impacto das redes sociais na própria vida. Eles precisam de ajuda para fazer isso.

QUALIDADE, NÃO QUANTIDADE

Existe um amplo debate a respeito de mais tempo de tela ser prejudicial ou não para as pessoas. Nós achamos que esse debate deixa de lado uma informação importante: o principal a se considerar não é o tempo de tela; é saber o que as pessoas fazem com esse tempo. Não se trata apenas de dedicá-lo a passar no Facebook ou na CNN. Trata-se de que tipo de informação você está consumindo. Está rolando a tela para ver as fotos editadas das pessoas e os compartilhamentos selecionados com todo o cuidado, ou para ver posts sobre novos livros ou descobertas científicas?

Um fator que pode ser muito importante considerar é se você está se expondo ou não a informações negativas. Está passando horas lendo tuítes raivosos e blogs que geram ansiedade?

Tali e seu colega Chris Kelly queriam descobrir se as informações negativas que as pessoas consomem on-line podem prejudicar o bem-estar delas.[22] Eles recrutaram centenas de participantes e lhes pediram que se conectassem todo dia por cerca de meia hora e depois enviassem para Chris o histórico de navegação anonimizado. Também realizaram uma grande bateria de testes que avaliavam a saúde mental dos participantes. Em seguida, Chris extraiu os textos dos sites que cada pessoa tinha visitado e usou um algoritmo simples para calcular o percentual de palavras negativas em cada um. Ele descobriu que, quanto maior era esse percentual, pior as pessoas se sentiam.

Talvez você esteja se perguntando: *O que vem antes? As pessoas que têm um humor mais melancólico tendem a buscar mais informações negativas, ou as pessoas que tendem a encontrar mais informações negativas acabam tristes e ansiosas?* Para descobrir essas respostas, Chris manipulou as informações que as pessoas estavam prestes a consumir. Ele deu a algumas delas sites com um efeito neutro para o emocional e, às outras, sites com muitas palavras negativas. Em seguida, perguntou a todas como estavam se sentindo.

Como seria de se esperar, as pessoas que navegaram por sites com palavras negativas se sentiam piores. Ele também manipulou o humor delas e examinou as informações que decidiam consumir. E, de fato, quando Chris desencadeava sentimentos negativos nas pessoas, elas navegavam por sites com um teor mais negativo. Isso significa que, se uma grande proporção do que você lê é negativo, haverá um preço mental a pagar. Ainda assim, se você já estiver de mau humor, também vai tender a consumir muitas informações negativas.

Quando se trata de navegar pela web, o que importa não é a quantidade, e sim a qualidade. Contudo, quem você é também é importante: especialmente sensível a mensagens de raiva e medo, ou mais resiliente? Você tende a se comparar aos outros, ou costuma agir de acordo com os próprios critérios? Pessoas diferentes serão afetadas de maneira distinta.

No entanto, por causa da habituação, é difícil avaliar até que ponto o "ruído on-line" de fato afeta sua vida. Notar o impacto de coisas constantes é difícil. Podemos não perceber a interferência provocada por uma televisão ligada ao fundo até que alguém a desligue de repente. Shovan afirmou que se sentiu "*surpreso* por ter menos distrações" depois de ter alterado seus hábitos nas redes sociais.[23] A única maneira de saber é mudar seus padrões de uso e experimentar um menos frequente, ou diferente. Você também pode se surpreender com o que vai acontecer.

4

RESILIÊNCIA:
UM INGREDIENTE CRUCIAL PARA TER A MENTE SAUDÁVEL

A resiliência é a capacidade de nos recuperarmos dos desafios e das dificuldades imprevistas da vida, o que nos proporciona proteção contra transtornos emocionais e mentais.

— MICHAEL RUTTER[1]

Junte-se a nós num exercício mental. A seguir, você verá uma lista de acontecimentos. Sua tarefa é imaginá-los acontecendo na sua vida. Alguns são prazerosos, outros, arrasadores, e outros, ainda, um pouco desagradáveis. É possível que você já tenha passado por alguns desses acontecimentos, ao passo que outros podem estar esperando-o no futuro, e outros talvez nunca nem ocorram.

Vamos lá:

1. Você se apaixona pelo imperador ou pela imperatriz de uma grande nação. O casamento de vocês é extravagante, e depois você passa a morar na residência real.
2. Você se divorcia (não do seu par da realeza, e sim do seu atual ou futuro cônjuge).

3. Seu chefe não está gostando do seu desempenho e demite você.
4. Uma pandemia fatal se espalha pelo planeta. Você tem que ficar em lockdown, sem poder sair de casa. Você não sabe quanto tempo a situação vai durar nem o que pode acontecer em seguida.
5. Você faz uma prova e recebe uma nota bem abaixo do que esperava.

Para cada um dos acontecimentos citados, estime como você se sentiria caso ocorressem — muito mal, um pouco mal ou mais ou menos bem. Por quanto tempo acha que tal acontecimento afetaria você em termos emocionais? Uma hora, um dia, três meses, dez anos?

Temos dados sobre a maioria desses acontecimentos. Sabemos quanto tempo leva *em geral* para alguém se recuperar de uma nota ruim, de um divórcio, de uma demissão e de uma pandemia fatal. Também temos um estudo de caso sobre entrar para a realeza. Como você está prestes a descobrir, os números são surpreendentes e interessantes. Contudo, gostaríamos de nos concentrar não no que é típico, e sim no que é atípico. Vamos começar com o item mais leve da lista: receber uma nota não muito boa.

EXCESSO DE RUMINAÇÃO

Se você é pai, mãe ou responsável legal de um estudante, é provável que saiba que a maioria deles se preocupa muito com as notas. Se você mesmo é estudante, é provável que fique feliz quando recebe uma nota 10 e se sinta péssimo quando recebe uma nota 1, ou até mesmo um 5 ou 6. A pergunta é: Por quanto tempo? Por quanto tempo seu filho ou sua filha (ou você) se deixa afetar por uma nota baixa?

Aaron Heller, professor de psicologia na Universidade de Miami, decidiu medir o impacto das notas no humor dos estudantes.[2] Ele recrutou centenas de alunos e, com o consentimento deles, enviou mensagens ao longo do semestre para perguntar como estavam se sentindo. Em alguns dias, eles estavam ótimos (talvez tivessem passado o dia na praia), e em outros, um pouco tristes (talvez estivessem com saudade de casa). Para cada aluno, Aaron calculou a medida de referência do humor (ou seja, uma média de como aquele estudante se sentiu ao longo do semestre).

Quando chegou a semana das provas, os estudantes se conectaram ao portal da universidade para acessar as notas. Alguns alunos descobriram que se saíram bem, outros, que as notas estavam abaixo do que esperavam. Em todo caso, os estudantes relataram de imediato o próprio humor numa escala que Aaron lhes apresentou e continuaram a fazer isso a cada 45 minutos durante as 8 horas seguintes.

Martin e Ronald participaram do experimento de Aaron. Ambos receberam a nota 85. Bem, é provável que você considere 85 uma boa nota. Martin e Ronald não pensavam assim. Como a maioria dos alunos de Aaron, os dois eram ambiciosos; teriam ficado felizes com uma nota 95, mas consideraram 85 decepcionante. Martin e Ronald tinham diferentes níveis de humor de referência: Martin costumava ser mais feliz do que Ronald. Ao receberem as notas, no entanto, ambos relataram um declínio de exato meio ponto no humor numa escala de um a sete em relação à referência de cada um.

Como você pode ter imaginado, o efeito negativo não durou muito. Instantes depois, a habituação se instalou, e o humor de ambos voltou a melhorar. Contudo, nesse ponto, Martin e Ronald divergiram: Martin voltou ao nível normal de humor de referência em três horas; Ronald, no entanto, levou mais de oito horas para se recuperar. Qual era a diferença entre os dois que permitiu que um voltasse à "normalidade" em uma velocidade superior ao dobro da do outro?

Martin e Ronald tinham a mesma idade, vinham de origens socioeconômicas semelhantes e tinham o apoio de família e amigos. Eles planejavam fazer medicina e se importavam na mesma proporção com as notas. No entanto, havia uma diferença importante entre os dois: Ronald sofria de depressão, ao passo que Martin nunca lidou com qualquer questão relacionada à saúde mental.

Aaron descobriu que o humor de estudantes que sofriam de depressão, como Ronald, voltava ao normal num ritmo mais lento que o de estudantes com a saúde mental preservada, como Martin. Todo mundo acaba se habituando, mas o ritmo desse processo era mais demorado nos estudantes que relatavam sintomas de depressão.* O fascinante é que *de início* a nota não tão boa não afetou Ronald mais do que afetou Martin. O efeito da depressão foi revelado com o tempo: ela cobrou seu preço na etapa de recuperação. A questão é por quê.

Uma resposta provável é a ruminação. Ruminar é "mastigar" um pensamento de modo contínuo. Assim como uma vaca traz de volta do estômago os alimentos já mastigados para o fazer uma segunda vez, você pode processar mentalmente um acontecimento negativo (como um relacionamento fracassado, uma entrevista de emprego que não deu certo ou uma derrota num evento esportivo) só para trazê-lo de volta à mente e ficar numa obsessão por ele de novo.

Ronald não conseguia parar de pensar na nota. Ele ficou cogitando se ela prejudicaria suas chances de entrar em uma faculdade de medicina. Também se não era inteligente o suficiente. Além de manter os pensamentos relacionados à nota vivos e girando na mente por mais tempo que Martin, Ronald também encarava a gravidade da situação toda vez que pensava nela. Como consequência, levou mais tempo para se recuperar em termos emocionais.

A ruminação é típica de indivíduos que sofrem de depressão.[3] Muitos psicólogos acreditam que ela *causa* a doença. Isto é, uma incapacidade de afastar pensamentos intrusivos relacionados a fracassos, sofrimentos ou pequenas decepções pode levar à depressão. Martin também passou um tempo avaliando por que tinha recebido uma nota não tão boa e o que ele poderia fazer melhor na próxima vez. No entanto, sua recuperação foi mais rápida na hora de dedicar a atenção a outros assuntos — seus planos para jantar com a namorada, o projeto de química que precisava ser

---

* A depressão não foi avaliada como uma condição "tudo ou nada", mas, quanto mais sintomas de depressão o estudante relatava, mais tempo levava para se habituar.

entregue na semana seguinte, o treino de natação de sua equipe —, e essas coisas ocuparam o espaço mental que antes era da nota e minimizaram sua influência.

Certa vez, um de nós perguntou a uma pesquisadora de emoções como deixar de se apaixonar pela pessoa errada. A resposta dela: "Só existe um jeito. Apaixonar-se por outra pessoa."

DO PONTO DE VISTA DE UMA MINHOCA

Vamos sair das pequenas decepções para os grandes contratempos. O número quatro da nossa lista: uma pandemia global. Você se lembra de março de 2020? Para nós, assim como para muitas outras pessoas, os e-mails chegaram aos montes, anunciando fechamentos e cancelamentos por causa da pandemia de Covid-19. Assim como muita gente, ficamos estressados e ansiosos. Recebemos instruções para pegar nossas coisas e sair dos escritórios da universidade. (A assistente de Cass perguntou a ele se a situação iria durar pouco. Cass lhe garantiu que era provável que sim. Errou feio.) Reuniões e eventos que tínhamos planejado foram cancelados. A escola dos nossos filhos e nossas filhas (cada um de nós tem dois) foram fechadas. Estocamos muita comida enlatada (e, talvez, uma quantidade alarmante de papel higiênico).

Também ficamos pensando se o lockdown e o isolamento iriam deixar as pessoas infelizes. Se esses dois fatores estivessem prejudicando a saúde mental das pessoas em níveis significativos, talvez fosse necessário repensar certas políticas. Tali e seus colegas Laura Globig e Bastien Blain decidiram tentar quantificar os efeitos dessa situação sobre a população, na esperança de informar os legisladores e outros envolvidos sobre potenciais danos.

Eles levaram algumas semanas para criar um formulário de entrevista, mas, no fim de março de 2020, já tinham recolhido dados de uma grande amostra representativa da população dos Estados Unidos. Sem nenhuma surpresa, descobriu-se a partir dos dados um aumento significativo no estresse e uma redução na felicidade. No entanto, as mudanças foram menores do que se esperava. Poucos meses depois, eles entrevistaram os mesmos indivíduos. Para a surpresa dos pesquisadores, os níveis de felicidade tinham voltado aos do período pré-pandemia![4]

Esse estudo não foi o único. A partir do resultado de vários outros, revelou-se a incrível resiliência do espírito humano.[5] O tempo que as pessoas levaram para se recuperar variou um pouco de uma amostra para a outra, mas foi observada alguma forma de habituação em todas as amostras. Você vira o mundo das pessoas do avesso, as tranca em casa, ameaça todo mundo com uma doença e com a morte e... elas se habituam. Sob o *ponto de vista de um pássaro* — ou seja, a partir de uma visão panorâmica —, os seres humanos estavam se saindo bem, mesmo em meio a uma pandemia.

Contudo, não queremos encarar a situação sob o ponto de vista de um pássaro. Queremos avaliar tudo sob o ponto de vista de uma minhoca. Nosso interesse não é nos concentrar na população em geral, e sim na população marginalizada no contexto da saúde mental. Como indivíduos com questões preexistentes em relação à saúde mental, como Ronald, lidaram com a situação?

Para responder a essa pergunta, vamos recorrer à pesquisadora britânica dra. Daisy Fancourt. Quando a pandemia começou, em março de 2020, Daisy entrou em ação de imediato. Assim como centenas de outros cientistas comportamentais do mundo todo, ela também formulou uma série de questões para entrevistar as pessoas e medir suas reações à pandemia.[6] Daisy queria saber como as pessoas estavam se sentindo. Será que estavam obedecendo às ordens? Será que concordavam com a política do governo? E ela queria saber se as respostas variavam de acordo com o posicionamento político, os fatores demográficos, a saúde mental, a saúde física, a situação familiar, entre outros quesitos.

Ao contrário da maioria dos pesquisadores, Daisy conseguiu entrevistar cerca de 70 mil pessoas no Reino Unido e continuou a fazer isso toda semana pelo restante da pandemia.[7] Anos depois, ela ainda estava debruçada nessa pesquisa. Assim, Daisy tinha os dados de que precisávamos para responder à pergunta: Quão bem as pessoas com questões relativas à saúde mental estavam se adaptando à nova realidade?

Os dados de Daisy tinham uma similaridade impressionante com os de Aaron. Para nos fazermos entender de modo mais prático, vamos dar atenção especial a duas pessoas entrevistadas por Daisy: Shirley e Veronica. Em 23 de março de 2020, o então primeiro-ministro do Reino Unido, Boris Johnson, anunciou o primeiro lockdown no país. Ele ordenou que os cidadãos ficassem em casa para evitar a propagação do vírus. Shirley e Veronica, ambas mães solo, lutavam para lidar com o ensino em casa, com crianças entediadas e com reuniões de trabalho por Zoom em seus respectivos apartamentos de 90 m² em Londres. No questionário de Daisy, ambas indicaram uma diminuição na satisfação com a vida.

Semanas depois, quando Daisy falou com as duas outra vez, ambas já estavam se sentindo melhor. A diferença era que, enquanto Veronica estava apenas um pouquinho melhor, Shirley estava muito melhor. Qual era a diferença entre elas?

Como você deve ter adivinhado, a diferença era o histórico de saúde mental das duas. Veronica tinha sido diagnosticada com problemas de saúde mental muito antes do início da pandemia, ao contrário de Shirley, que nunca tinha tido questões significativas.

A partir dos dados de Daisy, descobriu-se que as pessoas com problemas de saúde mental preexistentes tinham mais dificuldade para se ajustar à "vida na pandemia". Bem no início da pandemia, a influência desse novo cenário acerca da satisfação das pessoas com a vida era a mesma, independentemente do histórico de saúde mental. A maior diferença apareceu pouco depois do início do lockdown. Pessoas como Shirley, que nunca tinham recebido o diagnóstico de alguma condição de saúde mental, relataram um aumento enorme na satisfação com a vida apenas duas semanas (!) depois que o primeiro-ministro declarou emergência nacional pela primeira vez. Em contrapartida, pessoas como Veronica, que já lidavam com questões relacionadas à saúde mental tiveram apenas uma leve melhora no início.

Não sabemos com certeza por que e como a felicidade de Shirley aumentou tanto em apenas duas semanas, mas podemos fazer uma suposição embasada. Para começar, é provável que Shirley tenha mudado seu ambiente para torná-lo mais "adequado à pandemia". Talvez tenha rearrumado a casa para torná-la mais confortável para si e para suas crianças. Tali e seus colegas descobriram que a maioria das pessoas relatou que suas condições de vida tinham melhorado com a pandemia, porque fizeram mudanças adaptativas ao ambiente físico. Shirley pode ter descoberto um novo cronograma que funcionava bem para ela e é provável que tenha aprendido a usar o Zoom, o Google Classroom e outras ferramentas necessárias para trabalhar e aprender de casa. Talvez ela tenha inventado atividades caseiras divertidas para envolver a família. (Curiosidade: as pesquisas de "como fazer bolo de banana" e "como fazer um coquetel" dispararam durante esse período.) Talvez sua mente não estivesse mais ocupada em pensar nos piores cenários.

Essas reações adaptativas não eram incomuns para Shirley. Ela reagiu de forma semelhante depois do divórcio e quando foi demitida de um emprego alguns anos antes. Em geral, são necessários dois anos para alguém se adaptar a grandes mudanças de vida, como uma separação, que muitas vezes fazem as pessoas voltarem ao seu nível de referência de felicidade.[8]

Quanto a Veronica, ela acabou fazendo algumas mudanças para se adaptar às restrições do governo, mas fez isso bem devagar e, como consequência, sofreu por mais tempo. Ela só teve uma melhoria significativa no nível de felicidade em junho de 2020, quando as escolas e lojas enfim reabriram e o sol saiu de trás das nuvens cinza.

Não sabemos por que Veronica teve questões relacionadas à saúde mental, mas, mais uma vez, podemos dar um palpite. Estudos em geral apontam para uma combinação entre habilidades inatas e adquiridas.[9] Isto é, certas pessoas têm uma sensibilidade genética a estressores (como uma pandemia, um divórcio, uma nota não tão boa). Quando elas passam por adversidades (como a perda de um ente querido), isso desencadeia uma forte reação, levando a uma variedade de sintomas.

Uma das formas de apoiar Veronica e outras pessoas como ela durante períodos turbulentos é oferecer a elas uma fatia maior do bolo de recursos. Durante a pandemia, governos do mundo todo ajudaram os cidadãos com incentivos em dinheiro, benefícios fiscais e cuidados voltados às crianças. Diferentes fatores, como renda e estado civil, eram considerados na hora de decidir como alocar esses recursos. No Reino Unido, por exemplo, as escolas ficaram abertas durante o lockdown para atender aos filhos e às filhas dos trabalhadores de serviços essenciais.

A partir dos dados que Daisy coletou, e dos dados de outros estudos como o dela, sugere-se que um fator crítico a se considerar na hora de alocar recursos é o histórico de saúde mental, porque as pessoas com questões relacionadas à saúde mental têm dificuldade para se habituar e se adaptar.

A IMPERATRIZ E A ANSIEDADE PÓS-PANDEMIA

Conforme a pandemia de Covid-19 desacelerava, muitas pessoas ficaram confusas ao descobrir que não sentiam alegria. Em vez disso, elas se sentiam ansiosas. O sentimento era tão generalizado que os psiquiatras cunharam um novo termo para descrevê-lo: *ansiedade pós-pandemia* — entendida como a angústia sentida pela perspectiva de regressar à "vida normal".[10] Pessoas que antes não conseguiam se imaginar passando tanto tempo em casa, em parte porque tinham se habituado a trabalhar num escritório, agora mal conseguiam se imaginar voltando a esse cenário, em parte porque haviam se habituado ao home office.

Durante a pandemia, todos nós nos acostumamos a passar as horas despertas entre as mesmas quatro paredes e a interagir com no máximo um punhado de indivíduos. Sair para trabalhar, ir a festas e jantar em restaurantes tinham ficado no passado. Atividades que antes pareciam naturais, como acordar de manhã e tirar a calça confortável de moletom para vestir um terno azul-marinho, agora geravam estresse. Coisas que esperávamos com muita expectativa, como férias ou um show, de repente pareciam difíceis ao extremo. Tínhamos passado meses nos habituando à "vida pandêmica", adaptando nossa rotina e expectativas. Como consequência, a perspectiva de mudar de novo deixou as pessoas muito amedrontadas. Mudar é difícil porque nos faz sentir como se estivéssemos perdendo o controle. Isso também acontece quando as mudanças são aparentemente desejadas.

Vamos dar uma olhada na história da imperadora japonesa Masako.[11] Em 1986, Masako Owada, uma estudante de direito de 23 anos, foi a uma festa vespertina em homenagem à duquesa de Lugo, da Espanha. Essa festa mudou a vida dela para sempre. Um dos participantes era o príncipe Naruhito, do Japão. Como acontece nos contos de fadas da vida real, o príncipe ficou encantado pela alegre Masako na mesma hora e começou a cortejá-la. Depois de um tempo, eles firmaram compromisso.

É óbvio que, quando uma pessoa se casa com um membro da realeza, a vida passa por uma reavaliação completa, e com Masako não foi diferente. Antes de se mudar para Tóquio e estudar direito, Masako cursou o ensino médio e a faculdade em Massachusetts. Ela achou muito difícil mudar da vida moderna nos Estados Unidos para as tradições ancestrais da residência real. Estar sob os olhos do público exigiu outra adaptação estressante.

Algumas pessoas, no lugar de Masako, acabariam se habituando, mas ela não conseguiu. No fim das contas, foi diagnosticada com uma condição chamada de "transtorno de ajuste". Cerca de 12% das pessoas sofrem dessa condição, na qual os indivíduos sentem tristeza, desesperança e uma sensação de sobrecarga em resposta a grandes mudanças de vida, sejam elas boas, *sejam ruins*.[12] Ironicamente, acontecimentos positivos, como conseguir o emprego dos sonhos, recuperar-se de um câncer depois de uma longa batalha contra a doença e encontrar o amor, podem desencadear um episódio. Apesar de fazer parte da família real há décadas, a imperatriz nunca se recuperou.

Embora a incapacidade de se habituar seja a característica definidora do transtorno de ajuste, esse traço também parece identificar quase todos os problemas de saúde mental. Essa incapacidade tem diferentes máscaras, gerando uma diversidade de sintomas, mas o problema básico é compartilhado por várias condições de saúde mental.

UM PÁSSARO DE CADA VEZ

Já vimos que indivíduos que apresentam alguma questão em relação à saúde mental, como Ronald, Veronica e a imperatriz Masako, têm mais dificuldade para se adaptar a mudanças de vida, sejam elas boas ou ruins (como uma pandemia global, ou um casamento com a realeza), e para superar acontecimentos da vida cotidiana (como uma nota baixa). Contudo, a habituação emocional a acontecimentos positivos e negativos não é a única coisa que se rompe quando há condições pré-existentes de saúde mental; outras formas de habituação também deixam de funcionar.

Vejamos o exemplo a seguir. Como você deve se lembrar de capítulos anteriores, quando seu cérebro percebe um estímulo constante, ele responde cada vez menos a esse estímulo com o passar do tempo. Em geral, isso é bom, porque, ao ignorar coisas que não mudam, o cérebro libera recursos para se concentrar em acontecimentos potenciais importantes.

Pense em rostos. Quando você olha para um rosto que expressa medo, seu cérebro reage. Rostos em geral, e ainda mais os que demonstram expressões emocionais específicas, se destacam. Muitas vezes, eles contêm informações importantes: a pessoa está com raiva ou feliz? Triste ou desinteressada? A expressão facial pode gerar perguntas que precisam ser respondidas: por que a pessoa está com medo? Será que também estou em perigo?

Portanto, faz sentido que seu cérebro reaja com intensidade, sinalizando que o estímulo diante de você é importante. Se o mesmo rosto aparecer de novo alguns segundos depois, a atividade neural será reduzida e, na vez seguinte, mais ainda.[13] Isso acontece porque, depois que a informação é processada, não há nenhum motivo para reagir. No entanto, essa habituação não existe nas pessoas com esquizofrenia. Elas podem ver o mesmo rosto emocionado várias vezes, e o cérebro delas vai continuar reagindo com a mesma intensidade.[14] É como se processassem a informação como nova todas as vezes.

Isso não acontece apenas com rostos. Um fenômeno semelhante é observado em resposta a uma variedade de outros estímulos.¹⁵ Pessoas com esquizofrenia também têm dificuldade de ignorar determinados sons, como um jogo de frescobol, ou o ruído de um escritório. Ao contrário da maioria das pessoas, os neurônios no córtex auditivo de quem sofre de esquizofrenia não conseguem, mesmo com o passar do tempo, diminuir a resposta a estímulos auditivos repetidos, como conversas ou sirenes, o que pode dificultar a concentração.

Tudo isso demonstra o papel vital da habituação para o bom funcionamento mental. Não paramos para pensar nessa característica importante dos neurônios no cérebro, mas, quando essa capacidade é danificada, surgem inúmeros problemas, desde a depressão e a esquizofrenia até fobias.

Nossa colega Lina, por exemplo, tem medo de aves. Pombos, sabiás, beija-flores — ela tem medo de todos. Quando essas pequenas criaturas vão na direção dela, Lina grita e sai correndo. A fobia de aves é seu único traço fora do típico, mas é problemática. Ela desconfia que *Os pássaros*, um dos clássicos filmes de Hitchcock, seja a razão. Visões de aves violentas atacando Tippi Hedren e Rod Taylor estão gravadas na mente dela de maneira permanente desde bem pequena.

Embora a fobia a aves seja relativamente rara, ela é comum o suficiente para ter um nome: ornitofobia. Ao que parece, Lina está na companhia de muitas pessoas famosas e talentosas que relataram sofrer de ornitofobia, incluindo Lucille Ball, Ingmar Bergman, Scarlett Johansson e David Beckham.¹⁶ Assim como todos os problemas de saúde mental, as fobias são resistentes à fama e à fortuna.

Lina faz o mesmo que a maioria das pessoas que têm alguma fobia: tenta ao máximo evitar a fonte de pavor. Ela mora em Londres, mas não chega perto da Trafalgar Square, onde se encontram centenas de pombos procurando sementes. Ela nunca segurou uma ave nem voltou a ver o clássico apavorante de Hitchcock.

O problema é o seguinte: como Lina evita se aproximar de aves, ela tem poucas oportunidades de se habituar. Para passar por esse processo, você precisa enfrentar várias vezes a fonte do seu medo, seja ele de aves, seja de altura, de aranhas ou de falar em público. Contanto que não aconteça nada muito desastroso (como um pássaro arrancar seu olho ou a plateia jogar tomates em você no palco), o medo diminui com o tempo, e você sente menos estresse quando pensa ou de fato lida de maneira direta com o objeto do pavor.

A pegadinha é justamente que indivíduos com fobias fazem de tudo para evitar a fonte do medo. (Pessoas com depressão adotam a mesma estratégia: costumam evitar situações que podem levar à decepção ou desencadear ansiedade, como iniciar interações sociais ou se candidatar a um emprego.) Muitas vezes, isso interfere no seu funcionamento diário. É aqui que entra a terapia de exposição.[17] Essa é a modalidade de terapia mais comum para fobias e para o transtorno obsessivo-compulsivo (que costuma envolver a germofobia). O objetivo da terapia é expor a pessoa àquilo que a apavora a fim de alcançar a habituação. A chave é controlar a exposição de maneira que ela ocorra de maneira gradual — uma ave de cada vez — e fazer isso num ambiente que seja seguro para a pessoa.

Para Lina, isso pode significar ver vídeos de aves repetidas vezes, até que eles não desencadeiem mais um medo absurdo. Em seguida, ela pode tentar ficar no mesmo cômodo que uma ave engaiolada. Depois de superar esse desafio, ela pode tentar ficar perto de uma ave que está na mão de outra pessoa. E assim por diante. Um passinho de cada vez, até ela enfim se sentir confortável ao tocar numa ave.

No caso de Lina, restaurar a habituação é essencial para superar a fobia. No caso de Ronald, restaurar a habituação é essencial para superar a depressão. O princípio geral é verdadeiro para muitas pessoas com problemas semelhantes aos de Lina e Ronald: a dificuldade de se habituar depressa a pessoas, sons e coisas pode fazer os indivíduos se sentirem amedrontados e impotentes. Mesmo assim, como veremos a seguir, embora o fracasso em se habituar possa acarretar problemas voltados à saúde mental em algumas pessoas, também pode resultar em criatividade e pensamentos inovadores em outras.

PARTE II
PENSAR E ACREDITAR

PENSAR E
ACTIECUAR

5

CRIATIVIDADE:
SUPERE A HABITUAÇÃO
DO PENSAMENTO

Sem mudança não há inovação, criatividade nem incentivo para melhorar.

— C. WILLIAM POLLARD[1]

Quando adolescente, Dick Fosbury se sentia um fracasso. Aluno da Medford High School, no Oregon, ele adorava esportes, mas não era muito bom em nenhum. No ensino médio, queria fazer parte do time de futebol americano, mas disseram que ele era pequeno demais. Dick então tentou o time de basquete, mas argumentaram que ele não tinha habilidade. Em seguida, ele foi para a equipe de atletismo, mas também sofreu para encontrar seu lugar. Dick acabou indo para o salto em altura, mas não conseguia saltar 1,5 metro, o mínimo necessário para se qualificar em diversos eventos esportivos do ensino médio. Fosbury sabia que teria que fazer uma mudança se quisesse, nas palavras dele mesmo, "em primeiro lugar, parar de perder, e, em segundo, continuar no time".[2]

Se você assistir a um evento de salto em altura hoje, vai ver que os atletas correm para o sarrafo por uma rota em J, depois saltam olhando para o céu, de costas para a barra. Essa técnica, o *Fosbury flop*, recebeu esse nome em homenagem ao seu inventor: Dick Fosbury. Em meados da década de 1960, porém, quando Fosbury ainda estava no ensino médio, todos os atletas saltavam olhando para a frente.[3] Era assim que se fazia, e ninguém havia pensado em saltar de um jeito diferente. Até Fosbury aparecer.

As pessoas riam dele. Achavam que o *Fosbury flop* era um absurdo, que ele iria quebrar o pescoço. "Acho que poucas pessoas o levaram a sério", disse Frank Toews, seu colega de equipe.[4] Ninguém saltava daquele jeito.

Contudo, Fosbury riu por último. Em 1968, ele conquistou a medalha de ouro no salto em altura nos Jogos Olímpicos. Como disse um de seus amigos da faculdade: "Todo mundo estava falando em revolução, mas pairava sobre todos certa mentalidade de rebanho dos imitadores; um cara deixava o cabelo crescer, e todo mundo fazia o mesmo. Mas ele tinha mesmo algo de diferente. Dick Fosbury foi o único revolucionário de verdade que eu conheci."[5]

Quando você observa as pessoas fazendo a mesma coisa do mesmo jeito várias vezes seguidas, sua mente para de registrar a ação delas; para de reagir. De certo modo, você se habitua. Espera que as pessoas se sentem na frente quando dirigem e atrás quando não o fazem; que usem sapatos nos pés e luvas nas mãos; que tomem sorvete com uma colher, não com um garfo. Então, quando as pessoas seguem a convenção, não há muito a ser processado. Não há nenhum sinal de "surpresa" no seu cérebro para chamar sua atenção e fazer você pensar: *Ei, será que a gente pode fazer as coisas de um jeito diferente?*

No entanto, de vez em quando alguém aparece e cogita se a maneira como sempre fizemos as coisas é a única, a melhor. Alguém pensa: *Ei, será que os seres humanos também podem viajar pelo ar e não apenas pelo solo?*, ou *Ei, será que os livros podem também ser vendidos on-line e não apenas numa loja física?*, ou até mesmo: *Ei, será que é possível saltar mais alto com o corpo virado para trás, e não para a frente?* A pergunta, então, é: o que faz certos indivíduos se desabituarem ao *status quo* e acabarem inovando?

Parte da resposta é a necessidade. Se Fosbury fosse excelente no salto em altura com o corpo virado para a frente, é provável que não teria questionado a técnica. Fosbury, contudo, não conseguia fazer o salto padrão funcionar. A frustração que sentia, que, por sorte, foi combinada com uma dose de ambição, foi fundamental para cutucá-lo e fazê-lo pensar se e como ele poderia saltar de um jeito diferente dos outros. De certa maneira, os saltos de Fosbury levaram ao *Fosbury flop*. No entanto, a necessidade é apenas o começo e não é suficiente por si só.

O início da década de 1960 já era um período de mudança no salto em altura, mesmo antes de Fosbury criar seu revolucionário salto de costas. Embora todos os atletas pulassem virados para a frente, eles já usavam duas técnicas diferentes: o método *straddle* e o método da tesoura. Ambas as técnicas são bem diferentes uma da outra.[6] Essa variedade em campo sinalizava que havia a possibilidade de mais de uma solução. Também havia a questão de que o ambiente físico dos atletas do salto em altura estava mudando. As superfícies existentes para a queda, compostas de serragem, areia e lascas de madeira, estavam sendo substituídas por uma borracha macia com um metro de espessura. Por conta de sua maior maciez, a nova superfície possibilitava que os atletas caíssem de costas sem se machucar.

Fosbury precisava de uma alternativa. No entanto, além desse aspecto prático, a mudança de superfície pode, em si, tê-lo encorajado a pensar no salto de maneira diferente.

PREPARAR-SE PARA AS MUDANÇAS

Como é que uma pequena mudança, um novo colchão para as quedas, por exemplo, pode impulsionar o pensamento inovador? A partir de experimentos sugeriu-se que até mudanças simples têm o poder de desencadear a desabituação ao sinalizarem que uma nova situação precisa ser desbravada. Como resultado, a probabilidade de as pessoas repensarem o *status quo* é maior. Por exemplo, depois que se mudam para um novo país, elas se tornam melhores em resolver charadas criativas.[7] É presumível que a necessidade de lidar com um ambiente novo impulsione o pensamento flexível.

Essa transformação mental se estende para todos os aspectos da vida, incluindo a solução de charadas.

No entanto, você não precisa se mudar para outro país para impulsionar sua criatividade. Mudanças simples, como sair para correr depois de passar um tempo sentado ao computador, também ajudam. Muitos livros conectam a atividade física ao pensamento criativo.*[8] A maioria das pessoas supõe que os exercícios físicos aumentam a criatividade porque melhoram o humor, mas não é só isso.

A partir de uma série de experimentos conduzidos por Kelly Main,[9] revelou-se que uma mudança na atividade em si (por exemplo, de sentado para andando, *ou* de andando para sentado) melhora o pensamento criativo porque prepara a mente para a mudança. A fim de medir o pensamento criativo, Kelly pediu aos voluntários que concluíssem uma de duas tarefas. Numa delas, eles receberam grupos de três palavras e tinham a tarefa de encontrar a quarta palavra que poderia de algum jeito ser conectada a cada uma das três palavras para criar uma expressão, locução ou um substantivo composto. Por exemplo, se você recebesse as palavras *saia*, *galo* e *cavalo*, poderia responder com... *rabo [de]* (rabo de saia, rabo de galo e rabo de cavalo).

Aqui estão alguns exemplos para você tentar:

1. senso, bem, lugar
2. chuva, costas, roupa
3. chamas, perfume, foguetes
4. falante, astral, relevo
5. meia, moleque, guerra**

As pessoas que se saem bem nessa tarefa costumam ter uma pontuação maior em outras medições de criatividade. Kelly e sua

---

* Observe que, embora exista uma metanálise da literatura relevante que sugira a existência da relação entre a atividade física e o pensamento criativo, o efeito é pequeno.

** Se você estiver curioso em relação às respostas para cada um dos trios de palavras mencionados, são elas: 1. comum; 2. guarda; 3. lança; 4. alto; 5. pé [de].

equipe, no entanto, não se limitaram a essa tarefa para medir a criatividade. Também pediram aos voluntários que inventassem usos incomuns para itens domésticos. Por exemplo, tentar pensar em usos diferenciados para um rolo vazio de papel-toalha. Talvez você possa inserir os rolos nas suas botas para manter o formato delas enquanto estão guardadas, ou talvez possa utilizá-los para armazenar elásticos. As pessoas que conseguem pensar em muitos usos inusitados para as coisas também costumam ter uma pontuação mais alta em outras tarefas criativas.

A chave do segredo do experimento de Kelly foi colocar um grupo de voluntários sentados para realizar as tarefas do início ao fim e o outro para alternar entre estar sentado e andando durante a tarefa. Kelly descobriu que o grupo que ficou sentado o tempo todo inventava menos usos incomuns para os itens e dava menos respostas para as palavras compostas. Ela replicou esse resultado três vezes com diferentes grupos de voluntários. O mais interessante é que ela descobriu que a melhoria na criatividade era mais proeminente pouco tempo depois que as pessoas começavam a andar *e* pouco tempo depois que elas se sentavam. Isso sugere que a *mudança* em si pode impulsionar o pensamento criativo.[10]

O resultado revelador do experimento é que a melhoria na criatividade diminuía ao longo do tempo conforme os voluntários se habituavam à própria condição. Isto é, andar melhorava a criatividade de início, mas, conforme os voluntários continuavam andando, eles se acostumavam, e a criatividade voltava a diminuir. No geral, a melhoria no pensamento criativo durava cerca de seis minutos depois que as pessoas se levantavam e começavam a andar. Depois que voltavam a se sentar, o pensamento criativo era impulsionado outra vez, mas diminuía de novo assim que a habituação (desta vez, a estarem sentados) começava a agir.[11]

Não foi só isso. A mera expectativa da mudança era suficiente para impulsionar o pensamento criativo. Quando os pesquisadores avisavam aos voluntários que eles estavam prestes a mudar de atividade, observavam um aumento nas pontuações de criatividade. Kelly e sua equipe acreditam que isso acontece porque, quando as pessoas antecipam a mudança, a mente delas se prepara para a necessidade de processar a informação de um jeito diferente, o que corrobora um pensamento mais flexível.[12]

É importante ressaltar que os efeitos que Kelly e sua equipe encontraram foram em certo grau pequenos. Mesmo assim, até um pequeno impulso na criatividade pode nos ajudar a chegar mais perto daquele esperado momento eureca. Portanto, pode ser uma boa ideia se levantar da sua cadeira e fazer uma leve caminhada, ou até sair para uma corridinha. Ou, talvez, mudar seu ambiente de trabalho de vez em quando. Saia do escritório e vá para a cozinha, ou para uma cafeteria, e depois volte. Essas variações também podem funcionar.

O VALOR DE UMA HABITUAÇÃO LENTA

Tudo bem, a pesquisa de Kelly sugere que a mudança aumenta o pensamento criativo e a habituação o reduz. É possível concluir, então, que as pessoas que demoram mais para se habituar são mais criativas? A psicóloga Shelley Carson, que escreveu muito a respeito do tema criatividade, suspeitava que sim.[13] A habituação lenta pode permitir que a pessoa perceba coisas que os outros não identificam mais e, portanto, note oportunidades de melhoria.

As pessoas costumam ser rápidas em criar expectativas do que está por vir — quando, por que e como. São rápidas em gerar um modelo mental do mundo ao redor. No entanto, se fizer menos suposições de como as coisas talvez venham a ser, você poderá se abrir para novas possibilidades. Diferentes variações dessa ideia já haviam sido abordadas por cientistas, mas não tinham sido testadas de maneira adequada. Portanto, Shelley e seus colegas decidiram testá-las.

O primeiro passo de Shelley foi identificar um grupo de "realizadores criativos eminentes" — como ela chamou —, ou seja, indivíduos que fizeram alguma contribuição significativa para um campo criativo. Por exemplo, pessoas que patentearam uma invenção, publicaram um livro, fizeram uma exposição particular de suas obras de arte, venderam uma composição musical, ganharam um prêmio por uma descoberta científica, ou outras realizações semelhantes. Ela comparou esses realizadores criativos eminentes a um segundo grupo, de pessoas que não se qualificavam para o primeiro.

Em seguida, Shelley deu aos dois grupos uma tarefa com o objetivo de medir a rapidez com que eles se habituavam. Para compreender a tarefa, pense no seguinte cenário: imagine que você aceite nosso conselho e saia para correr. Você gosta de ouvir música enquanto corre, então coloca os fones de ouvido e seleciona uma playlist do tipo "levante-se e se mexa". Para monitorar a velocidade e a distância, você usa um aplicativo de corrida.

A cada cinco minutos, o volume da música diminui um pouco, e uma voz monótona diz alguma coisa do tipo: "Distância: 7,4 quilômetros; ritmo médio: 9 minutos e 32 segundos por quilômetro." Isso acontece repetidas vezes. A distância relatada muda a cada cinco minutos, e a velocidade média também pode mudar, mas a voz, o tom e a estrutura da sentença são os mesmos. Por causa dessa repetição, muitas pessoas param de prestar atenção às informações. O cérebro filtra a voz tão previsível e para de registrar a distância e o ritmo exatos.

Shelley não pediu às pessoas que usassem um aplicativo de corrida, mas a tarefa que ela aplicou era semelhante, em princípio, ao cenário mencionado.

De início, ela tocou os mesmos sons para os voluntários várias vezes. Por causa da habituação, depois de algumas repetições, a maioria das pessoas parou de processar o som, assim como é provável que deixassem de registrar a fala gerada pelo aplicativo de corrida. Depois, Shelley introduziu uma mudança inesperada. Para entender essa mudança, imagine que, enquanto está correndo, você encontra sua amiga Joleen. Ela também está correndo e vocês decidem seguir lado a lado.

Joleen não tem um aplicativo de corrida, então você promete compartilhar a velocidade média com ela a cada cinco minutos. Contudo, seu cérebro continua a filtrar a voz do aplicativo, então você não informa a velocidade a Joleen. Se você for um "habituador rápido", vai se sair pior na tarefa; se for um "habituador lento", vai se sair melhor.

A mudança que Shelley introduziu era semelhante em essência. Ela apresentou os sons aos voluntários junto de imagens simples (como um círculo amarelo) e avaliou se eles aprendiam a fazer associações entre sons e imagens. Isto é, os voluntários tinham que descobrir qual som combinava com qual imagem e em que ordem. Shelley pediu a alguns voluntários (uma mistura de "criativos" e "não criativos") que resolvessem o problema da associação sem serem expostos de antemão aos sons, enquanto outros (uma mistura de "criativos" e "não criativos") primeiro se ocupavam com a tarefa de habituação. Ao comparar o desempenho dos criativos que foram expostos de antemão aos sons ao desempenho dos criativos que não foram, Shelley conseguiu medir o impacto da habituação no grupo criativo. E fez o mesmo com os não criativos.

Ela descobriu que os criativos eram menos afetados pela repetição do que os não criativos. Isto é, apesar de ouvirem os mesmos sons várias vezes, os criativos continuavam a percebê-los bem o suficiente para realizar a tarefa de associação.[14]

Isso significa que os criativos se habituam mais devagar? Ou será que eles se *des*abituam mais depressa quando necessário? Ou, talvez, as duas coisas? Os resultados do estudo de Shelley não consistem em respostas diretas a essas perguntas. Contudo, outros cientistas examinaram a habituação fisiológica de maneira mais direta e descobriram que pessoas mais criativas de fato apresentam menos habituação fisiológica (medida pela resposta galvânica da pele) a sons.[15] Parece, então, que o *fracasso* em habituar-se pode de fato estar relacionado ao pensamento inovador.

No capítulo anterior, analisamos estudos em que se descobriu certa incapacidade de habituação em pessoas com questões relacionadas à saúde mental. Pessoas com esquizofrenia, por exemplo, também apresentam uma habituação lenta a sons. Shelley acredita que o que pode parecer um déficit em algumas pessoas pode acabar sendo uma vantagem em outras. A incapacidade de filtrar informações que parecem irrelevantes pode levar a dificuldades de vários tipos (como a dificuldade de concentração). No entanto, também pode oferecer à mente uma variedade maior de informações para explorar e recombinar, e assim chegar a ideias incomuns e originais. Shelley acredita que a segunda opção é verdadeira sobretudo tratando-se de pessoas com QI alto.[16] Ofereça a mentes inteligentes uma mistura aleatória de informações que pareçam irrelevantes e, de vez em quando, você verá surgir uma nova ideia brilhante.

SAIA DA ROTINA

Não sabemos se Fosbury era um habituador lento, mas temos ciência de que ele tinha acesso a uma mistura incomum de informações que foram fundamentais para sua inovação. A chave para o sucesso de Fosbury está no fato de que, além de atleta, ele era estudante de engenharia. Seu conhecimento de mecânica permitiu que ele aperfeiçoasse o salto de costas.

Fosbury aos poucos desenvolveu seu salto incomum, ao longo de dois anos, combinando seus conhecimentos teóricos de engenharia com a experiência prática do salto. Em primeiro lugar, Fosbury descobriu que, ao arquear as costas, o centro de gravidade de seu corpo ficava abaixo do sarrafo à medida que saltava por cima dele. Em segundo, ele mudou a técnica de aproximação do sarrafo por completo. Em vez de imprimir uma corrida acelerada para a frente, como todos os outros, ele disparava na diagonal. Além disso, ao contrário dos outros, que saltavam sempre do mesmo ponto a despeito da altura do sarrafo, Fosbury movia seu ponto de salto para mais longe do sarrafo à medida que a altura aumentava. Esse truque aumentou seu "tempo de voo" e foi fundamental para seu sucesso.

Era uma grande mudança em relação ao que era considerado normal; a maioria dos atletas decolava a cerca de 30 centímetros do sarrafo para enfrentar qualquer altura, mas Fosbury decolava a uma distância de até 1,2 metro para encarar as maiores. Muitos treinadores acreditavam que Fosbury era insano. Um dos treinadores da escola onde ele cursou o ensino médio disse a outro: "Ele nunca vai ser um atleta de salto em altura se não desistir desse negócio ridículo, seja lá como ele chama isso. Se ensinarmos o *straddle*, talvez ele consiga fazer uns pontos para nós no distrito. Mas, com isso aí... não vai rolar."[17]

O pensamento inovador e a verdadeira originalidade muitas vezes vêm de pessoas que são, de certa maneira, consideradas estranhas — indivíduos com um repertório de conhecimentos ou habilidades diferentes do que é considerado comum em suas respectivas áreas de atuação. No direito, boa parte do trabalho criativo nos últimos cinquenta anos adveio do campo da economia. Advogados que estudaram economia e economistas interessados em direito perguntaram: "Se encarássemos as leis sob uma perspectiva econômica, como poderíamos pensar diferente?" Não é exatamente o *Fosbury flop*, mas rendeu um Prêmio Nobel para Ronald Coase em 1991.

No ramo da economia, boa parte do trabalho criativo nos últimos cinquenta anos adveio do campo da psicologia. Economistas que estudaram psicologia e psicólogos interessados em economia perguntaram: "Se encarássemos as questões econômicas sob uma perspectiva psicológica, o que poderíamos fazer diferente?" Essa pergunta rendeu um Prêmio Nobel para o psicólogo Daniel Kahneman, em 2002, e para os economistas Robert Shiller, em 2013, e Richard Thaler, em 2017.

Thaler, provavelmente o mais pioneiro dos economistas comportamentais, pode ser encarado como o Dick Fosbury das ciências sociais. Ele não era muito bom em matemática, então sua carreira acadêmica não era o que poderia se chamar de promissora; nas palavras dele mesmo: "Eu era só um economista mediano com perspectivas bem modestas." Aos 32 anos, porém, "decidi que, não importava o que acontecesse, eu iria explorar a possibilidade de combinar a psicologia com a economia",[18] diz ele. Isso lhe forneceu condições para inventar algo novo. Em muitas áreas, há, entre nós, indivíduos como Fosbury e Thaler, que introduzem ideias inesperadas em campos nos quais as coisas estão atravancadas — em que as pessoas estão mergulhadas numa rotina.

Todos já passamos por isso — nossa mente faz a mesma coisa todo santo dia. É algo que acontece com poetas, escritores, artistas, biólogos, engenheiros, arquitetos e músicos; com historiadores e roteiristas; e com atletas, empreendedores e pessoas que trabalham para o governo.

Cass pode atestar que os burocratas muitas vezes caem na rotina. Servidores públicos que trabalham no mesmo emprego dia após dia e ano após ano costumam ser excelentes no que fazem e profissionais em alto grau, mas de vez em quando sentem dificuldade de imaginar que é possível fazer as coisas de um jeito diferente. Como eles se habituaram a determinadas maneiras de trabalhar, acabam encarando práticas e padrões estabelecidos como algo comum. Isso acontece não só pela aversão ao risco como também por uma incapacidade de sequer considerar os riscos que se poderia assumir.

O mesmo acontece com frequência na indústria. Empresas de grande sucesso caem na rotina ao continuar no mesmo caminho que já vêm trilhando há algum tempo. Nesses casos, a desabituação muitas vezes é desencadeada por funcionários novos, que introduzem ideias inovadoras não porque são mais inteligentes ou mais criativos por natureza, e sim porque ainda não se encaixaram nos padrões habituais. Em vez de fazer o que sempre foi feito, eles atuam sob outra perspectiva ou até mesmo de longe — ou de pontos de partida muito diferentes.

Contudo, o pensamento flexível não precisa vir apenas de funcionários novos. As empresas podem melhorar a questão do pensamento criativo ao induzir pequenas mudanças às rotinas e aos ambientes, assim como Kelly Main e seus colegas fizeram. Por exemplo, é possível promover mudanças no ambiente onde os funcionários trabalham, encorajá-los a estudar tópicos de áreas muito diferentes das deles, criar equipes diversas com múltiplas especialidades, ou pedir para os funcionários se alternarem entre tarefas distintas. Como consequência, alguns podem acabar "saltando" de um jeito diferente.

O problema é que às vezes as outras partes do setor não estão prontas para a inovação. A maioria dos atletas de salto em altura, de início, ficou cética em relação ao salto de costas de Fosbury e tentou persuadi-lo a se alinhar à regra. No entanto, tudo isso mudou durante as eliminatórias dos Estados Unidos para os Jogos Olímpicos de 1968. Usando sua técnica incomum, Fosbury se saiu relativamente bem, mas estava apenas em quarto lugar, até que o sarrafo foi erguido à altura de 2,2 metros. Para fazer parte da equipe, ele tinha que ficar pelo menos em terceiro. Ed Caruthers, um dos concorrentes de Fosbury, sobrepôs o sarrafo na primeira tentativa. Em seguida, Reynaldo Brown fez o mesmo. John Hartfield, contudo, que estava liderando a competição até aquele momento, fracassou em todas as três tentativas. Tudo que Fosbury tinha que fazer para participar dos Jogos Olímpicos de 1968 na Cidade do México era sobrepor o sarrafo, e ele conseguiu.[19]

O resto é história. Fosbury competiu nos Jogos Olímpicos de 1968 na modalidade de salto em altura. Ele não apenas ganhou a medalha de ouro como também quebrou o recorde olímpico com um salto de 2,24 metros. Fosbury não fez isso simplesmente saltando melhor, e sim saltando de um jeito diferente. Depois que ele provou ao mundo a superioridade de sua técnica, os colegas de profissão o copiaram. Na edição seguinte dos Jogos Olímpicos, em 1972, 28 dos quarenta atletas de salto em altura usaram o *Fosbury flop*.[20]

Com isso, Fosbury perdeu sua vantagem essencial. O segredo do sucesso dele não estava nos músculos nem na velocidade; estava na mente. No entanto, depois que sua inovação ficou conhecida por todos, aqueles que tinham melhores habilidades físicas ocuparam seu lugar no pódio. Fosbury não chegou a participar de outros Jogos Olímpicos, mas sua invenção com certeza o fez. Hoje, ver os atletas saltarem de costas é normal — uma coisa à qual os fãs do esporte se habituaram.

Em 1988, duas décadas depois de Fosbury conquistar o ouro olímpico, um técnico do ensino médio, só por diversão, demonstrou o método *straddle*, que tinha dominado o esporte por tanto tempo. Um dos seus atletas respondeu: "Que diabo é isso?" Outro exclamou: "Nossa, *isso*, sim, é uma palhaçada!"[21]

No salto em altura, assim como em qualquer outra área, a pergunta intrigante agora é: qual será o próximo grande salto?

6

MENTIRAS:
COMO IMPEDIR QUE O NARIZ DO SEU FILHO CRESÇA

No início, você pensa em pegar só um pouquinho, talvez algumas centenas, alguns milhares. Você começa a se sentir confortável com isso e, quando menos espera, a bola de neve já está enorme.

— BERNARD MADOFF[1]

Tali tem um filho chamado Leo. Quando Leo tinha três semanas, Tali foi parar na emergência com ele. "Ele mal chora, e dorme a noite toda!", explicou ela à médica, que, desconcertada, não parecia nem um pouco assustada com a situação. "Bebês não devem ser tão calmos", comentou Tali. "A irmã dele gritava a noite toda."

A médica gentil tinha outras crises para administrar, mas, para tranquilizar Tali, examinou Leo. Começou por medir a temperatura do bebê e auscultar o coração — tudo normal. Em seguida, examinou as pupilas — a forma e o tamanho estavam perfeitos. Ela verificou a audição e o reflexo de Moro — tudo intacto.

"Ele é um bebê feliz e gosta de dormir", concluiu a médica. "Agradeça por essa bênção." E foi exatamente o que Tali fez.

Seis anos depois, Leo ainda se deita para dormir feliz toda noite — desde que a irmã mais velha, Livia, também se encaminhe para a cama. Ele não consegue suportar a ideia de ela se divertir enquanto ele está dormindo. Livia, em contrapartida, não precisa dormir tanto. O que fazer?

Uma opção seria dizer a Livia para fingir que está indo para a cama, depois permitir que ela se levante quando o irmão pegar no sono. Contudo, será que uma pequena mentira, repetida toda noite, deixaria Livia confortável? Será que Tali, sem querer, poderia estar desencadeando um processo psicológico profundo capaz de aumentar, mesmo que só um pouquinho, as chances de Livia se tornar a próxima Elizabeth Holmes? Se Tali pretende criar uma criança honesta, será que ela deveria, então, se preocupar com pequenas inverdades que de início parecem inofensivas?[2]

Para responder a essa pergunta, considere a história de Jonah, um dos amigos de infância de Tali. Jonah era uma criança talentosa, inteligente, popular e autoconfiante. No entanto, ele tinha uma característica incomum que o deixava inseguro: tinha nascido sem o dedo mindinho do pé. Jonah tinha receio de que as outras crianças zombassem dele por ter nove dedos nos pés em vez de dez, então mantinha sua anomalia em segredo.

Não era uma tarefa fácil. No coração do deserto de Negev, onde Tali cresceu, as pessoas usavam sandálias 250 dias por ano e, de abril a outubro, o passeio mais popular depois das aulas era ir à piscina comunitária. Jonah tinha que inventar desculpas o tempo todo para ficar de sapato. "Não posso pular na piscina hoje porque estou resfriado", dizia ele. "Meu gato comeu meu chinelo", alegava.

As mentiras se tornaram instintivas para Jonah. Com o tempo, ele passou a contar cada vez mais mentiras em situações que não tinham relação alguma com a falta do dedo mindinho. Se conseguisse pensar numa desculpa que o livrasse de uma tarefa inconveniente, ele a usava. Quando uma versão refinada da verdade o fazia parecer uma pessoa melhor, ele a adotava. A maioria de nós mente de vez em quando. Para Jonah, no entanto, essas mentirinhas se tornaram um hábito inconsciente.

O CÉREBRO SE HABITUA À DESONESTIDADE

Será que Jonah é especialmente imoral ou falho? É possível. Ou talvez ele seja apenas uma pessoa comum que se viu numa situação singular e acreditou, de modo equivocado, que o único jeito de evitar a humilhação era mentir. Uma mentira levou a outra, e então mais outra. Tali desconfiava que Jonah não era muito diferente de todos nós. Se nos víssemos em circunstâncias espinhosas, será que conseguiríamos nos desviar delas? Para descobrir a resposta para essa pergunta, Tali e seus colegas posicionaram cem cidadãos honestos no topo de uma colina escorregadia e lhes deram um leve empurrão.

Eles convidaram essas cem pessoas para participar, em pares, de um estudo realizado no laboratório de Tali, no centro de Londres.[3] Um desses pares era composto por Leanora e Rina. Ao chegarem, as mulheres foram recebidas por Neil, o chefe da pesquisa. Ele explicou que, durante o experimento, elas iriam observar uma série de potes cheios de moedas. A tarefa delas era adivinhar, em conjunto, a quantia que havia em cada pote. Leanora deveria concluir a tarefa enquanto estivesse em um aparelho de ressonância magnética, e Rina iria realizar a tarefa numa sala ao lado.

Havia uma pequena reviravolta: na tela de Leanora seriam exibidas imagens grandes dos potes, enquanto Rina se veria diante de imagens pequenas e difusas. Leanora, então, teria que indicar a Rina a quantia que acreditava haver em cada pote através de mensagens via Wi-Fi. Rina, por sua vez, comunicaria seu palpite a Neil e, quanto mais exata fosse, mais dinheiro as duas receberiam.

Neil deixou Rina na sala de testes, levou Leanora à sala da ressonância magnética e disse a ela que havia outra reviravolta. "Rina não sabe disso", sussurrou ele, "mas ela vai ganhar mais se adivinhar a quantia correta no pote, enquanto você, Leanora, vai ganhar mais se ela der um palpite *exagerado* a respeito do valor."

Neil não instruiu Leanora a mentir, mas, nessa situação, mentir a deixaria em vantagem financeira em relação a Rina. Leanora agora tinha um conflito de interesses: sua tarefa era aconselhar Rina do melhor jeito possível, mas Leanora ganharia mais se mentisse para Rina. A situação é parecida com a do corretor de imóveis que representa um comprador. A tarefa dele é conseguir a melhor barganha possível para o comprador. No entanto, quanto mais o cliente pagar pela casa, mais dinheiro o corretor vai embolsar (os corretores recebem um percentual do preço de venda).

O que Leanora fez?

Assim como a maioria dos voluntários no estudo, ela começou mentindo, mas timidamente — alguns centavos aqui e ali. Conforme o experimento progredia, contudo, ela mentia sobre as quantias utilizando valores cada vez maiores. Ao fim do estudo, ela estava superestimando a quantidade de moedas nos potes de vidro em proporções drásticas. Cogitou-se se Leanora estava mesmo mentindo ou se estava inocentemente estimando errado a quantidade de moedas no pote. Então, em alguns testes, foi dito a Leanora que ela receberia mais dinheiro se Rina fosse certeira nas estimativas. E, vejam só, quando Leanora era incentivada a dar a estimativa verdadeira, ela de fato fazia isso. Leanora conseguia estimar com precisão a quantidade de moedas num pote. Simplesmente decidiu não fazer isso quando não era vantajoso para ela.

Enquanto Leanora realizava a tarefa, os pesquisadores escaneavam sua atividade cerebral. De início, as partes do cérebro que sinalizam emoções, como a amígdala — a pequena região em forma de amêndoa —, emitiam uma resposta intensa quando ela mentia. Por que a mentira ativava a amígdala cerebral de Leanora? Bem, como a maioria das pessoas, Leanora acreditava que mentir era errado,[4] por isso, as mentiras geravam um sentimento negativo.* A resposta da amígdala era afetada pela magnitude da mentira, e essa resposta só era detectada em sua rede de emoções, não havia sinal dela em outras áreas do cérebro.

O mais interessante é o seguinte: a cada nova mentira que ela contava, ocorria uma redução na resposta da amígdala — uma forma de habituação à mentira. Quanto maior a queda na sensibilidade do cérebro à desonestidade, mais ela mentia na vez seguinte

---

* Esse sentimento negativo, que nos impede de mentir, pode ser uma vantagem evolutiva. Isso acontece porque, embora mentir possa levar a ganhos no curto prazo, também pode destruir nossa reputação no longo prazo, e isso tem um custo social grave.

que a oportunidade surgia. Na ausência desse sentimento inquietante que as pessoas costumam ter quando agem de maneira imoral, não havia nada para conter sua desonestidade.

O comportamento de Leanora era comum. Avaliando os dados dos voluntários, descobriu-se um efeito geral: conforme a resposta do sistema emocional do cérebro à mentira diminuía, a quantidade de mentiras aumentava. Ao fim do estudo, Tali e seus colegas perguntaram a Leanora a respeito das mentiras, e ela respondeu que não tinha a menor consciência de que elas foram crescendo como uma bola de neve. Leanora havia se habituado às mentiras ao ponto de nem sequer perceber o que estava acontecendo.

QUANDO AS EMOÇÕES ENFRAQUECEM

Pensemos mais uma vez no cenário que apresentamos na Introdução. Você está andando até sua casa certo dia, e um cachorro marrom enorme com dentes afiados late para você, ao que parece, cheio de raiva. É bem provável que você sinta uma boa dose de medo. No dia seguinte, você passa pelo mesmo cachorro e, mais uma vez, ele rosna. Só que, dessa vez, você não sente tanto medo quanto no dia anterior. Uma semana se passa, e o mesmo cachorro continua latindo, mas agora você mal expressa uma reação emocional a isso.

Você deve se lembrar de que a partir de estudos mostrou-se que, vendo-se diante de imagens apavorantes pela primeira vez, como de atiradores ou cachorros assustadores, as pessoas expressam uma resposta emocional intensa. Os batimentos cardíacos aceleram, as pupilas dilatam e os neurônios da amígdala disparam. Contudo, a cada vez que as pessoas são expostas à mesma imagem, a resposta diminui — até sumir por completo.[5]

No geral, esse tipo de habituação (que às vezes é chamada de "adaptação emocional" ou "habituação emocional") é uma funcionalidade engenhosa do cérebro. A emoção dispara um alerta: "Isso é importante, fique em alerta, pode ser que você precise reagir." No entanto, se algo aparece repetidas vezes sem nos afetar com gravidade, é provável que não seja tão importante no fim das contas, o que significa que essa emoção pode desaparecer. A habituação emocional não envolve apenas o medo; você pode se adaptar a qualquer emoção, seja ela boa ou ruim, como o amor, o entusiasmo e a vergonha.

Leanora passou por essa habituação; por isso, sua reação emocional diminuía a cada vez que ela mentia. A desonestidade repetida é como um perfume Chanel que você aplica várias vezes. De início, você detecta com facilidade o aroma distinto sempre que o borrifa. Contudo, com o tempo e as repetidas aplicações, você mal consegue sentir a fragrância, então passa a aplicá-lo mais vezes, sem sequer se perguntar por que ninguém mais se senta ao seu lado no transporte público de manhã. Isso acontece porque os neurônios no seu bulbo olfatório perdem a sensibilidade ao aroma do perfume.[6] De maneira semelhante, sua resposta emocional à própria desonestidade é intensa de início, mas diminui com o tempo. Sem uma resposta emocional negativa às suas mentiras, a probabilidade é de que você minta cada vez mais.

Se recebesse uma pílula que extinguisse num passe de mágica sua capacidade de sentir emoções, é provável que você passasse a mentir mais. Não se trata de um exemplo hipotético. Num experimento, um grupo de alunos prestes a fazer uma prova recebeu comprimidos chamados "betabloqueadores", responsáveis por reduzir a excitação emocional; esse grupo teve o dobro de possibilidade de colar na prova em comparação aos alunos que receberam um placebo![7] O medicamento provocou uma diminuição artificial no sentimento negativo que inibia a cola (mais ou menos o mesmo efeito da habituação em relação à repetição de mentiras). Nossa natureza moral, que a maioria de nós considera se tratar de um profundo reflexo de quem somos, parece ser modulada por funções biológicas que podem ser alteradas com um comprimido minúsculo.

A POLÍTICA DAS MENTIRAS

As repetidas mentiras que Jonah contava para disfarçar a falta do dedo mindinho em seu pé desencadearam nele um efeito semelhante ao de um betabloqueador. Ele deixou de se sentir mal quando contava pequenas mentiras e, como resultado, passou a mentir cada vez mais. Será que você consegue pensar em amigos ou familiares em circunstâncias semelhantes? Indivíduos que tenham um caso extraconjugal e que, de início, se preocupavam com as próprias ações, mas que depois de anos de traição não sentem mais remorso? Ou pessoas que mentem o tempo todo para obter ganho social nas redes sociais ou em sites/aplicativos de namoro? Ou aqueles que contam mentiras para progredir na vida profissional? É provável que todos esses indivíduos tenham se habituado às próprias mentiras.

Quando o estudo de Tali foi publicado, poucas semanas antes das eleições presidenciais de 2016 nos Estados Unidos, provocou fortes reações. Muitos traçaram uma conexão entre as descobertas e o comportamento do candidato à presidência (e, posteriormente, presidente) Donald Trump, acusado de mentir repetidas vezes. O interessante é que a partir de uma verificação dos fatos de suas declarações mostrou-se que, nos primeiros cem dias da presidência, ele fazia quase cinco declarações falsas por dia. Esse número quase duplicou meses depois, subindo para nove por dia, e chegou a mais de dezenove declarações públicas falsas por dia no fim do mandato.[8]

Muitos fatores podem estar por trás desse aumento contínuo. Talvez seja devido a um viés midiático — isto é, talvez as inverdades de Trump tenham sido cada vez mais reportadas pelos canais de comunicação com o passar do tempo, e não de fato proferidas em maior quantidade por ele. Outra possibilidade é a de que as mentiras anteriores precisavam ser acobertadas por novas mentiras, o que provocou uma progressão das inverdades. Ou talvez as mentiras tenham levado a consequências pessoalmente benéficas, o que acarretou mais e mais mentiras. Em um estudo descobriu-se que, no campo da política, a desonestidade é recompensadora: políticos que não eram avessos à mentira tinham mais probabilidade de serem reeleitos.[9] Todos esses fatores poderiam ser responsáveis pelo aumento das mentiras, mas, em paralelo, desconfiamos que, no ramo político, assim como em outros campos, as mentiras repetidas desencadeiam uma habituação emocional que gera cada vez mais mentiras.

O cenário se torna ainda mais alarmante quando consideramos que os indivíduos podem se habituar não apenas à própria desonestidade como também à dos outros. Em termos políticos, isso sugere que tanto eleitores quanto conselheiros podem se dessensibilizar às inverdades de um político do mesmo jeito que se habituam ao excesso de perfume Chanel do cônjuge, o que acarreta menor probabilidade de tomarem alguma atitude quanto a isso e, talvez, interromperem padrões de comportamentos desonestos. Um político, por sua vez, pode interpretar a ausência de sanções como um "sinal verde". Assim, conforme o número de inverdades aumenta, o público demonstra cada vez menos indignação.

Foi exatamente isso que aconteceu nos Estados Unidos. Depois de viver o período que ficou conhecido como "era da pós-verdade", o número de norte-americanos que afirmaram não considerar problemático exagerar os fatos para tornar uma história mais interessante aumentou de 44% em 2004 para surpreendentes 66% em 2018.[10]

A habituação às mentiras dos outros é um problema que você encontra por todo lado, não só no campo político; ocorre no ramo de negócios, na área da ciência, nos relacionamentos interpessoais e nas redes sociais. Imagine, por exemplo, que você aceita um emprego de editor de conteúdo para uma "guru do bem-estar" chamada Belle. Seu trabalho é editar o que ela escreve e gerenciar as postagens no site popular e nas contas em redes sociais dessa guru. Essas contas abrangem milhões de seguidores, e a empolgação com o novo emprego toma conta de você.

O primeiro texto que recebe de Belle é sobre as incríveis propriedades curativas das berinjelas. Quem diria que o vegetal roxo tinha propriedades terapêuticas em especial? Por curiosidade, você faz uma busca no Google, que revela não haver prova alguma que dê embasamento para a alegação de Belle. Quando você pergunta a ela, ouve a explicação de que de fato não há provas no momento, mas que pode haver no futuro. Você gosta muito de um belo prato de *baba ghanoush*, então coloca todos os "pingos nos is" e publica o texto.

No dia seguinte, recebe um texto com a alegação de que os ovos de avestruz, que estão em oferta no site de Belle, são benéficos para a reprodução (dos seres humanos, e não das aves). Embora pareça meio esquisito, você edita e publica o texto. Quem sabe? Talvez haja alguma verdade por trás disso. Coisas assim se repetem todo dia.

Alguns meses depois, você recebe um texto com uma sugestão de que ter uma "dieta limpa" é mais eficaz contra o câncer do que a quimioterapia. Belle insiste que os pacientes com câncer abandonem o tratamento químico. Esse artigo, ao contrário daqueles sobre berinjelas e ovos de avestruz, pode ter sérias consequências para os pacientes. Agora imagine que você recebe a mesma história, não dois meses depois de ter começado no emprego, e sim bem no primeiro dia. Em qual cenário você estaria mais suscetível a editar e publicar o artigo?

Uma vez que as pessoas ficam mais suscetíveis a se envolver em atos antiéticos quando esse tipo de comportamento é fomentado gradualmente do que quando são expostas a eles de maneira abrupta,[11] no segundo cenário você tem, então, menos probabilidade de publicar o texto. Como a erosão ética é gradual, com o passar do tempo é cada vez menos provável que as pessoas percebam o erro e cada vez mais provável que se envolvam. Contudo, quando se trata de algo que vem do nada, fica explícito que um limite foi ultrapassado, e as pessoas tendem a reagir a isso. Em outras palavras, histórias sobre berinjelas terapêuticas e ovos de avestruz benéficos para a reprodução deixam menos nítido o limite entre o verdadeiro e o falso, o aceitável e o intolerável. Situações como essas corroboram para uma nova regra. Quando irrompe uma situação de fato muito mais problemática, que, em circunstâncias normais, seria obviamente abjeta, ela parece muito mais próxima do limite de aceitação do que em circunstâncias normais.

O exemplo anterior não é apenas um produto da nossa imaginação. Ele se baseia na ex-guru de bem-estar australiana Belle Gibson.[12] Ela era uma "influencer" importante. Tinha um aplicativo de alimentação saudável bem popular financiado pela Apple, um livro de receitas publicado pela editora Penguin e muitos seguidores no Instagram, no Facebook e em outras redes sociais.

No livro e em suas contas em redes sociais, Gibson informou aos seguidores que tinha um câncer, o qual, segundo ela, era combatido por meio de dieta saudável, exercícios físicos, meditação e outros tratamentos alternativos. Seus posts e blogs detalhavam sua jornada contra o câncer, que ela alegava ter sido desencadeado por uma vacina contra o câncer cervical. A vacina, segundo seu relato, tinha feito o câncer se espalhar para o cérebro, o baço, o útero, o fígado e os rins.

Ela afirmava estar lidando melhor com a doença ao optar por medicamentos naturais em vez da quimioterapia. Gibson postava fotos de si mesma em forma e parecendo saudável, por isso muitas pessoas se sentiram incentivadas a adotar as mesmas práticas. Alguns pacientes com câncer foram até convencidos a deixar a medicina convencional de lado.

O sucesso de Gibson teve um crescimento exponencial durante anos até que, certo dia, um jornalista investigativo revelou que tudo se tratava de um grande golpe. Gibson nunca tivera câncer no cérebro nem no fígado, nem nos rins. Não havia nenhum registro de seu suposto diagnóstico de câncer. Ela mentiu sobre a saúde, a idade e as finanças. O dinheiro que afirmava ter doado a instituições de caridade com os lucros de sua empresa nunca foi recebido.

Sem nenhuma surpresa, Gibson tinha um histórico de inverdades contadas desde a infância. Quando era adolescente, ela fez uma alegação falsa a respeito de ter morrido por um tempo na mesa de operação enquanto passava por uma cirurgia no coração. Gibson nunca fez uma cirurgia no coração. Os amigos dela se lembram de ela mentir o tempo todo. Aquelas pequenas mentiras da infância que pareciam inofensivas cresceram ao longo dos anos e se tornaram mentiras que lhe renderam milhões de dólares à custa da saúde de seus seguidores.[13]

Um modelo como o de Gibson é detectável em muitas outras histórias de grandes golpes que se tornaram notícias de primeira página ao longo dos anos. Todas elas — desde Rachel Dolezal, que fez uma alegação falsa sobre ser negra; Elizabeth Holmes, que se valeu de reembolsos fraudulentos para construir um império de biotecnologia; e até George Santos, ex-membro do Congresso norte-americano que mentiu sobre sua formação e os empregos que teve; e o cientista comportamental Diederik Alexander Stapel, que fraudava dados científicos[14] — tinham uma coisa em comum: os atos desonestos de todos podiam ser rastreados a uma prévia sequência de transgressões menores que progrediram aos poucos.

Nada disso é para afirmar que todas as pessoas que estão numa posição como a de Jonah, em que sentem necessidade de mentir várias vezes, vão acabar cometendo crimes graves. O próprio Jonah cresceu e se tornou um bom pai e um membro respeitado da sociedade (embora nunca tenha se livrado do hábito de mentir). Também não é uma afirmação de que fingir ir para a cama toda noite em nome da paz doméstica vai acabar levando a grandes golpes no futuro. Diversos fatores complexos levam determinados indivíduos a orquestrarem o maior esquema de pirâmide do mundo ou a fingirem que estão com câncer, e muitos deles não têm nada a ver com a habituação.

O que estamos postulando, entretanto, é que mentirinhas podem levar a mentiras maiores e mais frequentes. Nas palavras de Bernard Madoff: "No início, você pensa em pegar só um pouquinho, talvez algumas centenas, alguns milhares. Você começa a se sentir confortável com isso e, quando menos espera, a bola de neve já está enorme."[15] Isso é verdade no caso de pessoas como Holmes e Gibson, e também pode ser verdade para você.

A MENTIRA ABNEGADA

Talvez você esteja se perguntando se a desonestidade sempre progride ou se faz alguma diferença nos casos em que as mentiras são contadas "por um bom motivo". Pense, então, numa mentira abnegada, contada apenas para o benefício de outra pessoa. Dar cobertura para um colega no trabalho e assumir a culpa por um erro que um irmão ou irmã cometeu são exemplos de mentiras abnegadas. As pessoas não costumam se sentir muito mal por mentir nessas circunstâncias. Elas podem se sentir virtuosas e, assim, não ter nada a que se habituar.

No experimento das moedas no pote, Tali e seus colegas criaram uma situação em que os conselheiros (como Leanora) podiam mentir para os aconselhados (como Rina) sem que isso gerasse qualquer benefício pessoal. Foi possível observar que as pessoas de fato mentiam para o benefício de outras, mesmo que estas fossem completas desconhecidas, mas essas mentiras *não* progrediam.

Também foi criada uma situação em que as mentiras beneficiariam tanto o mentiroso *quanto* a outra pessoa. Nesse caso, observou-se que as mentiras progrediram, embora não de um jeito tão drástico quanto no caso em que as pessoas mentiam apenas por motivos egoístas. No estudo, especulou-se que os voluntários se sentiram mal por mentir, já que estavam fazendo isso também em benefício próprio, mas o fato de que a mentira também beneficiava a outra pessoa, em alguns cenários, amenizou esses sentimentos.

Alguns dos mentirosos mais famosos da atualidade — incluindo Gibson e Holmes — de fato beneficiaram outras pessoas. As mentiras de ambas beneficiaram a família e os funcionários de cada uma. Gibson tinha um filho pequeno; Holmes gerou empregos com sua empresa. As mentiras que elas contavam deram esperança a seus seguidores e clientes, embora essa esperança tenha, por fim, se revelado um golpe.

Acreditar que sua desonestidade ajuda os outros pode fazê-la parecer justificável. Contudo, isso não livra você por completo da culpa, da vergonha e do medo — pelo menos não no início da jornada. Pense nas palavras de Madoff: "Você começa a se sentir confortável com isso", diz ele, se referindo à mentira.[16] Essas palavras sugerem que, em algum momento, ele *não* esteve confortável com isso. Pelo contrário, foi ficando confortável com o golpe com o passar do tempo.

Este último ponto é o que pode diferenciar os psicopatas de pessoas como Madoff. Aqueles como Madoff podem ter se sentido desconfortáveis com o próprio ato no início, já os psicopatas nunca sentiram o desconforto. Desde o início, eles já não sentiam nada.

CORTAR O MAL PELA RAIZ?

Ter o conhecimento de que a desonestidade progride a partir da habituação tem nítidas implicações sobre como diminuí-la em casa e no trabalho: cortando o mal pela raiz.

Se você ignorar pequenas transgressões, elas podem crescer aos poucos, como uma bola de neve, e se transformar em atos com sérias consequências. As pessoas podem se acostumar com a desonestidade e deixar de considerá-la um erro. Em casa, chamar a atenção das crianças quando elas mentem, para que sintam remorso, pode deixá-las menos propensas a se habituarem à própria desonestidade. Essas intervenções vão gerar regras objetivas em relação ao que é tolerável e ao que não é antes que as coisas piorem.

No trabalho, você pode se sair melhor e evitar problemas muito maiores se criar uma atmosfera em que mesmo as menores mentiras (como roubar alguns dólares na prestação de contas) não sejam aceitáveis. É assim que as coisas funcionam nas nossas equipes. Pequenas transgressões são resolvidas de imediato, com o objetivo de transmitir uma mensagem objetiva. Fazemos isso para evitar a possibilidade de transgressões maiores no futuro (por exemplo, má conduta científica), que podem levar a sérias consequências negativas, não só para a pessoa desonesta como também para outras pessoas dentro e fora da equipe.

As regras muitas vezes são rígidas: não mentir (nunca), não roubar (nunca), não ser desrespeitoso com o pai e a mãe (nunca), não revelar informações confidenciais (nunca), não quebrar suas promessas (nunca). A rigidez das regras pode parecer um pouco extrema, mas essa é a ideia. Elas garantem uma reação emocional intensa que dificulta que as pessoas se sintam à vontade com suas transgressões morais.

A vida cotidiana oferece muitos exemplos de coisas que consideramos erros morais terríveis, as quais não colocamos em prática, mesmo que possam nos trazer benefícios. Não vamos dar o primeiro passo. Como possíveis exemplos, pense no seguinte:[17]

- Por quanto você aceitaria queimar a bandeira de sua nação?
- Por quanto você aceitaria chutar a cabeça de um cachorro com força?
- Por quanto você aceitaria dar um tapa na cara da sua mãe?
- Por quanto você aceitaria fazer observações cruéis sobre a aparência de uma pessoa acima do peso?

Muitas pessoas afirmam que nenhuma quantia seria suficiente. De certo modo, isso parece absurdo. Se alguém lhe pagasse uma fortuna para queimar a bandeira de sua nação, você poderia usar o dinheiro para ajudar pessoas necessitadas; poderia até usar o dinheiro para promover o patriotismo (e fazer muito mais bandeiras). Ficamos horrorizados com a ideia de chutar a cabeça de um cachorro com força e não temos certeza se o faríamos (mesmo que ninguém jamais visse ou soubesse que o fizemos), mas e se a recompensa monetária salvasse a vida de outros cem cachorros, ou de 10 mil? Você entendeu onde queremos chegar.

As pessoas pensam que algumas compensações são tabu e que alguns valores são "protegidos" ou "sagrados", o que significa que ficariam relutantes em violá-los mesmo que as recompensas fossem altas, e as punições, inexistentes.[18] As pessoas de fato relatam emoções negativas intensas quando recebem algum pedido para compensar certos valores — como quando lhes perguntam se é certo ou não colocar em jogo a vida de algumas pessoas (como no caso de tratamentos médicos experimentais) em prol de conseguir salvar muitas outras.

Em meio à pandemia de Covid-19, por exemplo, um famoso economista comportamental foi contratado para aconselhar o governo sobre como combater a transmissão da doença. Ele apresentou um relatório que continha uma recomendação incomum: o governo deveria infectar uma base do exército com o vírus para estudar de perto a transmissão da doença, examinar os sintomas e quantificar a eficácia de diferentes intervenções. O economista também compartilhou essa recomendação com a imprensa.[19] O argumento dele era que, embora algumas vidas pudessem ser perdidas, muitas outras poderiam ser salvas com o conhecimento adquirido. Nem o governo, nem os cidadãos gostaram da ideia; a maioria das pessoas ficou indignada.

Os economistas tendem a pensar que o fato de algumas compensações serem tabu é um mistério ou uma violação da racionalidade básica. Contudo, se considerarmos a habituação, o mistério pode começar a se dissolver. Uma regra social que se põe contra fazer X, Y ou Z em *qualquer* circunstância, garantindo que todos se sintam envergonhados ou pessoas terríveis quando consideram X, Y ou Z como opção, pode impedi-los de seguir um caminho de possíveis males e horrores. Uma cultura que tem regras rígidas contra mentir ou enganar, a ponto de emoções negativas intensas serem desencadeadas só de pensar nisso, consegue se proteger contra coisas terríveis.

O filósofo Bernard Williams sugeriu que, se as pessoas pensam em como maximizar a funcionalidade diante de dilemas morais (decidir pular no meio da rua para salvar uma pessoa amada, por exemplo), elas estão "pensando demais". Segundo ele, elas deveriam simplesmente fazer a coisa certa sem pensar muito a respeito.[20] Williams quis aplicar um argumento filosófico às bases da moralidade. Não sabemos se ele estava certo, mas essa afirmação faz algum sentido em termos psicológicos. Da mesma forma, pode ser bom um cenário em que as pessoas simplesmente pensam *Não vou mentir* em vez de *Não vale a pena mentir nessas circunstâncias específicas, considerando todos os custos e benefícios relevantes.*

O PRIMEIRO MENTIROSO

Como tudo isso afeta o sentimento de um pai ou mãe que, às oito da noite, precisa pôr para dormir um filho sonolento que resiste ao sono até que a irmã também vá para a cama? Pais e mães não podem tratar pequenas mentiras como inofensivas. Se as deixarmos passar batidas, as pessoas podem se sentir à vontade mentindo e passarão a fazer isso com mais frequência. No caso das crianças, que estão desenvolvendo hábitos para a vida toda, isso é uma verdade em dose dupla. Cortar a desonestidade pela raiz pode evitar que ela progrida, por isso o pai e a mãe devem resistir a encorajar pequenos atos de desonestidade. Contudo, verdade seja dita, nem sempre é fácil.

Imagine viver num mundo onde todos são incapazes de mentir. Se a pessoa com quem você está saindo usar uma roupa que não cai bem, você diz isso a ela. Numa entrevista de emprego, você lista com toda a ingenuidade suas virtudes e suas falhas. Ao vender um carro usado, você dá o preço exato. No Instagram, você só posta fotos sem filtro. De um ponto de vista positivo, nesse mundo não haveria "fakes", fossem eles profundos, fossem rasos. Entretanto, também não haveria ficção, contação de histórias, Papai Noel ou fada do dente. Como seria um mundo assim?[21]

O primeiro mentiroso, um filme escrito e estrelado por Ricky Gervais, explora um mundo onde as pessoas não mentem. Quando o personagem de Gervais conta a primeira mentira vinda de um ser humano, ele não sabe descrever o que acabou de fazer. A palavra *mentira* não existe, então a palavra *verdade* também não foi inventada. "Eu falei uma coisa que... não era...", ele tenta explicar. O filme não foi um sucesso cinematográfico. No entanto, é criativo. Demonstra o delicado equilíbrio entre a necessidade de pequenas mentiras para preservar um meio social estável (por exemplo, falar ao seu amigo que está cancelando em cima da hora porque está resfriado em vez de admitir que encontrou coisa melhor para fazer) e o perigo de grandes mentiras que provocam devastação (por exemplo, inverdades intencionais que levam a uma guerra).

Hoje em dia, a distinção entre verdades e mentiras parece estar desvanecendo. Em certos aspectos, mentir se tornou uma parte aceitável da vida moderna, na qual, com um clique, você consegue criar uma persona alternativa que compartilha apenas poucos traços com quem você de fato é. Como consequência, porém, nos deparamos com cada vez mais inverdades on-line que contribuem para um problema significativo no mundo moderno: a desinformação.

7

(DES)INFORMAÇÃO:
COMO FAZER AS PESSOAS ACREDITAREM EM (QUASE) TUDO

Os slogans deveriam ser repetidos de maneira persistente até que o último indivíduo absorva a ideia.

— ADOLF HITLER[*][1]

Se medirmos seu tamanho com base na densidade demográfica, Nova York é o maior estado dos Estados Unidos. Com a cidade de Nova York na liderança do ranking — a cidade mais populosa do mundo —, o estado de Nova York abrange uma vasta quantidade de cidades muito populosas, incluindo Buffalo, Rochester, Yonkers, Syracuse, Albany, Mount Vernon, Utica e White Plains. Embora Nova York seja o maior estado do país se medido pela densidade demográfica, ele não é o maior estado em termos de área total. Esse posto é da Califórnia. Notavelmente, o estado com a maior população é apenas o oitavo em área, atrás da

---

[*] Algumas pessoas acham que Hitler não deveria ser citado. Entendemos muito bem esse ponto de vista. No entanto, também é instrutivo estar consciente e destacar os pensamentos dele e os princípios psicológicos nos quais ele se apoiava para influenciar seus seguidores. Lembrar-se de seus atos e salientar os perigos de sua tática podem ajudar a impedir que a história se repita. Recomendamos o livro *Os amnésicos: História de uma família europeia*, de Géraldine Schwarz (2021).

Califórnia, do Alasca, do Texas, de Montana, do Novo México, do Oregon e de New Hampshire.

O parágrafo que você acabou de ler está cheio de inverdades. Nova York não é o estado mais populoso dos Estados Unidos. A Califórnia detém essa colocação, seguida pelo Texas e pela Flórida; Nova York fica em quarto lugar. Entretanto, como dissemos (três vezes) que Nova York é o estado mais populoso do país, você pode ter sentido uma inclinação a acreditar nisso. Sempre que uma inverdade é repetida, as pessoas tendem a pensar que ela é verdadeira. Como vamos explicar em breve, isso acontece, em parte, porque, quando uma declaração é reproduzida diversas vezes, seu cérebro a processa cada vez menos, já que ela não é mais surpreendente nem nova. O resultado é que a probabilidade de você aceitá-la como correta é maior.

A esta altura, talvez você esteja pensando: *Espere aí, você acabou de me dizer que Nova York* não é *o estado mais populoso dos Estados Unidos. Então, daqui em diante, eu nunca vou achar que é!* Não tenha tanta certeza. Vamos chegar a essa questão em breve.

Há um nome no ramo da psicologia para a tendência a acreditar em declarações repetidas: o *efeito da verdade ilusória*.[2] É por isso que muitas pessoas acreditam que os seres humanos só usam 10% do cérebro e que a vitamina C pode prevenir resfriados (Tali não consegue se livrar dessa segunda crença). O fenômeno foi descoberto em 1977, quando um grupo de psicólogos perguntou a voluntários de um estudo até que ponto eles confiavam na veracidade de sessenta declarações plausíveis (mas não necessariamente verdadeiras).[3]

Experimente: você acha que as declarações a seguir são verdadeiras ou falsas?

- A República Popular da China foi fundada em 1947.
- O Louvre, em Paris, é o maior museu do mundo.
- Cairo, no Egito, tem uma população maior do que a de Chicago, em Illinois.
- O osso da coxa é o mais comprido do corpo humano.
- Nos Estados Unidos, há mais pessoas divorciadas do que enviuvadas.
- O lítio é o metal mais leve de todos.

Os voluntários classificaram as declarações em três ocasiões diferentes, em intervalos de duas semanas. Vinte delas (tanto falsas quanto verdadeiras) foram repetidas nas sessões. As outras quarenta, não. As pessoas tinham muito mais probabilidade de considerar corretas as declarações repetidas! Parece que, se você reproduz uma declaração o suficiente (por exemplo, "Sair no frio com o cabelo molhado provoca um resfriado", ou "Alienígenas pousaram em Roswell, Novo México, na década de 1940"), as pessoas podem começar a acreditar nela.

Cientistas repetiram essa afirmação específica sobre a crença por repetição em inúmeras ocasiões, então podemos ficar ainda mais inclinados a acreditar que é verdadeira. Contudo ela é, de fato, real. Desde 1977, o efeito da verdade ilusória foi encontrado em inúmeros estudos independentes; também fora dos laboratórios com membros do público geral;[4] e com intervalos curtos, e não longos, entre as repetições;[5] e ainda com declarações factuais muito diferentes — sobre acontecimentos históricos, geografia, ciência, política, arte, literatura.[6]

Você pode estar se perguntando se todo mundo é vulnerável ao efeito da verdade ilusória. *É óbvio que alguns de nós não somos*, você pode pensar. Será que até professores universitários e do ensino médio, cientistas, engenheiros, jornalistas, acrobatas e astronautas caem nessa? A resposta é afirmativa.[7] Você poderia esperar que o efeito seria reduzido em pessoas que confiam no pensamento analítico, e não no pensamento intuitivo — e que gostam de pensar em termos de números e dados. Entretanto, seria um equívoco: os pensadores analíticos não estão menos sujeitos a esse efeito. Ou você pode pensar que os jovens seriam mais inclinados ao efeito da verdade ilusória — ou talvez que os idosos seriam mais suscetíveis. Outro equívoco. Os jovens e os idosos são suscetíveis a esse efeito na mesma proporção.

Talvez você imagine que pessoas com muita capacidade cognitiva (por exemplo, as que alcançam uma pontuação alta em testes de inteligência gerais e que conseguem processar informações com facilidade e bem) teriam menos chances de serem vítimas desse efeito. Essa previsão também seria equivocada. Ou, ainda, você poderia imaginar que indivíduos com muita necessidade de "fechamento cognitivo", que querem respostas firmes e objetivas para algumas perguntas, teriam uma probabilidade maior de manifestar o efeito. Contudo, esse seria outro equívoco.

Ao que tudo indica, o efeito da verdade ilusória é uma característica geral da mente: seja ela brilhante, seja ignorante, nova ou mais velha.[8] Há, entretanto, uma exceção: pessoas que sofrem de Alzheimer parecem não ser tão afetadas pela repetição.[9] Contudo, é provável que isso se deva ao fato de elas não terem nenhuma lembrança do que ouviram antes.

O QUE É FAMILIAR É MAIS VERDADEIRO

Não vamos extrapolar essas descobertas. É provável que você não acredite em declarações falsas se estiver confiante de que são falsas. Se ouvir repetidas vezes que a Terra é plana, ou que o Holocausto nunca aconteceu, não necessariamente você vai acreditar em tais declarações, mesmo que as ouça muitas vezes (e ainda que algumas pessoas acreditem). A questão é que a repetição tem o efeito de fazer as pessoas acreditarem que uma proposição tem mais probabilidade de ser verdadeira, ainda que de fato seja ou não — então, se alguém quiser convencer você de uma inverdade, e assim declará-la várias vezes, e depois mais algumas, pode ser que, no fim, ela consiga. (Hitler sabia disso, e também alguns comentaristas de telejornais e alguns "influencers" em redes sociais.) A pergunta interessante é: por quê?

A resposta é que a repetição produz um efeito de familiaridade. E, quando algo lhe parece familiar, você supõe que é verdadeiro. Isso acontece porque, na vida, a sensação de familiaridade muitas vezes é (corretamente) associada à verdade, assim como a sensação de surpresa, à implausibilidade. Imagine, por exemplo, que lhe disséssemos que temos um gato cuja pelagem tem as cores do arco-íris e que fala sueco. No mínimo, você se sentiria *surpreso*. Essa sensação é um bom indicador de que algo não está certo e que você deve parar e analisar a declaração com atenção.[10]

Depois, você compararia a declaração ao seu conhecimento preexistente — gatos raramente são coloridos e só se comunicam por meio de miados —, o que levaria à conclusão de que nossa declaração deve ser falsa! Tudo isso acontece numa fração de segundo. Você nem percebe. Agora, se lhe disséssemos que temos um gato marrom que mia quando quer comer, geraríamos uma sensação confortável de familiaridade. Essa sensação se traduz em "Beleza, isso parece plausível".

Quando uma declaração é repetida muitas vezes, ela se torna um fato consumado e você passa a reagir menos a ela — a habituação ocorre. Essa declaração para de gerar surpresa. Entretanto, ao escutar uma declaração não familiar, você se surpreende e, portanto, a questiona.

Faz sentido ter uma inclinação a acreditar numa declaração que pareça familiar e se mostrar cético quando uma soe surpreendente. Em geral, a probabilidade de que as que soam familiares *sejam* verdadeiras é maior. Isso acontece porque você já ouviu declarações familiares de diversas fontes — talvez da sua mãe, da sua amiga Ellen e no noticiário. Se todas essas pessoas concordam, a declaração deve ser correta (pode-se pensar, e com razão). Então, uma heurística "familiar e mais verdadeira" não é ruim. Isso se torna um problema quando inverdades se tornam familiares por conta da repetição, seja porque as pessoas entenderam errado, seja porque estão tentando espalhar informações falsas.

A raiz do problema está no fato de que seu cérebro é muito bom em indicar "Eu já ouvi isso" (ou seja, isso é "familiar"), mas não tão bom em se lembrar de onde, de quem e em qual contexto.[11] Armazenar todas essas informações adicionais exige esforço e recursos valiosos. Ao escutar "A vitamina C pode ajudar no tratamento do resfriado", você sabe que já ouviu essa declaração, mas não necessariamente lembra se quem falou foi seu tio supersticioso ou um cientista confiável. Mesmo assim, a heurística familiar e mais verdadeira assume o controle.

Ouvir apenas parte de uma declaração, como "Ratos domésticos conseguem correr", torna mais provável que você acredite na declaração subjacente: "Ratos domésticos conseguem correr a 63 quilômetros por hora." A exposição às primeiras palavras provoca o mesmo efeito de se expor à declaração inteira, o que lhe causa uma sensação de familiaridade, que, por sua vez, desencadeia a heurística familiar e mais verdadeira.[12]

É por isso que repetir uma declaração na tentativa de desacreditá-la pode ser um tiro no pé. Imagine que seu amigo do Facebook, Pinóquio, poste isto: "A maioria dos detentos dos Estados Unidos é imigrante." Você faz uma busca e descobre que essa informação não procede, então posta: "Não é verdade que a maioria dos detentos dos Estados Unidos é imigrante." Agora, seu outro amigo, Gepeto, rola a tela da linha do tempo e encontra os dois posts. A frase "A maioria dos detentos dos Estados Unidos é imigrante" se torna familiar para ele por causa da repetição e, portanto, de algum jeito *parece* verdadeira. Gepeto não se lembra da sua negativa, apenas da alegação básica.

Seu amigo Gepeto, como a maioria de nós, é muito ligado em informações primárias: seja a previsão do tempo de que vai fazer frio, seja um candidato ao governo alegando que foi herói de guerra, ou o jornal local noticiando que uma famosa estrela da televisão está envolvida em um crime que envolve drogas. Em comparação, Gepeto é menos ligado em "metainformações", ou seja, nas informações sobre a veracidade das informações primárias. Não é que você vá ignorar se ouvir em alto e bom som que a suposta previsão do tempo era uma piada, ou que um político está distorcendo seu histórico para conseguir votos. Contudo, se for como Gepeto (e a maioria das pessoas), você vai dar menos peso a isso do que deveria. Se você é o tipo de pessoa que gosta de termos da psicologia, isso é conhecido como "miopia metacognitiva".[13]

O que tudo isso significa é que você precisa ter cuidado para não reproduzir inverdades, mesmo que seu intuito seja combatê-las. Às vezes, é melhor ignorar por completo as inverdades para evitar propagá-las. No entanto, é óbvio que às vezes elas precisam ser abordadas de imediato. Contudo, mesmo nessas situações, você deveria evitar repetir a desinformação e, em vez disso, apresentar os fatos.

Por exemplo, qual declaração você acha que seria melhor postar se estivesse tentando refutar o post de Pinóquio de que "A maioria dos detentos dos Estados Unidos é imigrante"?

A. "Menos de 10% dos detentos dos Estados Unidos é imigrante."
B. "91% dos detentos dos Estados Unidos nasceram nos Estados Unidos."

Em essência, as duas declarações transmitem a mesma ideia. No entanto, a declaração A conecta as palavras *imigrantes* e *detentos* na mente das pessoas. Associar esses dois conceitos pode desencadear, mesmo que sem intenção, um sinal de familiaridade quando as pessoas escutarem "A maioria dos presos dos Estados Unidos é imigrante" algumas semanas depois, o que faria a declaração parecer válida. A declaração B evita essa armadilha.

O QUE É MAIS FÁCIL É MAIS VERDADEIRO

Ao ouvir uma coisa repetidas vezes, ela começa a lhe parecer familiar, e você pode muito bem acabar acreditando que se trata de uma verdade. No entanto, esse não é o único motivo por que a repetição induz à aceitação de declarações. Há mais coisa por trás disso.

Digamos que você se depare com uma informação pela primeira vez — por exemplo, "o coração do camarão fica na cabeça". Quando isso acontece, seu cérebro gasta boa quantidade de energia processando a informação. Você pode tentar imaginar o coração na cabeça ou se lembrar da última ocasião em que comeu camarão. Da próxima vez que você se deparar com a mesma informação ("o coração do camarão fica na cabeça"), seu cérebro não precisa trabalhar tanto, por isso reage menos. Na terceira vez, reage menos ainda e mais depressa.[14] Isso é uma forma de habituação. Do mesmo jeito que seu cérebro para de reagir ao aroma do seu pós-barba depois do uso repetido, o mesmo acontece com a alegação de que "o coração do camarão fica na cabeça".

Para pontuar: não estamos querendo dar a entender que o mesmo mecanismo neural de dessensibilização de um pós-barba também faz você acreditar em informações repetidas; e sim que o princípio básico — a saber, que *o processamento neural é reduzido em resposta a estímulos repetidos* — funciona nos dois casos. Quando é fácil processar informações por causa da repetição (ou seja, menos resposta neural), a probabilidade de você aceitá-las como verdadeiras é maior. Aqui, "fácil" significa que não há um "sinal de surpresa". Você não para e pondera; simplesmente aceita.

Nós nem precisamos repetir a declaração exata para que essa economia de energia ocorra. Por exemplo, como expusemos várias vezes que "o coração do camarão fica na cabeça", a probabilidade de você aceitar que "o coração do camarão fica na cabeça, e o cérebro, no reto" será maior. Como já se tinha ouvido a primeira metade da frase ("o coração do camarão fica na cabeça"), menos recursos são necessários para processar a frase completa ("o coração do camarão fica na cabeça, e o cérebro, no reto"). A informação como um todo se torna mais fácil de processar, o que desencadeia uma sensação de familiaridade que se traduz em crença.

(Só para não restar dúvidas: os camarões *de fato* têm o coração e outros órgãos essenciais, como o estômago, na cabeça. Isso se dá porque a cabeça deles tem uma casca protetora que é mais forte do que o restante do corpo. No entanto, o cérebro não fica no reto; ele também fica na cabeça.)

Repetir declarações várias vezes é um jeito de tornar as informações mais fáceis de processar (o que corresponde a menos coisas no caminho da resposta neural às informações), mas não é o único jeito. Por exemplo, qual das duas declarações a seguir você acha que é verdadeira?

(i) Tocar música clássica para bebês ainda no útero aumenta o QI deles.

(ii) Comer amendoim na gravidez aumenta as chances de o bebê ser alérgico a amendoim.

Se for como a maioria das pessoas, você será mais propenso a acreditar que a primeira declaração é verdadeira. (Na verdade, nenhuma das duas é.) Como a primeira declaração está impressa num corpo um pouco maior do que a segunda, ela é mais fácil de ser processada. Informações dessa natureza — talvez porque estejam impressas em cores mais destacadas, como vermelho, ou em fontes fáceis de ler — acabam passando mais credibilidade.[15] Você associa a facilidade com que a informação é processada à credibilidade dela. (O que é mais fácil é mais verdadeiro!) Usamos a palavra "associar" por um motivo: você não *pensa* de verdade que a informação é mais propensa a ser verdadeira se for mais fácil de ser processada. É uma questão de associação. Nós costumamos acreditar de imediato na informação se ela for fácil de ser processada.

Por isso, se você estiver apresentando informações no trabalho ou em redes sociais e num corpo pequeno ou numa cor com contraste ruim, as pessoas ficam menos suscetíveis a acreditar nelas. E, se a declaração parecer uma completa novidade, elas ficam ainda mais céticas. Se quer que as pessoas acreditem em suas recomendações, faça com que o conteúdo seja fácil de processar. Torne-o mais fácil no quesito visual (adicione imagens, use fontes com corpos aumentados, muito contraste) e conceituais (conecte a ideia a conceitos que sejam familiares, prepare as pessoas para o que você está prestes a dizer, repita!). Evite deixar as pessoas céticas quanto ao seu trabalho simplesmente porque elas o acham difícil de processar.

REPETIR, ACREDITAR, ESPALHAR

Ter conhecimento do efeito da verdade ilusória pode ajudar você a transmitir e compartilhar informações importantes com outras pessoas. Isso é ótimo no caso de se estar compartilhando informações precisas. No entanto, muitas pessoas, incluindo políticos e profissionais de marketing, fazem questão de repetir alegações falsas ou sem substância. Por exemplo, muitas propagandas repetem informações questionáveis sobre determinado produto ("vestimentas adesivas feitas com material de trajes espaciais promovem a cura"), já que a repetição faz compradores em potencial acreditarem ou, talvez, acharem que ouviram a informação de uma fonte confiável, o que aumenta as vendas. Da mesma forma, políticos podem repetir uma declaração sem qualquer fundamento se tiverem a compreensão de que, se a proferirem com frequência, as pessoas vão começar a acreditar que é verdade. Até Adolf Hitler entendeu esse conceito. Em *Minha luta*, ele escreveu: "Os slogans deveriam ser repetidos de maneira persistente até que o último indivíduo absorva a ideia."[16]

Para proteger o mercado, os legisladores proíbem propagandas enganosas, mas ainda não perceberam o impacto da repetição. Uma declaração falsa deveria ser punida com mais rigidez ao ser repetida com frequência. Pense nas redes sociais. As pessoas que administram a Meta, o X, o YouTube e outras redes ainda não entenderam o potencial poder de destruição da repetição. Será que o problema pode não ser apenas o fato de que se deparar com um post repetidas vezes aumenta a crença em sua veracidade por causa da habituação, mas também o fato de que isso aumenta a probabilidade de ele ser mais compartilhado? Para analisar essa pergunta, Tali realizou um experimento.[17]

A colaboradora de Tali nesse experimento, Valentina Vellani, mostrou a algumas centenas de participantes uma lista de sessenta declarações sobre os campos da geografia, ciência, história, saúde (como "O consumo de cafeína reduz o crescimento dos ossos em crianças"), entre outros. Metade delas era mostrada duas vezes, e a outra metade, apenas uma. Como você já deve esperar a esta altura, a probabilidade de que os voluntários acreditassem nas declarações que foram mostradas duas vezes era maior do que nas que foram mostradas apenas uma vez (a atuação do efeito da verdade ilusória). Em seguida, Valentina perguntou aos voluntários quais declarações eles gostariam de compartilhar numa conta do X.

E, vejam só, a probabilidade de eles quererem compartilhar as declarações que viram duas vezes era maior do que aquelas que só viram uma. Valentina se perguntou se as declarações repetidas eram compartilhadas com mais frequência porque os participantes acreditavam que eram verdadeiras. Para responder a essa pergunta, ela realizou uma análise estatística (conhecida como "modelo de mediação"). A análise se mostrou coerente com o palpite dela de que as manchetes repetidas de fato são compartilhadas com mais frequência porque as pessoas acreditam em sua veracidade.

Isso sugere que a maioria das pessoas não está tentando enganar ninguém. Pelo contrário, elas preferem compartilhar informações que *acreditam* ser exatas. O problema é simplesmente o fato de que a repetição leva as pessoas a tomar a decisão equivocada sobre o que é verdadeiro ou não. Esse problema não é nem um pouco novo. Ele é uma manifestação moderna de uma polêmica antiga.

UM VIÉS DA VERDADE

No outono de 1934, as vendas dos cigarros Chesterfield diminuíram em níveis drásticos por causa de uma crescente preocupação referente à saúde. Não foi o medo do câncer de pulmão que fez as pessoas se afastarem da marca. A relação entre fumo e câncer não era nem sequer uma suspeita até a década de 1940. Elas pararam de comprar cigarros Chesterfield porque tinham medo de ter... hanseníase.[18] A hanseníase é uma doença infecciosa que provoca grandes feridas deformadoras na pele e extensos danos aos nervos dos membros. Atualmente, ela é rara e tratável, mas era uma preocupação séria na década de 1930.

Por que as pessoas pensariam que fumar os cigarros dessa marca provoca hanseníase? Bem, correu um boato de que um homem que sofria de hanseníase estava trabalhando na fábrica da Chesterfield em Richmond, Virginia. De acordo com a história, as pessoas que fumassem os cigarros da marca corriam o risco de pegar a terrível doença. Apesar de naquela época não existirem celulares, e-mails e redes sociais, a história se espalhou pelo país como um incêndio incontrolável. O resultado? Aqueles que fumavam procuraram outras marcas.

Os fabricantes dos cigarros Chesterfield tentaram combater o boato com todas as forças. Lançaram propagandas que exibiam suas máquinas superlimpas em funcionamento. Além disso, convenceram o confiável prefeito de Richmond a emitir uma declaração oficial: "A fábrica da Chesterfield foi examinada e nenhum funcionário com hanseníase foi encontrado." Infelizmente, as tentativas foram em vão. As vendas continuaram a despencar e não voltaram a subir por uma década inteira. Ninguém sabe de fato como o boato começou, mas os fabricantes dos cigarros Chesterfield suspeitaram que os concorrentes o inventaram para conquistar uma parte do mercado da marca.

De várias maneiras, a história da Chesterfield é um caso clássico de progressão da desinformação. O boato provocou curiosidade e medo, que levaram as pessoas a prestarem atenção no que estava sendo contado e compartilharem a informação com os outros. A repetição aumentou a crença no boato (em parte porque a facilidade de processamento aumentou), e isso a tornou ainda mais suscetível a ser compartilhada.

As pessoas acreditaram na história da hanseníase por outro motivo, que ainda não mencionamos: "o viés da verdade",[19] a tendência básica do ser humano de acreditar no que lhe é dito. Temos a tendência de supor que os outros estão dizendo a verdade porque, em geral, estão mesmo. Suponha, por exemplo, que você está numa cidade nova e pede informações a desconhecidos. É provável que não passe pela sua mente que eles estão tentando fazer você se perder. Em geral, confiar nos outros é necessário para se ter uma sociedade funcional. Seria impossível viver num mundo onde se supõe que todos estão mentindo.

Contudo, o viés da verdade pode nos colocar em grandes confusões, como provam os bilhões de dólares perdidos todo ano em ciberataques como os *phishing scams* e outros incidentes fraudulentos. Mais uma vez, não são apenas os analfabetos digitais, os mais velhos ou os adolescentes que caem no viés da verdade e, portanto, em golpes. Muitos empresários perspicazes e pessoas sofisticadas de todo tipo já foram vítimas.

Pense no famoso caso de Anna Sorokin, também conhecida como Anna Delvey, que fingiu ser uma herdeira alemã rica e extorquiu enormes quantias de grandes investidores, bancos e hotéis de Nova York. Ou pense num caso em que autores best-sellers do *New York Times* foram enganados para mandar manuscritos que seriam publicados em pouco tempo para um homem que fingiu ser o assistente de seus editores.

Muitos anos atrás, Tali foi vítima do viés da verdade. Na época, ela era estudante e morava no centro de Londres. Tali costumava sublocar o apartamento onde morava quando viajava para o exterior para ir a conferências e workshops. Certa noite, ela voltou de uma viagem de uma semana para uma conferência em Washington, D.C. Exausta por causa do voo longo, Tali estava ansiosa para tomar um banho e ir direto para a cama. Infelizmente, quando tentou destrancar a porta, a chave não entrou. *Que estranho*, pensou ela e tentou de novo, mas sem sucesso. A surpresa se transformou em inquietação quando ela ouviu vozes dentro do apartamento: *"Chi è là? Chi è là?"* Uma mulher de cerca de 30 anos abriu a porta com um cigarro numa das mãos e uma taça de vinho branco na outra: *"Sì?"*

A lembrança dos minutos seguintes a isso agora está um pouco bagunçada, mas Tali explicou à mulher — talvez não de um jeito calmo — que aquele era seu apartamento e perguntou quem diabos era ela? "Ahá! Estávamos esperando por você", disse a mulher com um sotaque italiano carregado. O casal italiano tinha alugado o apartamento do sublocatário de Tali, que lhes disse que o espaço era dele e que o casal podia ficar lá por seis meses — pagando o aluguel do primeiro e do último meses adiantado, por favor. Um dia depois de eles se mudarem, um espanhol na casa dos 50 anos apareceu com malas e chaves. Ele também tinha alugado o apartamento do sublocatário e adiantado o aluguel do primeiro e do último meses. O "proprietário" não respondia mais aos e-mails nem atendia ligações, então os três foram à polícia. Eles descobriram que o "proprietário" era um golpista e que, infelizmente, tinham sido enganados. Nenhum deles sabia quando ou se o proprietário legítimo voltaria, por isso decidiram ficar no apartamento e trocar as fechaduras caso outras pessoas tentassem se mudar para lá.

Naquela mesma noite, os italianos se mudaram de lá, e Tali dormiu com um sofá bloqueando a porta. Na manhã seguinte, ela descobriu que muitos dos seus pertences tinham desaparecido. O golpista levara coisas valiosas, como um notebook e uma câmera, e, o mais desolador, itens pessoais, como roupas, DVDs (sim, já faz um tempo que isso aconteceu), livros e quadros.

Quando Tali avaliou a situação, as pistas não foram sutis. O golpista nem mesmo fora ver o apartamento. "Só preciso dele por algumas horas aqui e ali, entre uma e outra reunião na cidade", disse ele. Quando Tali avisara que o chuveiro não estava funcionando bem (encanamento britânico), ele alegou que não planejava tomar banho. ("Homens", pensou Tali.) O cara pagou pela estadia em dinheiro vivo, que ele insistiu que fosse entregue a Tali às 21h30 num beco que era (convenientemente) escuro, de modo que Tali não conseguisse ver suas feições.

A suposição padrão da verdade é tão robusta que pode prevalecer mesmo quando há fortes indícios de uma mentira. Tali teve, de fato, uma intuição ruim, ainda mais quando estava no beco escuro trocando as chaves por dinheiro, mas esses sentimentos foram logo ignorados em prol do padrão.

A partir de estudos, mostrou-se que até mesmo quando a informação é desacreditada (como no caso da Chesterfield) ou explicitamente declarada como falsa, nós ainda podemos confiar nela para guiar nossas escolhas.[20] Será que isso acontece mesmo quando sua profissão, por definição, é trazer à tona a verdade?

Para chegar a essa conclusão, um grupo de pesquisadores chefiado por uma acadêmica chamada Myrto Pantazi recrutou juízes experientes e lhes deu informações sobre réus criminosos em dois casos judiciais.[21] Eles disseram com todas as letras aos juízes que algumas das informações eram falsas. Em seguida, pediram-lhes que avaliassem até que ponto os réus eram perigosos e dessem uma sentença de prisão adequada. Será que os juízes desconsiderariam da maneira adequada as informações que lhes disseram ser falsas?

A resposta é negativa. Ao receber informações negativas sobre o réu, eles foram influenciados por elas, mesmo sendo informados com objetividade de que não eram verdadeiras. E não foi só isso. Também tenderam a se lembrar de maneira equivocada das provas falsas como se fossem verdadeiras, e o fizeram com mais frequência do que quando consideravam as provas verdadeiras como falsas. O mais incrível é que, mesmo se tratando de um juiz experiente, informações falsas sobre um réu criminoso podem afetar suas conclusões — até quando lhe dizem com todas as letras que elas são falsas.

INCENTIVAR A EXATIDÃO

A combinação do viés da verdade e da heurística mais fácil e mais verdadeira pode nos deixar vulneráveis a desinformação, *fake news* e golpes. Contudo, ter conhecimento desses vieses e heurísticas também nos empodera. Não é possível controlá-los, pois já estão bem impregnados na arquitetura do nosso cérebro, mas, ao tomarmos consciência deles, somos capazes de aplicar políticas de autoproteção. Depois do incidente em Londres, Tali passou a verificar com muita minúcia o histórico de pessoas antes de se comprometer com transações de grande porte. Políticas agressivas de combate às inverdades deveriam ser usadas não só por pessoas físicas como também por empresas, incluindo as redes sociais, para proteger a sociedade. A tecnologia e as plataformas de mídia muitas vezes amplificam a tendência humana básica de supor que as pessoas estão dizendo a verdade e de acreditar e compartilhar informações repetidas mesmo quando são falsas.

Não precisa ser assim. A ciência tem algo a dizer sobre o que podemos fazer. A partir de em estudo publicado na revista *Nature* mostrou-se que levar os usuários de redes sociais a considerar a veracidade de uma única declaração mudava sua mentalidade de tal forma que eles se tornavam mais sensíveis à exatidão.[22] Como resultado, o número de links de notícias confiáveis que as pessoas compartilhavam triplicou em relação aos links de *fake news*.

Outra abordagem pode ser recompensar os usuários de redes sociais pela confiabilidade. Imagine se as pessoas fossem recompensadas quando postassem informações exatas numa plataforma de redes sociais e fossem punidas quando postassem inverdades.[23] Será que essa política de recompensas e punições reduziria a divulgação de desinformação?

Tali e suas colegas Laura Globig e Nora Holtz testaram essa ideia.[24] Na nossa opinião, um dos problemas das redes sociais é que as recompensas, na forma de curtidas, compartilhamentos e afins, não dependem da veracidade. Isso significa que você pode postar uma informação totalmente falsa e receber milhares de curtidas. E assim você aprende que postar informações falsas é um jeito fácil de chamar a atenção. Entretanto, e se fizéssemos uma mudança minúscula na estrutura de incentivo das plataformas de redes sociais para oferecer recompensas visíveis a usuários confiáveis?

Foi o que Tali e sua equipe fizeram. Elas criaram uma plataforma de redes sociais que era, de várias maneiras, semelhante ao X, mas acrescentaram duas novas interações às tradicionais: *confiar* e *desconfiar*. Foram percebidos três comportamentos. Em primeiro lugar, os usuários clicaram em *confiar* e *desconfiar* para separar os posts verdadeiros dos falsos três vezes mais do que em outras interações, como *curtir*. Isso aconteceu tanto com democratas quanto com republicanos, e em diversas áreas (ciência, política, saúde). Em segundo, os usuários começaram a publicar mais posts verdadeiros do que falsos. Por quê? Eles queriam receber todas as "recompensas" possíveis e evitar as terríveis "punições". O resultado foi que a divulgação de desinformação foi reduzida à metade. Contudo, não foi só isso. Em terceiro, os usuários acabaram com crenças mais precisas em relação à realidade. Por quê? Talvez porque tenham gastado mais tempo e esforços ponderando o que é verdadeiro e o que é falso, na tentativa de receber um feedback positivo.

O estudo não foi realizado em plataformas reais de redes sociais (para isso, precisaríamos que grandes empresários como Musk e Zuckerberg abraçassem a causa), então não podemos garantir que isso de fato funcionaria. Entretanto, achamos que vale a pena tentar, ainda mais se nosso objetivo é levar a sociedade a um ponto em que o viés da verdade deixe de ser um viés.

PARTE III
SAÚDE E SEGURANÇA

8

RISCO:
O QUE OS SUECOS NOS ENSINARAM COM O *HÖGERTRAFIKOMLÄGGNINGEN*

> *Minha zona de conforto é como uma bolha ao meu redor, e eu a empurrei em diferentes direções, deixando-a cada vez maior, até que os objetivos que pareciam totalmente malucos passassem a fazer parte da esfera do possível.*
>
> — ALEX HONNOLD, ESCALADOR[1]

Joe Burrus estava deitado num caixão de madeira enterrado a poucos palmos de profundidade. Isso não é incomum; a maioria de nós vai acabar num caixão. Só que no caso de Joe ele conseguia ouvir do subsolo a família e os amigos na superfície. Ele estava vivo.

A situação aconteceu no Oregon, em 1989, e Joe, também conhecido como Incrível Joe, tentava realizar uma manobra que ficara famosa por causa do grande Harry Houdini. Em 1915, Houdini foi enterrado vivo a sete palmos do chão. A missão dele era se desenterrar. Contudo, o grau de dificuldade da tarefa acabou se revelando muito maior do que ele havia imaginado. A cada centímetro de terra, Houdini precisou lutar pela própria vida. Quando a ponta dos dedos de uma de suas mãos enfim irrompeu na superfície, ele ficou inconsciente. Felizmente, os assistentes de Houdini conseguiram arrastá-lo para fora bem a tempo, salvando sua vida.[2]

Joe acreditava que conseguiria se sair melhor. "Eu me considero um mestre da ilusão e um escapologista", disse ele. "Acredito que sou o próximo grande Houdini, só que melhor."[3] Naquele dia, no Oregon, Joe de fato conseguiu se libertar das algemas que prendiam seus pulsos, fugir do caixão e escavar a terra até a superfície, onde se reuniu aos devotos fãs que o esperavam. A manobra foi um enorme sucesso. Por isso, Joe decidiu repeti-la um ano depois.

Na noite de Halloween de 1990, Joe estava no Blackbeard's Family Entertainment Center, em Fresno, Califórnia. De novo, ele estava deitado em um caixão fechado. Só que, dessa vez, ele escolheu uma caixa de plástico e vidro transparentes. O plástico não era tão forte quanto a madeira, mas a transparência do caixão permitiria que o público acompanhasse Joe descendo para o túmulo. Dessa vez, porém, a cova tinha dois metros de profundidade — era mais funda que a da performance anterior, da qual ele conseguira escapar com sucesso, e, portanto, mais funda que o buraco que quase tirou a vida de Houdini muitos anos antes. Em 1989, o caixão de Joe estava coberto de terra. No ano seguinte, ele acrescentou cimento à mistura. Isso significava que, para escapar, Joe precisaria se soltar das algemas, sair do caixão de plástico e escavar dois metros de terra e cimento até a superfície.[4]

O risco era absurdo. No entanto, Joe acreditava que conseguiria escapar. Os alertas da família, dos amigos, de jornalistas e de colegas não foram capazes de detê-lo. Ele estava tão confiante que não cogitou desistir nem mesmo quando uma fissura foi encontrada no canto do caixão. Ele simplesmente a cobriu com fita adesiva.

Essa história não termina bem. Pouco depois de nove toneladas de terra e cimento terem sido jogadas em cima de Joe, ouviu-se um estalo à medida que o caixão de plástico cedia sob o peso absurdo do cimento. Isso o enterrou vivo.

Muitos fatores levaram Joe a tomar a decisão que acabaria lhe tirando a vida. Há, entretanto, um fator — entre todos aqueles que é provável que tenham tido um papel nessa história — que pode afetar a todos nós: a *habituação ao risco*, que é a tendência que temos de julgar determinado comportamento como cada vez menos arriscado à medida que assumimos o risco repetidas vezes, ainda que a ameaça continue a mesma. Você acaba se arriscando cada vez mais[5] e, ao mesmo tempo, sentindo cada vez menos medo.

Como veremos em breve, a habituação ao risco pode levar políticos a tomarem decisões que vão destruir a própria carreira e prejudicar o país; no trânsito, pode influenciar a direção imprudente e perigosa; e, no campo profissional, pode levar funcionários a assumirem riscos desnecessários. A habituação ao risco afeta a tomada de decisões relacionadas à segurança, à saúde e às finanças.

Para se ter uma ideia, considere um estudo realizado por Tali com Hadeel Haj Ali:[6] voluntários jogaram vinte jogos de roleta diversas vezes em sequência. Contudo, somente no fim de todas as rodadas eles saberiam se tinham ganhado ou perdido. Tali e Hadeel observaram que, no início, os voluntários faziam apostas pequenas, mas, com o tempo, pareciam se sentir mais confortáveis e então apostavam quantias cada vez maiores. Houve uma progressão no risco financeiro que eles assumiam. Embora no estudo o valor máximo que eles tinham permissão para apostar fosse de certa forma modesto, podemos imaginar como uma progressão de risco semelhante pode levar apostadores a perderem muito dinheiro no mundo real, incluindo no mercado de ações (que, no fim das contas, também se trata de um cenário de aposta). Isso é um problema.

No entanto, a habituação ao risco também nos permite ampliar os limites, desfrutar de uma vida mais rica e ao mesmo tempo mais calma e progredir enquanto indivíduos e espécie. Para compreender de que forma é possível equilibrar os lados positivo e negativo, vamos conhecer melhor a habituação ao risco.

HABITUAÇÃO AO RISCO

Imagine-se fazendo trilha numa floresta. Em determinado momento, você chega a uma linda ponte sobre uma serena lagoa azul. É um dia quente, então, apesar do risco, você decide pular da ponte para se refrescar na lagoa. Seu coração está acelerado; o salto parece assustador. Contudo, felizmente, você mergulha com segurança na água fresca e logo decide subir e pular de novo. Dessa vez, seu coração não acelera tanto, e você não toma tanto cuidado. Parece perfeitamente seguro.

Já no décimo salto, você tenta mergulhar dando um mortal de costas. Você não sabe, mas uma a cada cem pessoas que saltam dessa ponte acabam na emergência. Com essa probabilidade, não é surpresa nenhuma você ter conseguido mergulhar com segurança, mas, ao saltar várias vezes seguidas, acaba assumindo riscos cada vez maiores e se colocando em perigos reais.

Para avaliar o risco, as pessoas muitas vezes confiam nos próprios sentimentos.[7] Quando está prestes a fazer algo arriscado — que poderia gerar um resultado muito bom ou muito ruim —, você em geral sente um fluxo de emoções, incluindo medo, empolgação e excitação. Suponha que esteja prestes a investir uma grande quantia em Bitcoins, ou chamar a bela Catharine para um encontro, ou pular de paraquedas, ou encarar uma montanha-russa, ou cheirar cocaína. Você vai sentir o coração acelerar e os pés formigarem. Seu cérebro interpreta esses sinais e conclui que você está prestes a fazer algo arriscado em certo grau. Essas sensações podem servir como um freio interno, e talvez você desista de saltar, por exemplo. Se não sentir nada, não haverá freios para impedir você de seguir em frente. Pode até ser que acabe investindo muito mais dinheiro do que o planejado, ou que peça Catharine em casamento, ou que salte de um penhasco.

A essa altura, já deu pra entender como funciona a habituação emocional: você faz determinada coisa que desencadeia uma reação emocional, e tal reação acontece cada vez menos à medida que você se habitua à situação. Dessa forma, o medo sentido antes de se assumir um risco — como saltar da ponte — é aos poucos reduzido a cada vez que você se arrisca. Isso acontece, é logico, contanto que os riscos anteriores não tenham tido um resultado desastroso (ou seja, você mergulhou com segurança na lagoa azul em vez de ter batido a cabeça). Se o risco resultar em alguns ossos quebrados, você vai se desabituar de imediato.

Então, suponha que você assuma um risco: atravessar uma rua coberta de neve à noite; saltar de uma ponte; trocar mensagens de texto enquanto está dirigindo; ter relações sexuais sem proteção; ultrapassar o limite de velocidade no trânsito; investir em ações de alto risco; ou até se enterrar vivo. Se nada de ruim acontecer a partir de determinada ação, seu cérebro vai começar a estimar que o risco é menor do que imaginou de início. Afinal de contas, tudo correu bem. Como consequência, você fica mais suscetível a repetir o mesmo comportamento várias vezes e começa a se sentir perfeitamente confortável para assumir riscos cada vez maiores.

Todavia, esse mecanismo não é necessariamente irracional. Não é imprudente estimar o risco de algo com base em experiências anteriores. Você está reavaliando suas convicções. O problema é que não há muito no que se apoiar. Sua base é apenas uma pequena quantidade de experiências pessoais que por acaso culminaram em um bom resultado e que muitas vezes evocaram em você um excesso de confiança.

Vamos pensar de novo no caso de Joe Burrus. Ele não acordou certo dia e do nada decidiu se enterrar vivo num caixão de plástico sob toneladas de cimento. Pelo contrário, Joe tinha vários anos de experiências bem-sucedidas com o escapismo de uma variedade de caixas e em diversas situações. Assim, ele se sentiu confortável o suficiente para se trancar num caixão. E passou a ficar tão confortável com isso que o próximo passo lógico parecia ser se trancar num caixão embaixo da terra. Depois que Joe obteve sucesso em escapar de uma cova coberta de alguns metros de terra, a ideia de repetir o feito, mas dessa vez com cimento por cima, lhe pareceu sensata. Ele assumiu riscos cada vez maiores e, a cada sucesso, sua percepção de perigo foi se distanciando mais da realidade.

A história está repleta de casos como o de Joe, em que as pessoas se colocaram em situações cada vez mais perigosas até que aquele que viria a ser o maior e mais arriscado ato ultrapassou os limites e se tornou o último. Pense no ex-primeiro-ministro britânico David Cameron. Nas palavras do historiador Anthony Seldon: "David Cameron será lembrado como um grande apostador por levar a Grã-Bretanha à guerra contra a Líbia, em 2011, por não conseguir repetir o feito contra a Síria, em 2013, e por convocar o referendo de independência da Escócia, em 2014, e o referendo da União Europeia, em 2016. (...) Essa decisão de convocar o referendo da União Europeia ainda é a que mais se avulta como uma das maiores apostas na história da política."[8]

Cameron acreditava que o referendo era uma aposta segura. Para ele, era óbvio que os britânicos iam votar a favor da Grã-Bretanha continuar na União Europeia e, assim, enfraqueceria o poder de seus oponentes. Bem, não foi o que aconteceu. A aposta de Cameron pôs fim à sua carreira política aos 50 anos e mudou o rumo da história britânica.

As pessoas assumem riscos cada vez maiores por vários motivos além da habituação. Escapologistas podem ser recompensados com quantias cada vez mais exorbitantes por suas façanhas. Políticos podem precisar assumir riscos cada vez maiores para se manter em um cargo. De qualquer forma, é bem provável que a habituação desempenhe um papel importante nisso tudo.

NOTÍCIA VELHA, NOTÍCIA NOVA

Para a maioria de nós, subestimar grandes riscos políticos ou o perigo de se enterrar vivo não é uma questão. Mesmo assim, podemos dizer que há um pouco de David Cameron e Joe Burrus em cada pessoa.

Pense na pandemia de Covid-19, por exemplo. No início do lockdown, Tali e seus colegas perguntaram a um grande grupo de pessoas se elas achavam que iriam ser infectadas e quão perigoso acreditavam ser o vírus.[9] No geral, as pessoas consideravam que o risco era alto; elas tinham medo e mostraram-se cautelosas quanto à situação. Tali, então, fez a mesma pergunta a esse grupo de pessoas apenas algumas semanas depois das primeiras entrevistas (bem antes de as vacinas serem distribuídas). Foi observado que nesse meio-tempo elas tinham relaxado, passando a acreditar que o risco não era tão grande quanto tinham estimado de início. Embora o risco não tivesse mudado muito nas primeiras semanas, as pessoas adquiriram experiência em viver com a ameaça do vírus e se acostumaram a ouvir relatos de casos. Logo, mesmo que o número de mortes continuasse aumentando, as pessoas, em geral, não se sentiam diretamente afetadas e percebiam o vírus como algo leve.

Como resultado, a maioria tinha se tornado mais suscetível a agir de maneiras que podiam deixá-las expostas à contaminação. É lógico que, no início, algumas pessoas extrapolaram o risco, e outras o subestimaram. Contudo, o padrão geral depois de um tempo era de dessensibilização.

Sentir mais medo de correr novos riscos — e, portanto, desconhecidos — do que de correr riscos antigos — e, portanto, familiares a nós — é comum,[10] e não é necessariamente um mecanismo irracional. Como já observamos, as pessoas de fato deveriam aprender com a experiência. Devemos nos lembrar, no entanto, de que a experiência é limitada e pode não corresponder à totalidade dos fatos. Com frequência, sentimos um medo desproporcional de riscos de certa forma novos que, na verdade, não são grande coisa (considere, por exemplo, os alimentos geneticamente modificados); em contrapartida, muitas vezes não nos preocupamos com riscos antigos que de fato são fatais para muitas pessoas (como dirigir ou manter uma alimentação prejudicial à saúde).

O fenômeno geral "assombro em relação ao desconhecido, ousadia diante do conhecido" é resultado da habituação ao risco. Conforme um risco novo e desconhecido se torna "notícia velha", as pessoas, em geral, acabam tratando-o como menos preocupante do que de fato é. A habituação é um dos muitos motivos pelos quais investidores experientes têm portfólios de investimentos mais arriscados do que investidores com menos experiência.[11]

A mesma tendência é observada em canteiros de obras e outros ambientes de trabalho. A maioria dos acidentes acontece no fim dos projetos, não no início.[12] Com o passar dos dias, os trabalhadores se habituam. Eles sentem cada vez menos medo, logo, tomam menos precauções.

O jornalista Neil Swidey conta a história extraordinária da limpeza do porto de Boston, que durou uma década.[13] Se você visitar o porto hoje, encontrará incríveis águas cristalinas salpicadas de veleiros brancos. Entretanto, poucas décadas atrás, o porto era o mais sujo dos Estados Unidos. As águas poluídas eram repletas de lixo. A transformação foi um feito complexo da engenharia que custou 4 bilhões de dólares e empregou centenas de trabalhadores. Todavia, esse projeto também tirou a vida de vários homens, todos mortos nas etapas finais da obra.

Uma missão de alto risco na conclusão do projeto de dez anos provocou duas dessas mortes. Cinco mergulhadores foram enviados dentro de um tubo para centenas de metros abaixo do assoalho oceânico com o objetivo de remover pesados tampões de segurança. O túnel não tinha oxigênio nem luz e, na parte mais estreita, mal tinha 2 metros de diâmetro. Os mergulhadores tinham que ir até a ponta mais distante dele, cuja extensão era de 16 quilômetros, e depois entrar numa série de canos com menos de 1 metro de largura.

Apesar da complexidade do projeto, o treinamento dos mergulhadores para cumprir a missão foi de apenas duas semanas, e eles confiaram num aparato experimental de respiração. Por fim, o sistema de respiração falhou e só três mergulhadores conseguiram voltar à superfície em segurança, e com apenas trinta segundos de reserva de ar.

A tragédia, de acordo com Swidey, ocorreu porque o gestor do projeto e a equipe aceitaram baixos padrões de segurança. E essa decisão foi tomada pelo mesmo gerente e pela mesma equipe que haviam feito avaliações impecáveis e agido com muita cautela nos dez anos anteriores. Ao verem o projeto chegando à sua conclusão sem resultados negativos, eles tiveram uma percepção distorcida do risco.

"Todos temos exemplos de um serralheiro que perdeu alguns dedos. Isso em geral acontece com aqueles que têm muitos anos de experiência e, nesse meio-tempo, perderam a sensibilidade ao risco", diz o especialista em segurança Juni Daalmans.[14] Como explica Daalmans, você não precisa ser um serralheiro, um mergulhador ou um mágico para vivenciar a transformação da notícia nova em notícia velha; é provável que você a viva em casa mesmo. "A habituação é um dos principais motivos por que, em casa, a sensibilidade ao risco costuma ser muito baixa. Um grande número de acidentes acon-

tece no ambiente doméstico porque somos complacentes demais."
Daalmans conclui: "O fato de 50% dos acidentes graves acontecerem no ambiente doméstico é resultado direto da habituação."[15]

Essa habituação ao risco afeta a todos nós — na cozinha, no playground, na piscina e nas estradas, onde mais de 38 mil norte-americanos morrem todo ano. Muitos motoristas são menos cuidadosos do que deveriam no trânsito porque passaram muito tempo sem sofrer acidentes.

O que podemos fazer para superar esse problema?

HÖGERTRAFIKOMLÄGGNINGEN, OU "DAR UMA 'SACUDIDA' NAS COISAS"

Em certo domingo, no dia 3 de setembro de 1967, para sermos mais precisos, às 4h50 da manhã, o tráfego parou na Suécia. Carros, caminhões, ônibus, motos e bicicletas pararam por completo, e então, com todo o cuidado, se dirigiram ao lado oposto da rodovia.

O dia conhecido como *Högertrafikomläggningen* — cuja tradução é "desvio do tráfego para a direita" — ou, simplesmente, Dia H, marca a data em que a Suécia mudou o sentido no trânsito, do lado esquerdo da estrada para o direito. O movimento partiu de uma iniciativa para alinhar a via de circulação da Suécia à dos outros países escandinavos. Antes da implementação, o principal receio era que os motoristas ficassem confusos, fazendo curvas no sentido errado ou se aproximando demais de outros carros em ultrapassagens, por exemplo. Esse medo parecia perfeitamente razoável. No entanto, para a surpresa de todos, em vez de a mudança resultar em um aumento dos acidentes de trânsito, o número tanto de acidentes quanto de fatalidades despencou! A taxa de acionamento de seguros de automóveis caiu 40%.[16]

Talvez você esteja se perguntando: *O que provocou essa redução?* Será que é mais seguro dirigir no lado direito da estrada do que no esquerdo? Não, essa não pode ser a resposta, porque a melhoria milagrosa só durou dois anos. Parece, então, que a causa principal foi a *des*abituação ao risco.[17]

Se você, de repente, tirar as pessoas do ambiente ao qual elas estão acostumadas, as percepções de risco serão redefinidas. Foi exatamente o que aconteceu no Dia H. Com a súbita alteração no tráfego, do lado esquerdo para o direito, as pessoas perceberam que o risco de se envolver num acidente era alto. Por isso, passaram a dirigir com extrema cautela, o que levou a uma diminuição dos acidentes. Depois de um período, as pessoas se habituaram de novo, e então o número de acidentes voltou ao percentual anterior. Contudo, durante 24 meses, essa redução implicou o salvamento de muitas vidas.

Podemos extrair uma lição geral desse caso: se quiser desabituar alguém a determinado risco — seu filho ou sua filha adolescente, seus funcionários, ou até a si —, é necessário dar uma "sacudida" nas coisas. De vez em quando, é preciso mudar de ares, alterar o contexto, para que as pessoas saiam da zona de conforto. Como exemplo, é possível mudar a posição de trabalho dos funcionários que operam em uma correia transportadora, ou alterar as cores das placas de alerta num canteiro de obras. Ao mexer, mesmo que só um pouquinho, na ordenação das coisas, você aumenta a atenção e altera a percepção do risco.

Nas normas de 2020, a U.S. Food and Drug Administration (FDA) exigiu que seus diversos alertas gráficos sobre os riscos do tabagismo (aumento na probabilidade de ter câncer, doenças cardíacas e assim por diante) fossem alterados de três em três meses.[18] Imagine que você tenha deparado com um alerta gráfico em que há a imagem de alguém num hospital sofrendo de câncer de pulmão. O alerta pode assustar você na primeira vez, ou até mesmo nas cinco primeiras, mas, depois de um tempo, é provável que você se habitue. A imagem terá se tornado um ruído de fundo. Essa era justo a preocupação da FDA. A organização acreditava que a rotação dos diversos alertas poderia reduzir a habituação e chamar a atenção. Por isso, a solução foi primeiro retratar alguém num hospital sofrendo de câncer de pulmão e, depois, mudar para alguém com dentes amarelos apodrecendo, e assim por diante.

Uma abordagem semelhante foi testada com alertas *pop-up* de segurança on-line.[19] É provável que você conheça esses *pop-ups*: como quando tenta acessar o site lookagainbook.com e uma mensagem surge na tela com o alerta para problemas com a criptografia e com protocolos de autenticação. Isso significa que, ao acessar o site, você pode estar permitindo que outras pessoas roubem seus dados, incluindo e-mails, mensagens de texto, detalhes de contas bancárias, números de cartão de crédito, fotos e assim por diante. Muitas pessoas ignoram esses alertas e acessam o site mesmo assim. Profissionais do TI especializados em segurança acreditam que uma explicação para esse comportamento é o fato de que as pessoas se habituaram a esses alertas de segurança. Como eles aparecem com muita frequência, os usuários não os registram mais.

Para avaliar esse problema, pesquisadores do Google, da Universidade de Pittsburgh e da Universidade Brigham Young gravaram a atividade cerebral das pessoas que viam uma série de alertas *pop-up*.[20] Eles descobriram que, na primeira vez que um desses aparecia, a atividade no córtex visual, que processa os estímulos visuais, era intensa. Já na segunda, porém, a atividade cerebral caía em níveis significativos; na terceira, ainda mais, e assim por diante. Adaptação neural clássica.

Por isso, a equipe de pesquisa decidiu literalmente dar uma sacudida nas coisas.[21] Eles pegaram os alertas e os giraram na tela, mexeram para cima e para baixo, aumentaram e diminuíram o zoom. Isso reduziu a adaptação neural. Não só a queda na atividade visual foi menor como também o rastreio dos movimentos do mouse mostrou que os alertas insanos chamavam mais a atenção dos usuários. A resposta para a desabituação foi a *mudança*. Mude o ambiente, mude as regras, *surpreenda* as pessoas e a habituação vai desaparecer.

SIMULAÇÃO DE DESASTRES

Outra maneira de desencadear a desabituação é fazer as pessoas experimentarem resultados negativos. Imagine que você esteja trabalhando furiosamente ao seu notebook quando, de repente, aparece um alerta: "Sua conexão não é privada. Invasores podem estar tentando roubar suas informações." Você ignora a mensagem, como já fez inúmeras vezes. Mas dessa vez é diferente.

Em poucos segundos, luzes começam a piscar na sua tela e seu navegador fecha sozinho. Quando o caos diminui, você reinicia o notebook, mas algo está errado. Quando tenta entrar na sua conta de e-mail, a senha não funciona. Você também não consegue acessar suas contas bancárias. Seu coração está quase saindo pela boca. Você está suando tanto que sente o assento ficar úmido. Em seguida, você liga para o banco e, para seu desespero, descobre que sua conta está zerada. Depois disso, qual é a probabilidade de voltar a ignorar alertas de segurança on-line no futuro? Baixa, suspeitamos. Você se deu muito mal e, como resultado, vai passar a levar a segurança on-line mais a sério de agora em diante.

Agora, imagine que seu cônjuge ligue para você algumas horas depois. Ele hackeou suas contas para lhe dar uma lição. Você passou por uma "simulação". Esse cenário permitiu que você vivenciasse um desastre e sentisse medo, mas sem se machucar de verdade. Diante disso, a habituação ao risco pode desaparecer. Mesmo que você não tenha sofrido um ataque cibernético real, o incidente terá alterado seu comportamento.

Uma ferramenta que pode ser usada para simular resultados negativos é a realidade virtual. Por exemplo, imagine que, por meio de óculos 3D, alguns construtores sofram um acidente de trabalho em uma simulação.[22] Talvez ela envolva uma tábua se partindo em duas, fazendo-os caírem depressa para o chão, por exemplo. Nesse contexto, a queda pode parecer real e, assim, desencadear uma reação visceral intensa. Essa reação pode redefinir a tolerância ao risco, estimulando esses trabalhadores a serem mais cuidadosos no canteiro.

De maneira semelhante, ferramentas de realidade virtual que simulam acidentes de carro poderiam ser usadas para reajustar a tolerância ao risco de motoristas experientes, assim como simuladores de voo fazem com pilotos. A realidade virtual é capaz de enganar o cérebro a ponto de ele sentir que você está de fato batendo ou caindo sem que precise passar por isso na vida real. Ela pode gerar uma desabituação.

Contudo, esse método só funcionaria se as pessoas não sofressem acidentes na realidade virtual *repetidas vezes* num curto período; caso contrário, elas poderiam, do mesmo jeito, se habituar, em vez de se desabituar. Consideremos, por exemplo, um estudo que

Tali realizou com sua colega Hadeel Haj Ali.[23] No estudo, voluntários eram convidados a caminhar sobre uma tábua suspensa no topo de um arranha-céu, a oitenta andares do chão. A tábua era virtual, mas parecia muito real. Embora os voluntários soubessem que na verdade estavam andando com segurança no chão, a experiência imersiva enganou o cérebro deles a ponto de os fazer sentir que estavam andando sobre um pedaço estreito de madeira suspenso bem no alto. As pessoas e os carros pareciam pequenos vistos lá de cima. Aviões e aves que voavam ao redor pareciam grandes. O medo era real, e andar sobre a tábua parecia arriscado.

Alguns participantes se recusaram a dar um passo sequer. A maioria, no entanto, deu um ou dois passos na primeira vez que se aproximou. Na segunda tentativa, deram alguns passos a mais. Na vez seguinte, mais alguns. Em algum ponto entre a quinta e a décima tentativa, a maioria das pessoas ia até a ponta da tábua e saltava. Com o tempo, a ideia de andar sobre a tábua as deixava cada vez menos ansiosas. Sabemos disso porque Tali e Hadeel pediram para os voluntários classificarem suas sensações ao longo do estudo, o que lhes permitiu observar que eles ficavam cada vez menos apreensivos conforme se acostumavam com a simulação.

A pesquisadora Hadeel Haj Ali caminha sobre a tábua virtual no laboratório de Tali. À direita, o mundo real; à esquerda, o que Hadeel enxerga na realidade virtual.

Então, se o objetivo for, por exemplo, deixar as pessoas mais confortáveis em estar em grandes alturas, uma experiência de realidade virtual como essa pode ser útil. Entretanto, se o objetivo for incentivá-las a ser mais cautelosas, esse tipo de experiência não deve ser usado repetidas vezes, pois é provável que as pessoas se habituem ao medo.

Embora nossa hipótese seja de que a "dose única" de realidade virtual será mais usada nos próximos anos com simulações que visem combater acidentes e incentivar um comportamento precavido, a tecnologia não é exatamente essencial para esse objetivo. Outro jeito de redefinir a percepção de risco de alguém é permitir que essa pessoa se machuque "na vida real", mas só um pouco. Pense nas crianças, por exemplo. Os acidentes são a principal causa de morte na infância[24] e muitos resultam da habituação ao risco. Quando uma criança realiza algo arriscado em certo grau — como pular de uma cerca alta — sem se machucar, ela pode acabar extrapolando a confiança adquirida com o feito e perder a noção de medo, o que a leva a correr riscos maiores. Contudo, se permitirmos que a criança se machuque de leve, é provável que as chances de ela sofrer um ferimento mais sério no futuro diminuam. Isso acontece porque mesmo um resultado negativo inofensivo é capaz de restabelecer o comportamento cauteloso.

No entanto, nem sempre é possível garantir que alguém vai se ferir "de leve". Então, outro método comum para a desabituação, sobretudo em instituições públicas e privadas, é aplicar um treinamento periódico de alerta aos riscos constantes (por exemplo, aqueles associados à segurança cibernética). Esse tipo de treinamento pode oferecer aos funcionários uma noção objetiva e nítida de perigos relevantes, mesmo que eles ainda não tenham de fato se apresentado. Isso pode ser feito, por exemplo, por meio do compartilhamento de histórias detalhadas de acidentes e contratempos que outras pessoas sofreram. Saber dos infortúnios alheios também é capaz de desencadear em nós uma reação emocional.

Todavia, mesmo com todas essas possibilidades — treinamentos, realidade virtual e uma "sacudida" nas coisas —, ainda é possível que ocorra alguma habituação ao risco, então precisamos de soluções adicionais que não se apoiem apenas em escolhas individuais. Ou seja, precisamos de soluções arquitetônicas que sejam eficientes em otimizar a segurança das pessoas mesmo quando elas se mostram destemidas ou até mesmo complacentes de forma indevida. Soluções desse tipo costumam ser as melhores. Por exemplo, o governo pode simplesmente determinar que os trabalhadores não podem ser expostos a determinados níveis de carcinógenos. As pessoas não apenas são aconselhadas a evitar ficarem próximas a esses componentes; a exposição é banida, ponto-final.

Também é possível que uma lei que exija que você use capacete ao pilotar uma moto, ou que use cinto de segurança seja criada. Se essas medidas são implementadas, sua segurança é garantida mesmo que, com o tempo, você tenha desenvolvido uma noção descabida de imunidade a danos. Algumas das promessas de veículos automatizados se encaixam nesse conceito. Esses veículos não dependem exclusivamente da vigilância dos motoristas e devem ser capazes de evitar acidentes mesmo que quem esteja por trás do volante esteja confiante demais ou não esteja prestando atenção ao trânsito. Da mesma forma, a estratégia "Secure by Design" (ou seja, "projetado para ser seguro", em tradução livre) é um esforço que tem como princípio o desenvolvimento de produtos de tecnologia com segurança cibernética previamente inserida em sua base.

O LADO POSITIVO

De escapologistas a motoristas, nosso foco até então foi o fato de a habituação ao risco resultar em acidentes e prejuízos. No entanto, muitas vezes, quando um processo psicológico parece não ser o ideal, uma investigação mais profunda pode revelar que essa evolução se deu por um bom motivo.

Sem a habituação ao risco, todos estaríamos sujeitos a ser apenas um bando de indivíduos ansiosos paralisados pelo pavor. Todos temos medos, ainda que alguns pareçam mais racionais que outros: seja medo de altura, seja de andar de avião, nadar, sofrer uma decepção amorosa, falar em público, ir a consultas médicas ou receber críticas. São nessas horas que a habituação vem a calhar. Se você fizer a escolha de se expor ao que o apavora, o medo vai diminuir aos poucos e você vai desenvolver a coragem necessária para expandir seu mundo. Fazer algo pela primeira vez pode ser assustador. (Você se lembra de quando aprendeu a nadar? Ou da primeira vez em que dirigiu numa estrada? Ou do seu primeiro beijo?) Entretanto, quanto mais você repete algo, mais descontração sente em relação àquilo. Se o cérebro respondesse com um medo intenso a qualquer estímulo, mesmo aos que não fizeram mal algum em experiências anteriores, viver seria exaustivo e limitante.

A habituação ao risco pode ser crucial para o progresso da humanidade até mesmo quando leva as pessoas a subestimarem determinado risco. Precisamos de pessoas (empreendedores, astronautas, artistas, atletas) que subestimem o risco que lhes é proposto. Só assim, por meio dos poucos que alcançam seus objetivos, os limites coletivos são expandidos — de modo que, nas palavras do grande escalador Alex Honnold: "Os objetivos que pareciam totalmente malucos passem a fazer parte da esfera do possível."[25]

9

AMBIENTE:
VOCÊ PODERIA MORAR AO LADO DE UMA FAZENDA DE PORCOS NO SUL DURANTE O VERÃO

> *Ele [nosso corpo] consegue se adaptar aos efeitos destrutivos da nossa tecnologia intoxicada pela energia e do nosso crescimento populacional desgovernado, à poeira, à poluição e ao barulho de cidades como Nova York e Tóquio. E essa é a tragédia.*
>
> — RENÉ DUBOS[1]

Numa recente viagem de trem de Nova York até Boston, Tali passou o tempo observando a paisagem pela janela. Casas brancas, lindas e grandes ladeavam os trilhos. Ela ficou se perguntando, então, se o *tchuc-tchuc-tchuc* dos trens deixava os moradores ensandecidos. Assim, fez o que qualquer cientista social de respeito faria: procurou respostas no site Quora.

É, ao mesmo tempo, reconfortante e perturbador perceber que todo e qualquer pensamento já passou inúmeras vezes pela mente de outros indivíduos e foi documentado na internet para a eternidade. Várias pessoas já haviam feito a mesma pergunta que Tali, e muitas outras haviam respondido, compartilhando suas experiências. Unci Narynin, que cresceu perto de uma estrada de ferro, diz: "O barulho dos trens passando é constante. Eu consigo dormir com as janelas abertas, eles não me incomodam. Mas já notei que quando alguns familiares vêm me visitar, se não estiverem acostumados ao barulho, os trens os incomodam muito e os impedem de dormir."[2] Outros usuários do Quora que vivem perto de trilhos concordam com Narynin: os moradores se acostumam com o som depois de um tempo, mas os visitantes se incomodam.

"Poderia ser pior", diz Brady Wade, que mora perto da pista de decolagem de um aeroporto. "Você poderia morar ao lado de uma fazenda de porcos no sul durante o verão."[3] As pessoas que moram nessa localidade, no entanto, podem muito bem discordar; é possível que elas estejam acostumadas ao *oinc-oinc* e ao cheiro dos porcos, e a ideia de morar perto da pista de decolagem de um aeroporto talvez as deixe apavoradas. Como disse o comediante Robert Orben: "Poluição sonora é algo relativo. Numa cidade, é o barulho de um avião a jato decolando. Num monastério, é o som de uma caneta riscando o papel."[4] E isso não se limita à poluição sonora; as poluições do ar, da luz, da água… Tudo isso é *relativo*. A dimensão do incômodo de alguém depende das experiências anteriores dessa pessoa. "Os seres humanos se adaptam naturalmente e, de maneira inconsciente, nós aprendemos a conviver com essas tensões", diz Wade.[5]

Essa capacidade extraordinária nos ajuda a manter uma existência tolerável. Você se acostuma a barulhos altos, cheiros ruins, ar poluído e água suja. Mesmo assim, como veremos a seguir, sua capacidade de se habituar a diversas formas de poluição cobra um preço alto.

TUDO É RELATIVO

Tali morou na cidade de Nova York por alguns anos, mas agora, na maior parte do tempo, reside numa cidade tranquila em Massachusetts. Devido à pandemia de Covid-19, ela passou dois anos sem ir a Nova York. Quando voltou, a cidade parecia tão sedutora e empolgante quanto antes. No entanto, também parecia um pouco mais suja, agitada e fedida. Será que Nova York de fato tinha mudado ou fora Tali quem mudara? Analisemos um estudo que pode nos dar algumas pistas.

No início da década de 1980, os novos alunos da Universidade da Califórnia em Los Angeles (UCLA) eram convidados a participar de um estudo sobre migração.[6] Los Angeles tem a honra duvidosa de ser a cidade com o ar de pior qualidade nos Estados Unidos.*[7] Em escala global, abrangendo o mundo ocidental desenvolvido, a cidade é classificada como uma das piores nesse quesito (seguida de perto por Nova York). Além disso, o campus da UCLA fica bem no meio de uma área com nível relativamente alto de *smog*, palavra em inglês que significa uma mistura de fumaça, nevoeiro e poluentes gasosos. Os alunos que participavam do estudo estavam instalados no campus havia apenas três semanas. Alguns tinham se mudado de outros bairros da cidade, enquanto outros vinham de cidades diferentes, incluindo Honolulu e Portland, onde os níveis de poluição atmosférica são baixos.

Suzanne e Daryl eram dois dos calouros que aceitaram participar do estudo. Daryl tinha crescido no centro de Los Angeles, e Suzanne tinha sido criada em Cheyenne, Wyoming, que está entre as cidades mais limpas dos Estados Unidos em termos de poluição atmosférica. Quando chegaram ao laboratório, fotos de cenas ao ar livre, como o horizonte de uma cidade ou o sopé de um vale, foram apresentadas a eles. Metade delas eram paisagens com *smog*, em uma quantidade que variava entre muito e pouco. A tarefa de Suzanne e Daryl era olhar cada foto e dizer se havia ou não a presença de *smog*. Foi observado que Suzanne tinha maior probabilidade de relatar a presença de *smog* em relação a Daryl, que só o fazia nas fotos em que os níveis estavam bem altos. Ou seja, as percepções de Suzanne e Daryl em relação à quantidade de *smog* nas fotos correspondia ao quanto eles estavam habituados a ver o nevoeiro poluente no dia a dia.

---

* Salientamos que listas diferentes podem oferecer classificações com uma leve distinção entre si.

Esse resultado não se deu apenas entre Suzanne e Daryl; todos os alunos que haviam se mudado de áreas limpas para a UCLA tinham maior probabilidade de perceber a poluição do ar. Isso significa que você interpreta seu entorno não de acordo com um critério objetivo, como o número de partículas no ar, e sim de acordo com um critério subjetivo que tem ligação intrínseca com o que lhe é familiar. Esses critérios variam em função do lugar de moradia: seja em Londres, seja em Moscou, em Copenhagen ou em Pequim, em Nova York ou num subúrbio de Massachusetts, em Los Angeles ou em Honolulu, em Berlim ou em Roma.

Imagine que você tenha nascido e morado por toda a vida numa cidade com alto nível de *smog*. Esse fenômeno seria considerado algo normal, e é provável que você só detectaria a poluição quando o ar tivesse uma densidade de *smog* que ultrapassasse o nível de referência ao qual você se habituou. Em contrapartida, se você tivesse morado numa região de ar limpo a maior parte da vida, a habituação seria a dias de céu azul e, como resultado, até mesmo um pouquinho de *smog* seria percebido. Esse fato pode ser alarmante. Ele explica por que as pessoas muitas vezes nem sequer notam que estão morando em ambientes tão poluídos. No Reino Unido, por exemplo, apenas 10% da população classificou a qualidade do ar como baixa, apesar de a poluição do ar no país ultrapassar os limites permitidos em 88% das regiões.[8]

Portanto, se você morou numa área com muito *smog* durante certo período da vida e não consegue mais detectá-lo, ele não vai parecer um problema. Foi isso o que os pesquisadores do estudo com os calouros descobriram. Quando os alunos eram requisitados a listar os problemas comunitários no campus, os recém-chegados a Los Angeles, como Suzanne, tinham maior probabilidade de mencionar o *smog* do que aqueles que moravam na cidade há mais tempo, como Daryl. Alunos como Suzanne, do Wyoming, Ethel, do Havaí, e Larry, do Oregon, tinham maior probabilidade de relatar problemas respiratórios do que aqueles como Daryl, do centro de Los Angeles, ou Harriet, do norte de Hollywood. Daryl e Harriet acreditavam, ainda, que eram menos vulneráveis aos problemas de saúde ligados ao *smog* do que os recém-chegados.[9]

Será que Daryl e Harriet estão certos? Seriam eles de fato menos vulneráveis ao *smog* por terem crescido numa cidade cheia desse nevoeiro repleto de poluentes?

É possível que haja certa dose de razão na afirmação deles; a partir de alguns estudos, mostrou-se que o corpo é, de fato, capaz de se ajustar à poluição. Em termos fisiológicos, as pessoas de fato podem se tornar menos reativas a poluentes com potencial de dano se tiverem sido expostas a eles por determinado período.[10] Mesmo assim, também é provável que Daryl e Harriet estejam vendo o copo meio cheio. A maioria das pessoas vê o próprio mundo com lentes cor-de-rosa (um de nós escreveu um livro sobre isso). Em geral, tendemos a acreditar que somos um pouco mais inteligentes, interessantes e divertidos do que a média.[11] Achamos que estamos menos suscetíveis à Covid-19[12] do que os outros, que temos menor probabilidade de sofrer um acidente de carro e maior probabilidade de receber uma promoção. Acreditamos que o sistema de saúde da nossa cidade é melhor do que o das demais. Quando se trata de mudanças climáticas, muitos de nós testemunhamos os perigos gerais e mesmo assim acreditamos que a cidade onde moramos vai passar ilesa.[13]

Parte disso é uma forma de negação; mas há outra parte que envolve o processo de racionalização e a busca por um lado positivo numa situação ruim. Como Daryl e Harriet passaram a vida toda numa cidade poluída, estão mais motivados a acreditar que têm uma resistência em especial ao *smog*. Encarar poluições como a do ar e a sonora como coisas inofensivas e pensar em si mesmos como imunes pode ajudar Daryl e Harriet a reduzir o estresse e a ansiedade.

Suzanne, que se mudou do Wyoming, um lugar cheio de ar fresco, para Los Angeles, talvez no início se sinta infeliz em relação à poluição, mas, em teoria, ela ficará mais feliz à medida que a habituação for se instalando. No entanto, é intrigante que quase não se chegue a essa tendência a partir dos dados existentes. Ou seja, as pessoas não necessariamente se sentem mais felizes depois de um tempo morando numa área poluída do que quando chegaram.[14]

Perguntamos a Christopher Barrington-Leigh, professor assistente no Instituto de Política Social e de Saúde, da Universidade McGill, por que isso acontece. Chris respondeu: "Como separar a poluição de outros efeitos fixos do local onde você pretende viver? Parece difícil!"

Vamos traduzir. Chris está dizendo que muitos fatores diferentes afetam a felicidade das pessoas quando elas estão se adaptando à vida em um lugar novo. Muitos desses fatores não têm nada a ver com a poluição. (Essa pessoa que acabou de se mudar tem amigos no novo local? Uma boa vaga para estacionar o carro? Um bom emprego?) Alguns fatores são bastante correlacionados à poluição. Por exemplo, em áreas poluídas o trânsito pode ser mais intenso, o que significa mais tempo no transporte. Ao mesmo tempo, a densidade demográfica pode ser maior nessas áreas, o que significa mais oportunidades sociais. Todos esses fatores podem afetar o nível de felicidade sentida de diferentes modos, e é praticamente impossível levar todos em consideração para identificar o impacto da poluição na felicidade conforme as pessoas se acostumam a um novo ambiente.

Então, embora até certo ponto existam estudos sobre a relação entre a poluição atmosférica e a felicidade, algumas perguntas importantes permanecem sem respostas. A investigação do assunto de fato tende a sugerir que as pessoas em Honolulu (ou em Portland, ou em qualquer outra cidade limpa) não são *necessariamente* mais felizes do que as pessoas em Los Angeles (ou em Nova York, ou em qualquer outra cidade poluída). Contudo, a pesquisa mostra que, nos dias *em que a poluição está pior do que a média sazonal local*, as pessoas tendem a ficar menos felizes.[15] Mudanças de curto prazo no grau de poluição diminuem a felicidade. Essa é uma prova sólida da habituação. Ou seja, se você está acostumado ao ar limpo e, de repente, talvez por causa de ventos fortes, o dia amanhece com muito *smog*, seu bem-estar será mais baixo do que o normal. Entretanto, se você está acostumado ao *smog* no dia a dia, seu bem-estar pode não ser muito afetado pela presença dele.

0,7 BANHOS POR DIA

Uma imagem um pouco mais limpa (sem trocadilhos) aparece em estudos controlados. Realizar estudos laboratoriais viabiliza que se analise muitos fatores, o que é um feito difícil de obter em pesquisas conduzidas a partir de entrevistas. Consideremos, então, um estudo realizado na Dinamarca no início da década de 1990. Dois cientistas, Lars Gunnarsen e Ole Fanger, convidaram um grupo de voluntários dinamarqueses para as câmaras climáticas do Laboratório de Aquecimento e Condicionamento de Ar.[16] Como as câmaras são muito reguladas, Lars e Ole podiam controlar e medir por completo a composição do ar naquele espaço.

No início, os pesquisadores pediram a grupos de oito voluntários que entrassem numa câmara fechada. A poluição que Lars e Ole estavam prestes a testar tinha sido criada pelos próprios voluntários. Não nos entenda mal; eles eram todos limpinhos. Relataram que trocavam a roupa íntima todos os dias e, em média, tomavam 0,7 banho a cada 24 horas. Apesar disso, todos eles emitiam odores que poluíam o ar.

Os cientistas observaram que, assim que os voluntários entravam na câmara, a intensidade do odor relatada por eles era muito maior do que a relatada depois de oito minutos dentro da câmara. E, depois de mais dois minutos, os voluntários afirmavam que só havia um leve odor, que com certeza era aceitável.

Lars e Ole encontraram um padrão semelhante quando pediram aos voluntários que entrassem num cômodo cheio de fumaça de tabaco. A depender da sua idade, talvez você se lembre da experiência de entrar numa boate cheia de fumaça (isso foi antes da legislação que proíbe o fumo em ambientes fechados); o cheiro de cigarro preenchia os pulmões enquanto tentávamos abrir caminho em meio ao ar enfumaçado. Talvez você se lembre até mesmo da época em que os aviões comerciais eram um festival de tabaco. Por um milagre, nessas situações, bastavam vinte minutos para que a maioria das pessoas se esquecesse por completo da fumaça pesada — só para se lembrarem dela no dia seguinte, quando o aroma das roupas da noite anterior invadisse as narinas.[17]

Os cientistas dinamarqueses concluíram que a habituação à poluição pode ser um dos motivos porque há uma quantidade relativamente pequena de reclamações a respeito de áreas fechadas com ar de qualidade ruim. Contanto que os odores sejam de algum modo constantes — ou seja, que os níveis de fumaça ou odores corporais não sejam alterados em níveis abruptos —, a habituação se instala em pouco tempo.

Para que as pessoas passem a se importar com a baixa qualidade do ar, seja ao ar livre, seja em ambientes fechados, elas precisam passar pela desabituação. Uma vez desabituadas à fumaça ou ao *smog*, elas têm maior probabilidade de exigir melhores condições. Considere, por exemplo, o uso de "câmaras de ar limpo" capazes de criar uma desabituação temporária à poluição. A ideia seria criar pequenos espaços em que a qualidade do ar seja alta, e nos quais os indivíduos poderiam descansar por curtos períodos. Depois que as pessoas saíssem da câmara de ar limpo e voltassem à rua, teriam maior probabilidade de perceber a poluição.

Você pode estar se perguntando por que o cérebro dos seres humanos evoluiu para um nível que nos faz parar de perceber a presença de odores, *smog* ou fumaça depois de um curto período de habituação. Para responder a essa pergunta, considere a edição de som. Quando um técnico grava um segmento — digamos, uma entrevista para um documentário —, também grava alguns segundos de "tempo silencioso". Essa gravação oferece um ruído de fundo (como o som de um ar-condicionado e do trânsito) para que, na edição, ele possa remover esse som e fazer as partes importantes (como a entrevista) se destacarem. Nosso cérebro edita inputs sensoriais como um técnico de som profissional. Ele filtra os ruídos, os cheiros e outros estímulos "de fundo" para que os novos e potencialmente mais significativos sejam detectados com facilidade. Isso pode ser importante para a nossa sobrevivência e a de outros seres vivos.

Pense num cachorro deitado há horas num jardim repleto de rosas. Os neurônios olfativos do animal deixaram de responder ao aroma constante das rosas há algum tempo, o que torna mais fácil para ele detectar, por exemplo, o odor mais fraco de um coiote que se aproxime de supetão.[18] Isso é ótimo. O problema surge quando o cérebro filtra alguns "estímulos de fundo" que não são inócuos, mas estão nos matando muito, muito, muito aos poucos.

O SAPO VAI PULAR, *SE ELE CONSEGUIR*

Tudo começou em 1869, quando o fisiologista alemão Friedrich Goltz resolveu se dedicar a descobrir a localização da alma no corpo. O fisiologista desconfiava que ela ficava no cérebro. Para testar essa hipótese, ele realizou um estudo com dois sapos. Um era saudável, gosmento e intocado. O outro também era gosmento, mas seu cérebro fora removido. Goltz colocou os dois numa grande panela de água e, em seguida, colocou-a para ferver aos poucos.[19] Adivinhe o que aconteceu.

Sim, o sapo sem cérebro continuou na panela. Um sapo sem o sistema nervoso não consegue pular. O que estava intocado escapou da panela com um salto impressionante quando a temperatura da água chegou a 25°C.

No entanto, alguns anos depois, a partir de dois estudos adicionais, os cientistas Heinzmann e Fratscher chegaram a resultados conflitantes: a saber, que sapos intocados não tentavam escapar de uma panela de água fervente se ela fosse aquecida aos poucos.[20] Os sapos ficavam mergulhados na água, alheios a tudo, sem perceber que a temperatura estava gradualmente aumentando até que fosse tarde demais.

Ainda não está evidente por que esses dois cientistas observaram resultados diferentes dos de Goltz. Apesar disso, o sapo fervente logo se tornou uma metáfora para o perigo de mudanças prejudiciais que acontecem devagar, e a mudança climática é um exemplo clássico disso.

Quando outros estudos foram realizados, descobriu-se que, no fim das contas, Goltz estava certo. O sapo *vai* mudar de lugar quando a água atingir uma temperatura específica, seja o aumento da temperatura gradual ou não.[21] Isso levou a um debate acalorado sobre ser ou não aceitável usar a história do sapo fervente como uma analogia para a condição humana. Vencedores do Prêmio Nobel[22] e autores de livros que figuraram na lista de best-sellers do *New York Times*[23] emitiram fortes opiniões sobre o assunto. Alguns afirmam que é, sim, inadequado usar essa analogia, já que sabemos que o sapo vai pular da água (supondo que o cérebro dele esteja intocado). Já outros defendem que não há problema algum em usar a analogia se estiver objetivamente declarado que as provas científicas mostram que o sapo vai escapar da panela a tempo.[24]

Sugerimos, porém, uma nova reviravolta na história do sapo fervente, que pode ser aceitável para todos. O animal, então, é colocado numa panela de água aquecida aos poucos. Por ser uma criatura sofisticada, o sapo pula da água antes de ser fervido até a morte, mas descobre que a panela está flutuando numa porção maior de água que também está sendo fervida muito aos poucos. Não há para onde ir!

MORNO, MAIS MORNO, QUENTE, MAIS QUENTE, QUEIMANDO

Deixando os anfíbios de lado, será que o *Homo sapiens* vai flutuar com toda a calma numa panela quente se a temperatura aumentar aos poucos ou as pessoas vão fugir da panela aos gritos e berros? Um grupo de cientistas do MIT, da UC Davis, de Vancouver e de Boulder foram buscar respostas no X, antigo Twitter.[25] O propósito era descobrir se as pessoas perceberiam ou não as tendências climáticas perturbadoras caso ocorressem aos poucos. Se estiverem inclinadas a se debater e gritar, com certeza o X seria o lugar em que as pessoas fariam isso.

Imagine que você mora em Londres e, certo dia, a temperatura chega a, digamos, 32°C. Pode apostar que todos na cidade vão falar sobre o clima quente do dia. Em contrapartida, se você estivesse em Dubai, ninguém iria comentar sobre um calor de 32°C, mas uma tempestade de neve com certeza geraria um burburinho. As pessoas percebem e falam do clima se a temperatura se destacar em relação ao que estão acostumadas — ou seja, se ele for surpreendente.

Agora, imagine que você vive em Dubai e que todo ano, por dez anos consecutivos, cai uma tempestade de neve. Na próxima tempestade, será que você vai mencioná-la para os amigos e familiares? E, se você morasse em Londres e enfrentasse um dia com máxima de 32°C, precedido por um com máxima de 31°C, precedido por outro com máxima de 30°C, e então por outro em que a temperatura atingiu os 29°C, você comentaria sobre o clima quente com seus colegas?

Um grupo de cientistas orientado por Frances Moore bisbilhotou as conversas das pessoas no X para descobrir essas respostas; entre 2014 e 2016, eles mediram o volume semanal de tuítes relacionados ao clima e descobriram que as pessoas de fato falavam mais sobre o assunto se ele fosse incomum em determinado momento e local. Ou seja, em um dia de alta umidade do ar no Maine, por exemplo, viam-se muitos tuítes relacionados ao clima de usuários que viviam no estado, mas o mesmo nível de umidade na Flórida não desencadearia uma tempestade de tuítes dos moradores de lá, porque o clima na Flórida costuma ser úmido. Quando se tratava de áreas que já vinham apresentando um clima mais quente do que o parâmetro por um tempo, os tuítes relacionados ao clima eram menos frequentes em dias quentes do que em dias frios. E, quanto às áreas sob um constante clima mais frio do que o parâmetro, os tuítes relacionados ao assunto eram menos frequentes em dias frios do que em quentes.

Em média, as pessoas paravam de considerar as temperaturas extremas algo incomum depois de dois a oito anos. Isso acontece porque elas ajustam sua percepção de "normalidade". No fim das contas, o clima extremo passava a ser percebido apenas como mais um dia na Terra.

Frances e sua equipe acreditam que esses dados são indicativos do efeito de "sapo fervente" e alertam para o fato de que "os efeitos negativos de um ambiente em mudança gradual acabam normalizados a ponto de medidas corretivas nunca serem adotadas".[26] A habituação cria um obstáculo, porque, se as pessoas não perceberem a mudança, não vão reconhecer o problema. Sem esse reconhecimento, o trabalho de ativistas climáticos fica ainda mais difícil.

Ainda resta uma pergunta: nós paramos de *sentir* um clima muito quente ou muito frio se a mudança de temperatura for gradual, ou simplesmente paramos de tuitar sobre o assunto? Será que nos habituamos emocional e fisicamente às mudanças climáticas? Frances e sua equipe não encontraram nos dados obtidos provas para responder a essas perguntas. No entanto, estudos em que a temperatura corporal é manipulada com cautela enquanto a resposta fisiológica é medida sugerem que a resposta é afirmativa.

MENOS TREMORES

Em março de 1961, um grupo de soldados do exército em Fort Knox, Kentucky, participou de um experimento incomum e um pouco desagradável.[27] Durante 31 dias, os homens tiravam a roupa e passavam oito horas por dia num cômodo com temperatura controlada — neste caso, ajustada para exatos 11,8°C. A temperatura normal de um cômodo costuma ficar entre 20°C e 25°C. As reações fisiológicas dos soldados eram medidas todo dia. Descobriu-se, assim, que os homens nus tremiam cada vez menos a cada dia que se passava.

O tremor é uma resposta ao estresse induzido pelo frio; ele gera calor por causa dos movimentos musculares. Apesar da redução nos tremores, a temperatura retal dos homens (nós avisamos que o experimento tinha sido desagradável) permanecia constante. Isso significa que o corpo dos soldados tinha se adaptado à temperatura fria, gerando calor suficiente mesmo sem o tremor.

Talvez você esteja se perguntando se os soldados tinham maior probabilidade de se habituar ao frio por causa do treinamento no exército. Contudo, a adaptação dos homens de Fort Knox não era uma anomalia. O mesmo fenômeno foi observado em civis. Em 2014, por exemplo, outro grupo de homens passou três horas por dia numa banheira com água a 14°C durante vinte dias.[28] Não temos a menor ideia do que eles faziam na banheira durante tantas horas todo dia. Apesar disso, mais uma vez, observou-se uma redução gradual dos tremores com o tempo. Os homens também relataram sentir cada vez menos desconforto e, a partir dos exames de sangue, mostrou-se que o estresse causado pelo experimento diminuiu com o passar dos dias. Eles estavam se habituando.

Todos somos capazes de nos habituar fisiologicamente a um clima que a princípio é desconfortável, mas muitos de nós não permitimos que esse processo natural ocorra. Combatemos o frio com xícaras de chá de ervas quentinho e canja de galinha; calçamos luvas, usamos gorro e cachecol de lã e acendemos uma bela lareira. Da mesma forma, combatemos o calor com ar-condicionado, banhos frios e chá gelado. A bem da verdade, mudar nosso comportamento para nos sentir menos incomodados com o calor e o frio também é uma forma de adaptação, mas que impede a adaptação fisiológica. Para nos acostumarmos ao frio congelante ou ao calor absurdo, precisamos abandonar casacos e ventiladores e nos expor ao desconforto algumas vezes por dia. Se fizermos isso, em poucas semanas nosso corpo vai começar a mudar e vamos sentir menos frio ou menos calor.[29]

É óbvio que existem limites para nossa capacidade de habituação e adaptação. A exposição a temperaturas extremas pode ser fatal. Entretanto, em um nível razoável de exposição, a habituação pode ser rápida e eficaz. Pense na última vez em que você pulou numa piscina gelada ou entrou numa sauna cheia de vapor. Nos primeiros segundos, a sensação é intensa, mas ela logo fica mais branda, às vezes desaparecendo por completo.

A adaptação comportamental (ligar o ar-condicionado ou o aquecedor, tomar banhos gelados, vestir um casaco de moletom, instalar janelas duplas), a normalização de condições extremas (a tendência de perceber o clima extremo, o *smog* e o ruído constante como normais quando se tornam frequentes) e a habituação fisiológica (a tendência natural do corpo de se ajustar ao ambiente), quando combinadas, nos permitem viver de maneira funcional no calor, no frio e em meio ao *smog* e ao ruído constante, mas há um preço a se pagar por isso. A habituação e a adaptação vão nos manter flutuando felizes na panela que está aquecendo por um tempo, mas não para sempre. O ambientalista René Dubos[30] acreditava que a habituação e a adaptação nos permitiriam sobreviver à crise ecológica, mas acabariam destruindo a qualidade de vida dos seres humanos. Alguns são até menos otimistas.

IFR, NÃO VFR

Os debates sobre poluição do ar em geral e sobre mudanças climáticas em específico são complexos, e é lógico que fatores políticos e econômicos afetam a perspectiva das pessoas. O fato menos óbvio é que, por causa da habituação, mudanças significativas na qualidade do ar e no clima vão passar despercebidas.

As pessoas percebem as mudanças súbitas: enchentes, incêndios florestais, calores extremos e secas não são fenômenos exatamente invisíveis. No entanto, quando as mudanças na temperatura e no clima ocorrem aos poucos, tendemos a ignorá-las. Algumas das mudanças que não percebemos agora podem acabar tendo efeitos negativos significativos na nossa vida. Elas aumentam os riscos de acontecimentos excessivamente prejudiciais que talvez não sejamos capazes de resolver até que seja tarde demais. Entretanto, seria, ou deveria ser, mais fácil encarar o problema se *medíssemos o que podemos medir*: emissões de gases estufa e de poluentes atmosféricos padrão, como material particulado, ozônio, óxido de nitrogênio, chumbo e dióxido de enxofre.

Para muitos problemas ambientais, a habituação assegura que nossas sensações e percepções não serão um guia adequado para o que é bom ou ruim, seguro ou perigoso; precisamos, então, encontrar maneiras de avaliar os riscos com objetividade. Precisamos sair do uso de Regras de Voo Visual [VFR, na sigla em inglês] para o uso de Regras de Voo por Instrumentos [IFR, na sigla em inglês].

Quando pilotos voam com boa visibilidade e céu claro, podem confiar nos próprios olhos e no próprio cérebro para avaliar onde estão e o que precisam fazer para pousar em segurança no destino. Contudo, usar os sentidos como guia ao pilotar um avião só é seguro quando o piloto tem informações visíveis pela janela que permitem que seu cérebro associe e identifique a própria localização e como chegar ao destino. Se as informações necessárias estiverem camufladas por nuvens, chuva e assim por diante, o piloto precisará confiar no auxílio da tecnologia.

Os instrumentos vão indicar com exatidão a localização, a velocidade e o ângulo. Às vezes, essas informações até contradizem as sensações de quem está pilotando, como no caso de vertigem, quando a sensação é de que o avião está subindo enquanto os instrumentos indicam que, na verdade, está descendo com velocidade em direção ao solo. Ignorar os instrumentos e confiar na percepção já levou a diversos desastres aéreos e a inúmeras mortes.

No momento atual, estamos todos entrando num período de IFR. Não podemos confiar apenas na visão, nas sensações táteis, nas emoções e na memória para avaliar as mudanças ambientais. Precisamos nos voltar à ciência e à tecnologia, que podem nos oferecer informações precisas (como mudanças de temperatura ao longo do tempo) e usar os dados para guiar as nossas ações. IFR, não VFR.

PARTE IV
SOCIEDADE

10

PROGRESSO:
LIBERTE-SE DAS PRISÕES DAS BAIXAS EXPECTATIVAS

Precisamos aprender a ficar surpresos.
Não a nos adaptar.

— ABRAHAM JOSHUA HESCHEL[1]

Em meados da década de 1950, uma criança chamada Jorge Bucay foi ao circo em Buenos Aires, sua cidade natal.[2] O show foi espetacular: havia trapezistas, palhaços, malabaristas, mágicos. O menino testemunhou feitos ousados de coragem e uma beleza de tirar o fôlego. E ainda havia os animais!

Em prol da preocupação com o bem-estar dos animais, é raro os encontrarmos nos circos hoje em dia, mas, na década de 1950, eles estavam em toda parte. Macacos, papagaios e, lógico, elefantes. Os animais eram treinados para tocar instrumentos, andar de bicicleta e dançar. Os elefantes gigantescos muitas vezes eram os preferidos das crianças.

Jorge também adorou os elefantes. Contudo, terminado o espetáculo, ao sair do circo, o menino se deparou com uma cena misteriosa: o enorme elefante tinha um dos pés acorrentado a uma pequena estaca fincada no chão. Jorge achou isso desconcertante. A estaca era só um pedacinho minúsculo de madeira, e o elefante era tão grande e forte. Com certeza o animal conseguiria se soltar com facilidade e fugir. Então por que não fazia isso?

Nenhum dos adultos parecia ter a resposta para esse questionamento. A pergunta ficou na cabeça de Jorge por mais cinquenta anos, até que ele enfim conheceu um homem versado que sabia a resposta. Quando o elefante era apenas um bebê, explicou o homem, ele foi amarrado a uma estaca minúscula que ficava até certo ponto enterrada no chão. O elefantinho tentava se soltar em desespero, mas, por ser pequeno, não conseguia. Ele tentou escapar muitas vezes, mas, depois de um tempo, simplesmente aceitou seu destino. O elefantinho cresceu, e sua força de fato tomou enormes proporções: o animal era capaz de arrancar árvores de grande porte pelas raízes e levantar pedras pesadas. Ele poderia escapar com facilidade da pequena estaca no chão, mas sequer tenta.

Talvez não ocorresse ao elefante que agora ele conseguiria escapar ou que uma vida diferente era possível. A restrição não estava mais nos músculos do animal, e sim na mente dele.

O elefante se habituara às limitações dos próprios movimentos quando era bem novo e, assim, deixou de se rebelar contra elas. Talvez ele não considerasse mais que as limitações não passavam disto: limitações. Talvez o elefante tivesse acabado por perceber suas possibilidades limitadas de movimento do mesmo jeito que os seres humanos fazem com a própria incapacidade de voar como as aves: não é o ideal, mas... é a vida. Assim, ele ficava menos raivoso, menos amedrontado e menos triste. Entretanto, mesmo assim, estava preso.

MULHERES ACORRENTADAS

Nos Estados Unidos, até 1974, era permitido por lei federal negar um cartão de crédito a mulheres. Até 1968, o mesmo acontecia em relação à moradia. Até 1964, o mesmo se dava quanto a vagas de emprego. Em vários estados do país era permitido por lei excluir mulheres dos júris. Elas não tinham os mesmos direitos que os homens; para muitas, era difícil obter educação superior e vínculos empregatícios interessantes, e, quando conseguiam, recebiam salários menores. Elas também faziam a maior parte das tarefas domésticas e cuidavam das crianças (como ainda fazem). Contudo, a partir de dados mostrou-se que, nas décadas de 1950 e 1960, as mulheres não eram menos felizes do que os homens. Quando lhes perguntavam se elas eram felizes e o nível de felicidade que sentiam, numa escala de "muito feliz" a "não muito feliz", suas avaliações eram iguais às dos homens. Alguns estudos sugerem que as mulheres eram até mais felizes do que eles.[3] Também pareciam ter tanta autoestima quanto eles. Como isso era possível?

Durante milhares de anos, as mulheres não tiveram os mesmos direitos que os homens e eram submetidas a muita discriminação. Não podiam votar; não podiam ser proprietárias de terras; em muitos casos, não podiam nem sequer escolher com quem iam se casar. Elas estavam acorrentadas. Embora algumas mulheres tenham lutado contra essas correntes e obtido progressos importantes, a grande maioria aceitava a vida como era. A habituação desempenhava seu papel e, assim como o elefante, a maioria das mulheres não se rebelava. Nossa suspeita é que a mente de muitas delas estava em parte anuviada em relação a essas correntes, sem terem consciência de que era possível ter uma vida diferente. Já outras simplesmente as aceitavam. As expectativas baixas significavam que as mulheres não ficavam surpresas quando lhes negavam educação, empregos e a propriedade de terras.

No entanto, em algum momento, o grupo de mulheres que tentava se livrar das correntes cresceu e se fortaleceu. Com a ajuda do movimento pelos direitos das mulheres, conquistas importantes foram obtidas nas décadas de 1970, 1980, 1990 e daí em diante. Em várias nações, leis antidiscriminação foram aprovadas, e muito mais mulheres passaram a obter educação superior e participar do mercado de emprego. Conforme as correntes foram afrouxadas, no entanto, uma coisa inesperada aconteceu: as mulheres não ficaram mais felizes. Na verdade, o nível de felicidade delas caiu de tal forma que, em muitas análises, os homens apareciam mais felizes. Esse padrão foi observado não apenas nos Estados Unidos como também nos seguintes países: Bélgica, Dinamarca, França,

Grã-Bretanha, Grécia, Irlanda, Itália, Luxemburgo, Países Baixos, Portugal, Espanha, entre outros.[4]

Não significa que desigualdade e discriminação sejam coisas positivas. De jeito nenhum. Contudo, isso levanta algumas questões complicadas.

Se você observar o bem-estar autorrelatado das mulheres em diferentes países, vai descobrir que, à medida que as condições societárias das mulheres melhoram, elas, muitas vezes, relatam uma satisfação *menor* com a vida. Parece haver um padrão que revela que o nível de felicidade das mulheres é maior em países onde a desigualdade é também maior.[5] Vamos investigar por quê.

Hoje em dia, em várias nações ocidentais, o discurso é de que as mulheres têm direitos equivalentes aos dos homens — para ser astronauta, banqueira de investimentos, juíza e até mesmo primeira-ministra ou presidenta. Todas têm, por lei, o direito de receber o mesmo salário que os homens, por isso, comparam suas realizações às de suas contrapartes masculinas. Mas quer saber de uma coisa?

Na realidade, as oportunidades não estão nem perto de ser iguais. De fato, as mulheres têm direitos garantidos por lei em vários países hoje em dia — direitos iguais, inclusive —, mas, na maioria das vezes, a discriminação persiste e assume múltiplas facetas. O discurso é que deveria haver uma divisão igualitária das tarefas domésticas entre os parceiros, mas mulheres por todo o mundo continuam sendo as responsáveis por cozinhar, lavar roupas, fazer compras, cuidar das crianças, fazer faxina, preencher formulários, ajudar com o dever de casa. E isso acontece até mesmo nos casos em que ocupam cargos mais altos do que o de seus parceiros homens. Mesmo quando são as únicas na família com um ganha-pão, as mulheres continuam se dedicando às tarefas domésticas na mesma proporção que seus respectivos maridos desempregados. Essas mulheres não só ganham o pão como também o fatiam e com ele preparam os sanduíches para a merenda dos filhos.[6]

Em contrapartida, na década de 1950, nos Estados Unidos (e em outros países), embora as mulheres também desempenhassem a maioria das tarefas domésticas, muitas não tinham grandes aspirações ou expectativas, pelo menos em relação ao que não estava disponível para elas. Essas mulheres se habituaram às normas sociais vigentes. Em comparação, as mulheres nas sociedades ocidentais modernas esperam igualdade. No entanto, testemunham essa promessa ser descumprida todos os dias.

Essa lacuna entre o que se espera (salários e oportunidades iguais, respeito) e o que se recebe (um salário mais baixo, oportunidades limitadas, desrespeito) gera infelicidade. Os neurocientistas chamam essa lacuna entre as expectativas e os resultados de "erro negativo de previsão". Como veremos em breve, embora levem à infelicidade no curto prazo, esses erros de previsão são fundamentais para o progresso.

SURPRESA!

Você pode não estar ciente disso, mas, neste exato momento, seu cérebro está tentando prever o que virá a seguir. Está buscando adivinhar qual será a próxima palavra nesta... (sim) frase; como será a sensação de tocar o papel deste livro ao virar a página; qual será o sabor do café enquanto você leva a caneca quente aos lábios. Se fizer boas previsões, a temperatura do líquido não será uma surpresa para você, assim como a próxima palavra que ler também não será.

Você também faz previsões de longo prazo. "Vou conseguir o emprego de gerente-assistente no banco", "Georgina vai me deixar", "Vai estar um frio absurdo na pista de esqui". O motivo para que quase todos os neurônios no seu cérebro estejam envolvidos em algum tipo de previsão é óbvio: ao prever o que virá a seguir, é possível se preparar melhor. Ao se preparar melhor, você vai conseguir evitar congelar na pista de esqui ou perder sua casa para Georgina.

Contudo, às vezes você erra. Surpresa! Você não consegue o emprego no banco. Surpresa! Georgina fica com você para sempre.

Esses enganos (ou erros de previsão) são importantes — são "sinais que ensinam", e, com eles, você pode aprender sobre o mundo ao redor e corrigir suas expectativas. Alguns erros são maravilhosos ("Georgina ficou!"), e outros nem tanto ("Não consegui o emprego!"). Seu cérebro precisa transmitir um sinal preciso que indique se a surpresa é boa ou ruim. Isso porque, se for boa, você deve continuar a fazer o que estava fazendo (ser legal com Georgina e dizer que a ama), mas, se for ruim, você precisa mudar alguma coisa (editar seu currículo, adquirir mais experiência). Então, enquanto alguns neurônios no seu cérebro simplesmente sinalizam "Surpresa!", outros codificam os dois tipos de surpresa: boas e ruins. Talvez, entre esses, os mais "famosos" sejam os neurônios dopaminérgicos.

Os neurônios dopaminérgicos sintetizam um neurotransmissor chamado "dopamina". Um neurotransmissor é um produto químico liberado de um neurônio para outro como forma de transmitir uma mensagem. Os neurônios dopaminérgicos disparam o tempo todo. Mesmo quando não está acontecendo muita coisa, eles estão disparando. Entretanto, quando a surpresa é boa ("Ela me ama!"), eles disparam ainda mais, sinalizando para o restante do cérebro que o que acabou de acontecer é melhor do que o esperado. Quando a surpresa é ruim ("Nenhuma oferta de emprego!"), eles sossegam.

Esse sossego incomum transmite uma mensagem para o restante do cérebro: o que acabou de acontecer é pior do que o esperado. O primeiro sinal é chamado de "erro positivo de previsão" e o segundo, de "erro negativo de previsão". Os erros de previsão estão muito associados ao humor. Quando sinais de um erro positivo de previsão são desencadeados, a sensação que você sente é ótima; já quando ocorre um erro negativo de previsão, a sensação que você sente é péssima.[7]

De modo geral, as mulheres da década de 1950 podem ter tido menos erros negativos de previsão do que as da década de 1980, porque as da década de 1950 tinham poucas expectativas e menor probabilidade de ficarem surpresas em um sentido negativo. A mesma lógica pode ser aplicada numa variedade de cenários. Quando as pessoas baixam as expectativas, mesmo condições terríveis (como corrupção, problemas de saúde ou estar amarrado a uma estaca) não afetam tanto sua felicidade quanto afetariam em circunstâncias normais.[8] A expectativa baixa implica a ausência de erros negativos de previsão, o que significa que, no dia a dia, condições ruins podem passar despercebidas.

EXPECTATIVAS BAIXAS

As preferências das pessoas se adaptam ao que está disponível a elas. Os teóricos sociais Jon Elster[9] e Amartya Sen[10] chamam isso de "problema de 'preferências adaptativas'": se você não consegue ter uma coisa, pode acabar deixando de desejá-la. Evidências empíricas apoiam a alegação de que as pessoas se adaptam à privação. Em países nos quais os indivíduos são menos livres, a liberdade aparece como um fator *menos* importante para o bem-estar da população, porque as pessoas não presumem poder usufruir dela.[11] Nesse cenário, os cidadãos têm menos autonomia, mas, devido à habituação, conseguem manter um nível razoável de bem-estar. No continente africano, o mais pobre entre os seis, o fator renda tem menos impacto no nível de felicidade da população, em parte porque as expectativas dos cidadãos africanos em relação a isso são mais baixas.[12] No Afeganistão, onde os índices de criminalidade e corrupção estão entre os mais altos do mundo, esses fatores afetam menos o bem-estar das pessoas.[13]

A título de informação, as pessoas de lá não são alegres. A pobreza, a insegurança e a instabilidade política têm cobrado seu preço. O Afeganistão está no fim da lista dos países mais felizes do mundo.[14] Todavia, se você saísse de seu país e se mudasse para lá amanhã de manhã, nossa suspeita é que você ficaria muito menos feliz do que o cidadão comum afegão. Os afegãos se habituaram, até certo ponto, às próprias circunstâncias, por isso, têm expectativas baixas, assim como o elefante do circo se adaptou às limitações dele. Em contrapartida, é provável que você tenha se acostumado a ter água corrente, comida suficiente e noção de segurança. A falta de qualquer um desses itens, portanto, geraria um erro negativo de previsão que provavelmente abalaria você até a alma.

Talvez você esteja pensando: *Certo, ótimo, vamos todos simplesmente baixar nossas expectativas e viver felizes para sempre.* Contudo, não é tão simples. Expectativas baixas podem levar a um grande problema: você pode parar de lutar contra condições adversas (ou, talvez, nem sequer iniciar essa luta). Nas palavras de Elster: "As preferências adaptativas têm, ao mesmo tempo, efeito dessensibilizante e paralisante: aliviam a dor ao mesmo tempo que reduzem a vontade de agir."[15]

Você pode permanecer num relacionamento ou num emprego que seja abaixo da sua expectativa e nem sequer tentar alterá-lo para melhor; pode aceitar que não tem força em vez de ir à academia fortalecer seus músculos; ou se habituar à constante dor nas costas em vez de ir ao médico. A partir de dados, mostrou-se que a demanda por um cuidado melhor com a saúde muitas vezes é *mais baixo* nas sociedades que mais precisam dessa melhoria em comparação às que já contam com um excelente sistema de saúde.[16] Isso acontece porque as pessoas em nações que apresentam sistemas de saúde não tão maravilhosos se habituam; elas esperam menos e, então, podem ficar satisfeitas com o que têm, ou pelo menos não ficam terrivelmente insatisfeitas com um sistema que, em contrapartida, poderia frustrar e chocar pessoas de outras nações.

Então, mesmo que expectativas não correspondidas gerem infelicidade, estar infeliz pode ser necessário para que a mudança ocorra. Desse modo, quando a mudança acontece, a felicidade pode ser reconquistada. Consideremos a desigualdade de gênero como exemplo. No início, a obtenção de melhores oportunidades e expectativas mais altas diminuiu a felicidade das mulheres, mas, depois que as melhorias alcançaram determinado patamar, elas foram associadas a ganhos na felicidade.[17] A relação entre a liberdade e o bem-estar das mulheres forma uma curva em U. Os ganhos iniciais no campo dos direitos femininos pareceram gerar uma redução na autoestima e na felicidade das mulheres porque as expectativas não correspondiam à realidade. Apesar disso, conforme as condições sociais delas continuaram a melhorar e a realidade começou a acompanhar as expectativas, o nível de bem-estar aumentou.

Não existe nenhum lugar na Terra onde as mulheres tenham oportunidades iguais às dos homens. Não temos como saber se, nessa sociedade ideal, elas seriam tão felizes com a própria vida quanto eles são. É provável que não viveremos para ver uma sociedade assim (leva um tempo para reverter milhares de anos de opressão), mas gostamos de pensar que, se e quando isso acontecer, a lacuna da felicidade entre os gêneros vai desaparecer.

LIBERTE-SE DAS PRISÕES

A questão óbvia é que os movimentos pensados para quebrar as correntes jamais poderiam existir se a habituação fosse universal e absoluta. Se fosse assim, as condições estariam estabelecidas para sempre. Um dos personagens de George Orwell fez essa afirmação de maneira apavorante no livro *1984*: "Se você quer formar uma imagem do futuro, imagine uma bota prensando um rosto humano — para sempre."[18]

Para que surjam movimentos sociais, deve haver alguém que não se habitua por completo — que se sente desconfortável com alguma prática ou situação e está disposto a falar ou fazer alguma coisa em relação a isso.

Aqui está um relato muito resumido do que costuma acontecer: a sociedade consiste numa variedade de pessoas que são muito diversas em suas atitudes. Algumas estão habituadas por completo ao que existe, incluindo a injustiça; elas percebem as práticas vigentes como um ruído de fundo ou como uma parte normal e natural da vida. Já outras estão habituadas o suficiente; elas até ouvem uma voz em protesto no fundo da mente, mas essa voz é um pouco baixa. Algumas pessoas só se habituam até certo grau; em algum nível, elas se sentem indignadas ou horrorizadas, mas têm definido em sua consciência o fato de que a mudança é difícil ou improvável, então elas silenciam a voz que protesta.

Qual é o sentido — elas podem pensar — de bater a cabeça na parede? Essas pessoas acabam recorrendo à *falsificação de preferências*; por causa das normas existentes, elas não revelam o que preferem e pensam de fato. Até podem se sentir inclinadas a fazer isso, mas só se as normas começarem a mudar.

Portanto, as pessoas também têm limites diferentes de motivação para agir. Há as que quase não se habituaram e são totalmente propensas a agir, mesmo que sozinhas. Podemos dizer que os indivíduos com esse nível de motivação pertencem ao grupo zero. Outras pessoas, as que se habituaram só um pouco, são propensas a agir, mas não a liderar a ação; elas precisam seguir um líder. Essas pertencem ao grupo um. Já outras são propensas a agir, mas não vão na frente nem em segundo lugar; elas precisam de precursores. Pertencem ao grupo dois. O grupo dois é seguido pelo três, que é seguido pelo quatro, depois pelo cinco, e assim por diante até o infinito (entendido como o grupo de pessoas que se habituaram por completo e não pensam em se rebelar em nenhuma circunstância).

Nesse contexto, só pode haver mudança quando os tipos certos de interação social acontecem. Se os indivíduos do grupo um testemunharem as ações do grupo zero, é provável que comecem a fazer algo; com o movimento dos grupos um e zero, os indivíduos do grupo dois vão se juntar a eles; diante dos grupos dois e um em ação, o grupo três também vai começar a fazer algo. Em algum momento, testemunharemos um tipo de cascata social, que terá gerado um movimento de grande escala.

Entretanto, ainda resta um mistério: como podemos explicar o grupo zero, isto é, as pessoas que não se habituam? Não temos uma resposta completa para essa indagação, mas acreditamos que tem algo a ver com a provável exposição, em certa escala, a algo que as levou à *des*abituação — alguma situação que fez as práticas vigentes pararem de parecer naturais e inevitáveis, provocando um tipo de sacolejo ou surpresa. Isso pode se dar a partir da exposição a uma prática diferente em outro momento ou local; ou até a partir de um exercício de imaginação, suscitado por um encontro ou experiência. Chamamos essas pessoas de "empreendedoras da desabituação" e teremos muito mais a dizer sobre elas no próximo capítulo.

Também acreditamos que outro fator responsável por gerar empreendedores da desabituação é a tomada de consciência a respeito da habituação. Isto é, depois de conhecer as maneiras pelas quais as pessoas se habituam, você pode se tornar capaz de detectar e prestar atenção nos aspectos desfavoráveis da sua vida aos quais se acostumou. Você fica suscetível a perceber as características menos afortunadas na sua vida doméstica e na profissional — e na sociedade — que você deixou passar. Com certeza, em muitas situações é melhor aceitar que algumas coisas não são perfeitas ou até mesmo não são boas. A esperança, no entanto, é que a tomada de consciência das maneiras como nosso cérebro nos venda em relação ao que é constante e esperado ajude a distinguir as "prisões" que você deveria aceitar daquelas que deveria tentar quebrar.

11

DISCRIMINAÇÃO:
O JUDEU GENTIL, A CIENTISTA QUE USA MINISSAIA E AS CRIANÇAS QUE SIMPLESMENTE NÃO ERAM LEGAIS

> *Continuaremos prisioneiros da cultura, a não ser que*
> *possamos tomar consciência do processo e*
> *nos obriguemos a confrontá-lo.*
>
> — JOHN HOWARD GRIFFIN[1]

No verão de 2016, Margaret Sawyer, ex-executiva de uma organização sem fins lucrativos, foi a uma piscina em Salida, Colorado, com os filhos. Ela avistou um cartaz da Cruz Vermelha preso a um quadro de avisos.[2] Dê uma boa olhada no cartaz na próxima página. Alguma coisa nele lhe parece estranha?

Pouco tempo atrás, em um grupo de cerca de vinte pessoas do qual Cass também fazia parte, foi mostrado esse cartaz e foi feita a mesma pergunta. A maioria das pessoas do grupo não percebeu nada de mais. No entanto, uma pessoa negra no grupo de Cass viu algo na mesma hora: o rótulo "Nada legal" está associado quase que em todos os casos a crianças não brancas. Depois que a atenção do grupo foi conduzida a essa associação, todos viram a mesma coisa — e todos ficaram espantados por não terem percebido antes. Depois que a observação foi feita, as pessoas não conseguiam *não* ver.

Quando a Cruz Vermelha lançou o cartaz, ninguém na organização detectou o problema (ou, pelo menos, ninguém se manifestou). Ele foi fixado em outdoors de inúmeras piscinas, e ninguém reclamou.

Até Margaret Sawyer aparecer.

Ela viu o cartaz pela primeira vez na piscina de Salida e achou que se tratava de uma anomalia — um cartaz antigo. Contudo, no mesmo fim de semana, ela viu o mesmo cartaz numa piscina em Fort Morgan, Colorado. Percebeu, então, que não se tratava de um exemplar da década de 1970 — aquilo fazia parte de uma campanha recente. Margaret tirou uma foto e a publicou em sua conta no X. De início, muitos usuários não viram nada de errado. "Não entendi. O que tem de racista nessa imagem?", perguntava um comentário. Depois que Margaret apontou o problema, no entanto, houve muitos protestos públicos. A mídia divulgou a história, e a Cruz Vermelha pediu desculpas por "essa ação impensada".[3]

A palavra-chave aqui é *impensada*. A Cruz Vermelha não tinha a intenção de publicar um anúncio racista; pelo contrário, os funcionários da Cruz Vermelha não estavam conscientes de que a peça publicitária era racista. Da mesma forma, as pessoas que trabalhavam em piscinas por todo o país, que tinham afixado o cartaz nos quadros de avisos, também não perceberam. Nem mesmo os milhares de frequentadores das piscinas e os inúmeros usuários do X se deram conta. No entanto, uma pessoa — Margaret Sawyer — mudou tudo isso. Ela foi a pessoa zero.

Num mundo em que o viés e a discriminação são a norma, a maioria das pessoas se habitua a essas duas coisas. Nós não *percebemos* a discriminação ao nosso redor porque ela é esperada. Mais uma vez: notamos o que é surpreendente e diferente, mas deixamos de perceber o que é igual e esperado. E aí está o problema: não podemos lutar pela mudança do que não percebemos. Até alguém aparecer e deixar bem nítido e destacado o que já estava diante de nós.

O JUDEU GENTIL

Algumas décadas atrás, Cass foi convidado para ir à África do Sul aconselhar alguns membros do governo integralmente branco do apartheid sobre uma possível constituição destinada a uma nação pós-apartheid. Cass ficou receoso em relação ao convite, mas, antes de aceitar, recebeu a garantia de que os envolvidos eram muito favoráveis à igualdade racial e tinham como objetivo ajudar a criar uma constituição que eliminasse o legado do apartheid. Durante a visita, Cass ficou muito próximo de um dos juízes sul-africanos, líder da iniciativa, que era astuto, culto e afável. Cass gostava do juiz, e o juiz parecia gostar de Cass.

Depois de alguns drinques no último jantar que tiveram, o juiz repetiu o sobrenome de Cass umas seis vezes, em um tom que parecia carregar certo desprezo e um pouco de confusão: "Sunstein, Sunstein, Sunstein, Sunstein, Sunstein, Sunstein." Cass achou peculiar e não muito simpático. O que havia de tão interessante em seu sobrenome? Ele olhou intrigado para o juiz.

O juiz fez uma pausa e depois disse: "Temos um judeu no nosso tribunal. Nós o chamamos de Judeu Gentil."

Cass ficou surpreso com a declaração. O juiz queria ser engraçadinho; ele não fazia a menor ideia de que sua fala poderia soar estranha ou inadequada. Olhando ao redor da mesa, Cass logo notou que mais ninguém no jantar pareceu perceber o incidente, nem sequer achou que havia ocorrido um incidente. Cass tinha quase certeza de que esse tipo de comportamento teria provocado uma reação no país dele. Contudo, o que é incomum e impressionante numa cultura, muitas vezes não é nem sequer perceptível em outra.

As normas mudam de acordo com a época e o lugar. Certos atos e comentários vão se destacar em determinada cultura ou década, mas não em outras. Nós nos habituamos às normas sob as quais vivemos. Transportar-se de um lugar para outro ou de uma década para outra (por exemplo, quando assistimos a filmes antigos) nos permite perceber o que outras pessoas nesse determinado lugar e tempo não percebem. Por exemplo, fumar é legal e permitido, e até mesmo romântico, em algumas épocas e alguns locais, mas, em outros, o fumo sinaliza que você não se importa consigo mesmo nem com as outras pessoas. Os indivíduos se habituam à presença de fumantes e depois se desabituam.

Em alguns países, a palavra *homo* é usada para se referir a um homem gay. As pessoas nesses países não fazem uma pausa quando a escutam nem quando a usam, e a maioria não tem a menor ideia de que, em outros lugares, ela é considerada um insulto e quase nunca é usada. Se um cidadão do segundo país viaja para o primeiro e escuta o que para ele é um insulto, é provável que fique em choque e reaja de maneira negativa.

Se vamos ou não perceber que alguma coisa é discriminatória depende do que estamos acostumados a ouvir no ambiente em que vivemos, mas também pode depender do lado da cerca em que estamos — num grupo ou no outro. Cerca de uma década atrás, Tali estava numa reunião científica com mais ou menos dez pessoas. Um professor, que estava presidindo a reunião, se virou para uma aluna e mencionou que tinha escutado por aí que ela recebera um convite para ministrar uma palestra considerada prestigiosa. Ele perguntou: "Eles convidaram você para desfilar de minissaia no palco?" O comentário foi em alto e bom som, mas parecia que ninguém havia notado. A reunião continuou normalmente.

Pouco tempo atrás, esses comentários não eram de todo incomuns. Professores homens muitas vezes comentavam a aparência de cientistas mulheres. Certa vez, uma palestrante convidada foi rotulada como "meio grande", e outra como "bem gostosa". "Como é que você consegue se sentar ao lado dela e se concentrar?", perguntou um professor a um aluno em determinada ocasião, se referindo à mentora desse aluno.

Depois do ocorrido, Tali mandou um e-mail para o professor da reunião científica, que logo respondeu com um pedido de desculpas — parando para analisar, ele conseguiu entender o problema. Tali também perguntou aos colegas que estavam presentes, quase todos do sexo masculino, sobre o incidente. Alguns não perceberam, e outros, não deram muita importância. Esses comentários faziam parte da rotina, portanto não eram nada incomuns. A outra pessoa que se ofendeu foi outra colega, ou seja, mais alguém do sexo feminino. Isso nos leva a duas perguntas interessantes: as pessoas sujeitas a determinado preconceito se habituam menos a ele? E em que medida elas estão mais suscetíveis a notá-lo?

NO LUGAR DO OUTRO

Quando sofremos discriminação repetidas vezes, aprendemos a esperar que ela aconteça até certo ponto, pelo menos em suas formas menos flagrantes. Nós nos habituamos, assim como o elefante se habituou às correntes e as mulheres antes da década de 1970 se habituaram a posições limitadas. Por isso, temos menor probabilidade de reagir do que se a discriminação fosse incomum. Apesar disso, quando se é alvo do preconceito, a habituação pode ser mais lenta e talvez incompleta. Em *Carruagens de fogo*, o aclamado filme sobre os atletas olímpicos britânicos da década de 1920, Harold Abrahams, o velocista judeu, captura bem o sentimento:

> É uma dor. Uma sensação de abandono. E uma raiva. Você se sente humilhado. Algumas vezes digo a mim mesmo: "Acalme-se, está imaginando tudo isto." Então eu vejo aquele olhar outra vez. Vejo-o na agudeza de um comentário. Sinto uma fria relutância num aperto de mão.[4]

Por que as vítimas de discriminação têm menor probabilidade de se habituar do que os espectadores? Suspeitamos que um dos motivos seja que, mesmo quando a discriminação é frequente, ela contrasta com a imagem que a pessoa tem de si. Uma mulher que trabalha como piloto pode, até certo ponto, se acostumar com a possibilidade de outras pessoas acreditarem que ela é menos qualificada do que a maioria dos homens no mesmo cargo, o que talvez diminua um pouco sua confiança. No entanto, essas atitudes vão continuar contrastando com sua experiência diária de controlar uma aeronave com habilidade. Essa incompatibilidade — entre as habilidades que observamos ter e as expectativas de um grupo sobre nós — leva a constantes "sinais de erro" no cérebro, e isso reduz o ritmo da habituação.

Da mesma forma, se um homem pudesse saber como é ser uma mulher, uma pessoa branca passasse um dia na pele de uma pessoa negra e um hétero entendesse como é ser gay, eles teriam uma probabilidade maior de perceber a discriminação. Esse é justo o relato das pessoas que, de algum modo, passaram por essas transformações.

Eis um exemplo famoso e influente — uma história de habituação e desabituação. Em 1959, o jornalista John Howard Griffin escureceu temporariamente a própria pele para ser percebido como um homem negro. Durante semanas, ele viajou pelo sul dos Estados Unidos, visitando os seguintes estados: Geórgia, Mississippi, Louisiana, Alabama e Arkansas. A motivação de Griffin era simples: "Se ao menos pudéssemos nos colocar no lugar do outro e ver como nós mesmos reagiríamos, talvez tivéssemos consciência da injustiça da discriminação e da trágica desumanidade por trás de todo tipo de preconceito." Seu livro de 1961, *Na pele de um negro*, foi um sucesso.[5]

Sabemos que muitas pessoas hoje em dia se sentem ofendidas pelo livro, não por seu retrato nítido do racismo (isso tornou o livro polêmico na época), e sim pelo que elas consideram ser sua presunção. O que queremos enfatizar é que, quando o livro foi publicado, ele deu às pessoas brancas uma ideia de como era ser uma pessoa negra no sul dos Estados Unidos. Elas puderam visitar um mundo virado do avesso, onde as pessoas eram tratadas com ira, violência, suspeita ou desprezo, apesar de serem tranquilas, honestas e gentis.

Griffin descreveu um mundo onde você poderia ser ameaçado ou rejeitado sem motivo algum. "'Nada pode descrever o horror devastador disso', ele escreve, 'você se sente perdido, doente de coração diante de tal ódio desmascarado, não tanto porque ameaça você como porque mostra os seres humanos sob uma luz tão desumana. Você vê uma espécie de insanidade, algo tão obsceno, a própria obscenidade dele aterroriza você.'"[6]

Griffin diz que sua experiência o ajudou a perceber que "a cultura — maneiras de proceder, aprendidas e tão profundamente enraizadas que produzem reações inconscientes, involuntárias — é uma prisão". Ele aprendeu a viver com o medo constante.[7]

Algo parecido com a experiência de Griffin é compartilhado por indivíduos que iniciaram um processo de transição de gênero. Cientistas transgêneros, por exemplo, relatam uma mudança significativa e surpreendente nas atitudes dos colegas para com eles depois da transição. Depois que transicionam, eles passam a notar coisas que não notavam antes.

Parece, então, que um jeito pelo qual podemos nos desabituar é nos colocarmos temporariamente no lugar do outro. É impraticável fazer o que Griffin fez em grande escala, mas a tecnologia moderna nos permite dar passos minúsculos no lugar de pessoas diferentes ao utilizar a realidade virtual. Quer saber como é ser de um gênero diferente? Ter outra cor de pele? Muitos projetos atuais permitem que você assuma a perspectiva de alguém de um gênero ou etnia diferente da sua usando um *headset* de realidade virtual.[8] Você pode (de maneira virtual) ir ao médico, pegar o metrô ou interagir com um vendedor como uma mulher e não como um homem, ou como uma pessoa negra em vez de uma branca.

Essas experiências virtuais são bem distantes das reais, lógico, mas já foi descoberto que elas reduzem em níveis significativos o preconceito racial implícito.[9] Um dos motivos pode ser porque os preconceitos e seus efeitos de repente se tornam aparentes, e isso induz a desabituação à discriminação.

A partir dos dados desses estudos, notamos que uma compreensão visceral e íntima da experiência de outro indivíduo gera a desabituação. A maioria das pessoas não terá acesso a essas ferramentas de realidade virtual, e pode ser impossível saber qual é a verdadeira sensação de ser outro alguém, mas podemos ter uma pequena amostra da existência alheia ao fazer amizade com pessoas de outros círculos. Isso tudo pode ajudar até certo ponto, mas, para alcançarmos uma mudança mensurável, precisamos encontrar maneiras de fazer a discriminação parecer esquisita, incomum e surpreendente.

EMPREENDEDORES DA DESABITUAÇÃO

Se uma pessoa repete um sobrenome judaico várias vezes durante o jantar, depois se refere a alguém como o "Judeu Gentil", a reação geral à mesa poderia assumir diversas formas. Poderia ser uma risada simpática, um meneio de cabeça como sinal de reconhecimento ou uma expressão de indignação. Rir ou assentir não abala em nada a afirmação e pode até consolidá-la; uma expressão de indignação perturba a sensação de normalidade (e tem um efeito desabituador).

Pode se fazer necessária uma intervenção "natural" que faça a discriminação parecer destoante e estranha, um desvio do que é normal e banal. Os empreendedores da desabituação — pessoas como Margaret Sawyer, que conseguem identificar o problema e reagir em tempo real — podem ser essenciais para fazer o invisível ser percebido. Sawyer é branca, mas notou a natureza problemática do cartaz da Cruz Vermelha e o denunciou. Depois disso, outras pessoas também perceberam e reagiram. Se um empreendedor da desabituação tivesse se apresentado no jantar de Cass ou na reunião científica de Tali, o incidente teria sido destacado e as expectativas das pessoas em relação ao que é aceitável teria sido alterada.

Na história dos direitos civis nos Estados Unidos, Rosa Parks foi uma dessas empreendedoras. No dia primeiro de dezembro de 1955, em Montgomery, Alabama, Rosa se recusou a se sentar nos fundos de um ônibus, sinalizando que a segregação racial era uma escolha, não uma inevitabilidade, e que essa escolha oprimia os negros. Esse sinal foi bastante ouvido, em especial pelos brancos, alguns dos quais se desabituaram à segregação.

Outra empreendedora da desabituação é Catharine MacKinnon, jurista e ativista. Em 1978, ela publicou o livro *Sexual Harassment of Working Women* [Assédio sexual a mulheres em ambientes de trabalho, em tradução livre],[10] que ajudou a estabelecer a reflexão sobre a discriminação sexual durante décadas. MacKinnon fez três coisas ao mesmo tempo com seu livro. Para começar, ela introduziu, no campo jurídico, um novo termo: "assédio sexual". O termo em si já era desabituador. Ele deu nome a uma prática que anos antes não era caracterizada.

Em seguida, MacKinnon argumentou que o assédio sexual era uma discriminação sexual e, portanto, uma violação das leis de direitos civis: um homem que assediasse sexualmente uma mulher fazia isso *porque ela era uma mulher* e, dessa forma, estava cometendo uma discriminação com base no gênero.

Essa afirmação também era uma forma de desabituação. Radical e inovadora em 1978, a proposta principal de MacKinnon foi aceita com unanimidade na Suprema Corte em 1986, numa argumentação escrita pelo famoso conservador e Chefe de Justiça William Rehnquist: "Quando um supervisor assedia sexualmente uma subordinada por causa de seu gênero, esse supervisor está 'discriminando' sua funcionária com base no gênero."[11]

Por fim, MacKinnon reuniu em seu livro narrativas de mulheres que haviam sofrido assédio sexual. Os detalhes terríveis das narrativas fizeram os leitores se colocarem no lugar dessas mulheres. Depois de ler o livro, era provável que as pessoas não mais pensariam que o assédio sexual era uma parte aceitável da vida.

O "cânone da desabituação", como podemos chamá-lo, ocuparia com facilidade uma biblioteca grande, incluindo os livros *A mística feminina*,[12] de Betty Friedan, e *Doze anos de escravidão*,[13] de Solomon Northup. O que leva alguém a se tornar um empreendedor da desabituação? Por que Sawyer, Parks, Griffin e MacKinnon, e não todas as outras pessoas que se sentaram num ônibus segregado ou observaram ou sofreram assédio sexual? Não conhecemos nenhuma pesquisa que tenha essa questão como ponto principal. Contudo, com certeza uma combinação de habilidades inatas e adquiridas gera indivíduos menos conformistas e mais céticos, corajosos e perspicazes. Gostamos de pensar que tomar consciência (por meio do conhecimento da ciência comportamental) dos motivos e dos momentos em que é provável que as pessoas não se darão conta da discriminação pode aumentar a probabilidade de mais indivíduos perceberem os problemas ao redor. Algumas dessas pessoas terão coragem o suficiente para tentar consertar esses problemas.

Isso leva à próxima pergunta: como esses empreendedores da desabituação podem ajudar outras pessoas a se desabituarem?

SURPREENDIDO PELO VIÉS

Como já destacado, o cérebro é uma máquina de fazer previsões.[14] A principal missão dele é prever, da maneira mais exata possível, o que vai acontecer em seguida para se preparar e fazer o corpo reagir a tempo: se esconder antes que os inimigos cheguem, estocar água antes da seca, ter um guarda-chuva à mão quando começar a chover muito. Nós geramos previsões exatas ao observar e aprender. Ao longo dos anos, observamos que em novembro chove mais do que em junho, por isso, carregamos um guarda-chuva no fim da primavera, e não no início do inverno.

Estamos o tempo todo absorvendo dados do mundo e, consciente ou inconscientemente, atualizando nossos julgamentos para podermos fazer previsões mais exatas. Em condições ideais, nossos neurônios são calculadoras biológicas sofisticadas e registram frequências, meios, associações, entre outros elementos. Se, por exemplo, a maioria dos pilotos que conhecemos é homem, esperamos ver um piloto quando entramos num avião. Quando essas expectativas são correspondidas, não há nenhum sinal de surpresa no cérebro para nos alertar que algo está errado.

A partir dessas observações estatísticas, fazemos suposições sobre a causa subjacente. Se a predominância entre os pilotos de avião é masculina, nosso cérebro logo conclui que os homens são mais adequados para pilotar. Se os "dados" são enviesados por causa da discriminação histórica — ou seja, não refletem algo factual sobre as capacidades de homens e mulheres —, nossas conclusões serão do mesmo modo enviesadas, porque nosso cérebro está desempenhando a tarefa para a qual foi projetado: deduzir regras gerais com base na percepção.

Todos os dias, esses estereótipos e essas generalizações servem de base para as decisões que precisamos tomar. Ao decidir quem contratar, empregadores muitas vezes utilizam critérios variados, mesmo que esses parâmetros sejam generalizações abrangentes e estejam longe de ter exatidão. Por exemplo, pontuações em testes, histórico de empregos, nível de educação e prestígio da faculdade em que o candidato estudou são exemplos do que se pode pensar como fatores racionais nas decisões de contratações. Você pode escolher alguém que estudou numa universidade excelente em vez de quem se graduou numa universidade apenas boa, embora das pessoas nessa segunda circunstância pudessem se sair melhor no emprego do que várias das outras na primeira.

A declaração étnico-racial e o gênero muitas vezes funcionam como critérios semelhantes. As mulheres podem ter maior probabilidade que os homens de serem as principais responsáveis pelos cuidados com filhos e filhas e, portanto, de se retirar do mercado de trabalho para poder assumir esse papel. Se isso é um cenário real, o empregador pode discriminar a candidata não porque desgosta ou desvaloriza mulheres nessa situação nem porque tem um preconceito contra elas, no sentido comum da palavra, e sim porque acredita (com base em suposições plausíveis ou experiências reais) que alguns estereótipos são verdadeiros o suficiente para serem usados como base para decisões de contratação. Com o tempo, essa discriminação estatística pode ser uma profecia autorrealizável. Ela pode agravar o problema para o qual é uma resposta.

Essas questões podem ficar ainda piores se acrescentarmos sistemas de inteligência artificial a essa mistura. Os sistemas de IA são projetados para imitar a mente humana — eles usam informações de tudo ao seu redor para fazer previsões e julgamentos.[15] Se os dados que esses sistemas receberem forem enviesados, eles irão reagir como seres humanos: as decisões e recomendações que fizerem serão enviesadas.

Consideremos a experiência de David e Jamie Heinemeier Hansson.[16] Em 2019, o casal se cadastrou para receber um cartão de crédito da Apple. Os dois compartilham todos os recursos financeiros entre si, incluindo contas bancárias e patrimônios. Por isso, eles ficaram perplexos quando perceberam que a Apple ofereceu a David um limite de crédito muito mais alto — vinte vezes maior — do que a Jamie, sua esposa. Após compartilharem essa história nas redes sociais, eles descobriram que outras pessoas tinham passado pelo mesmo problema, incluindo Steve Wozniak, cofundador da Apple, e sua esposa.

A Apple estava usando um algoritmo de aprendizagem automática enviesado para atribuir créditos. Para desenvolver uma pontuação de cartão de crédito, o algoritmo é alimentado com milhões de exemplos de boas escolhas (por exemplo, dados sobre pessoas que pagaram suas dívidas) e escolhas ruins (por exemplo, dados sobre pessoas que não pagaram). Dessa forma, ele aprende quais fatores preveem escolhas boas. Uma vez que as mulheres ganham menos do que os homens ou têm mais dificuldade de conseguir um emprego por causa da discriminação de gênero, o algoritmo conclui que os homens são candidatos melhores para obtenção de crédito. Ao discriminar as mulheres, o algoritmo aumenta ainda mais a desigualdade de gênero, criando um loop de retroalimentação do problema.[17]

Nos casos dos sistemas de IA, quando um viés falho é detectado, podemos corrigi-lo alterando de maneira direta o algoritmo ou modificando com deliberação os dados usados para criá-lo. Embora não possamos, em contrapartida, ajustar o algoritmo que nossos neurônios usam, podemos filtrar o viés das informações que eles recebem.

Hoje em dia, mais de cem nações utilizam as cotas de gênero elaboradas com o intuito de garantir que as mulheres tenham representação suficiente em legislaturas nacionais. Algumas nações têm cotas para membros de minorias nacionais; já outras impuseram cotas elaboradas para garantir que grupos que por tradição são colocados em desvantagem sejam representados em certos papéis. Há ainda instituições públicas e privadas que estão se esforçando tanto para aumentar a diversidade racial ou de gênero em cargos de alto escalão quanto para garantir que fotos de líderes proeminentes incluam pessoas não brancas e mulheres. (É verdade que, em algumas nações, incluindo os Estados Unidos, os esforços de considerar os fatores raça, etnia e gênero além de aumentar a diversidade levantam sérias questões judiciais.)

Uma empreendedora da desabituação, Yael Niv, professora de neurociência de Princeton, inventou um jeito criativo de alertar as pessoas para possíveis vieses de gênero e de estimular representações mais igualitárias. Ela criou um site chamado "BiasWatchNeuro" (biaswatchneuro.com), que lista conferências de neurociência em todo o mundo, detalhando a proporção entre palestrantes dos sexos feminino e masculino em cada conferência e os nomes dos organizadores. Em seguida, ela compara a proporção de gênero do palestrante à proporção esperada com base na quantidade aproximada de homens e mulheres naquele ramo.

Por exemplo, a 31ª Reunião Anual da Sociedade Internacional de Neurociência Comportamental teve 0% de palestrantes femininas, embora as mulheres nesse campo da ciência correspondam a 32%. A lista de Niv não apenas revela o viés de maneira transparente; ela também o desprograma. Os organizadores não querem que seus nomes sejam publicados em associação a números que sugerem discriminação, por isso, se esforçam para se alinhar a uma representação de gênero adequada.

Em um cenário futuro, no qual mulheres cientistas e CEOs, pilotas e políticas desempenham tais papéis de maneira equivalente aos homens, o esperado seria que tivéssemos quase a mesma quantidade de mulheres e homens palestrando em conferências, ocupando a cabine de pilotagem, votando no Congresso e tomando decisões em cargos de chefia. Nesses contextos, deixaremos de perceber o gênero, a menos que este esteja em *divergência* quanto à proporção mais ou menos igualitária.

Pense assim: se você observar as caixas da imagem a seguir em sequência, vai esperar que, na última caixa, as cinco setas pretas estejam viradas para cima, e uma seta branca, para baixo, como nas caixas anteriores. Se gravássemos sua atividade cerebral quando a última caixa fosse revelada, não registraríamos nada muito significativo. Quando não existe nada novo, há menos sinais.

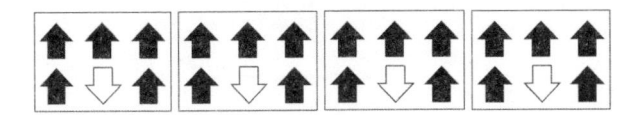

No entanto, se mostrássemos a você a imagem a seguir, com uma nova sequência, seus neurônios dispararíam em descontrole em reação à última caixa. Você teria previsto quantidades iguais de setas pretas viradas para cima e setas brancas viradas para baixo, mas o que lhe espera é algo totalmente diferente. Assim, é provável que você faça uma pausa para refletir sobre o motivo pelo qual a realidade não atendeu às suas expectativas.

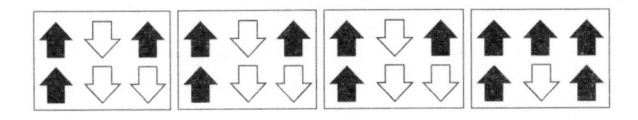

Niv está tentando reprogramar nosso mundo de modo que, no futuro, quando virmos apenas uma seta branca em meio a cinco setas pretas, ficaremos surpresos a ponto de registrar a informação, porque estaremos acostumados a ver em média parte das setas pretas viradas para cima e outra parte equivalente das brancas viradas para baixo. Ela está fazendo isso para reduzir o viés de gênero nas ciências, mas sua técnica poderia ser aplicada em qualquer campo, desde o de negócios até o da política e das artes.

As raízes da discriminação e do viés sem dúvida são complexas. Elas são incentivadas pela história, pela economia, pela política e pela religião. Contudo, muitas dessas raízes podem ser rastreadas até as regras básicas de como o cérebro opera — as regras que ditam o que vemos e o que não vemos, o que esperamos e o que nos surpreende. Quando nos tornamos conscientes delas, podemos dar visibilidade ao que deveria ser salientado, mas não é e, talvez, dar menos destaque ao que não deveria ser importante.

12

TIRANIA:
A NATUREZA DEVASTADORAMENTE PROGRESSIVA DA ASCENSÃO AO FASCISMO

> *Cada passo era tão pequeno... ninguém percebia mais aquilo se desenvolvendo dia após dia, do mesmo jeito que um fazendeiro não percebe a própria plantação de milho crescendo. Até que, certo dia, o milho está mais alto do que ele.*
>
> — CIDADÃO ALEMÃO ANÔNIMO[1]

Suponha que uma nação esteja avançando rumo à tirania.* Os direitos e as liberdades civis estão em risco. Os dissidentes tornaram-se alvos. A liberdade de expressão está sob ataque. Jornalistas e outros profissionais estão sendo intimidados, presos, feridos ou até mesmo assassinados porque são considerados uma ameaça ao regime. Tudo isso está acontecendo aos poucos, e não de repente. Será que as pessoas vão se habituar? Com que velocidade?

---

* Partes deste capítulo foram adaptadas dos textos de C. R. Sunstein, *This Is Not Normal: The Politics of Everyday Expectations* (Yale University Press, 2021) e "It Can Happen Here" (*New York Review of Books*, 28 jun. 2018).

Para responder a essas perguntas, podemos tentar aprender algo com as viradas anteriores rumo à tirania — acima de tudo, talvez, com a ascensão do nazismo na Alemanha da década de 1930. O problema é que o regime de Adolf Hitler era tão horrível e tão impensavelmente bárbaro que não é reconhecível com facilidade para muitos leitores contemporâneos. Muitos relatos desse período retratam uma série de acontecimentos que mal parece possível imaginar, como se a nação tivesse ficado ensandecida. Isso gera um distanciamento e até certo conforto. É como se estivéssemos lendo um livro de ficção científica distópica no qual Hitler é um personagem, e não uma figura real da história de um passado não tão distante.

Contudo, alguns registros que narram a ascensão de Hitler são íntimos e pessoais. Eles se concentram menos em figuras históricas, lutas pelo poder, grandes acontecimentos, propaganda do Estado, assassinatos e guerra e mais nos detalhes individuais da vida de cada um. Tratam-se de relatos que exploram a habituação em tempo real. Eles ajudam a explicar não só como as pessoas são capazes de participar de coisas terríveis como também de que forma elas podem testemunhar o desenrolar dos acontecimentos e permanecer em silêncio, seguindo rotinas mais ou menos normais em meio ao absurdo. Por esse motivo, esses relatos oferecem lições não só para as pessoas que estão convivendo com horrores genuínos como também, e em igual proporção, para aqueles a quem os horrores talvez nunca alcancem, mas que vivem em lugares onde as práticas e normas democráticas estão sob grave pressão. Narrativas pessoais nos revelam algo importante sobre como a política, a habituação e a vida comum se relacionam, mesmo quando perdemos as rédeas da ordem política.

A HABITUAÇÃO GRADUAL DO POVO

Dois desses relatos da vida comum em meio ao regime nazista aparecem no clássico de 1955 de Milton Mayer, *They Thought They Were Free* [Eles achavam que eram livres, em tradução livre], e no inacabado livro de memórias devastadoras e emocionantes de

Sebastian Haffner de 1939, *História de um alemão: memórias 1914-1933*, que oferece uma imagem vívida de como foi estar presente em cada momento da ascensão de Hitler.[2] Em vez de focar figuras históricas tomando decisões transformadoras, esses relatos exploram como as pessoas comuns seguiam a vida.

O nome verdadeiro de Haffner era Raimund Pretzel. Exilado na Inglaterra, ele usou um pseudônimo para não colocar a família, que vivia na Alemanha, em perigo. Haffner era jornalista, e não historiador ou teórico, mas ele interrompe a narrativa emocionante para levantar uma questão fundamental: "O que é a história e onde ela acontece?" A maioria das obras históricas, escreve ele, dá "a impressão de que se trata apenas de algumas dezenas de pessoas envolvidas, que por acaso estão 'no controle do leme do navio do Estado' e cujos feitos e cujas decisões formam o que se chama de história".[3] Do ponto de vista de Haffner, isso está errado. "Nós, as pessoas anônimas", não somos apenas "peões em um jogo de xadrez".

Pelo contrário, até mesmo os "ditadores, ministros e generais mais poderosos são impotentes diante de decisões simultâneas em massa tomadas no campo do individual e quase fora de consciência pela população em geral".[4] Ele insiste na importância de se investigar "alguns processos e algumas experiências mentais muito peculiares, muito reveladores" que envolvem "a vida particular, as emoções e o pensamento de indivíduos alemães". Essas particularidades, emoções e pensamentos, no relato dele, são peculiares e reveladores, em parte, porque retratam como as pessoas lidam de maneira individual com uma crise política cataclísmica e com o horror. Haffner não era psicólogo nem neurocientista, mas seu foco era direcionado a processos mentais, emoções e pensamentos, e ele tinha muito a dizer sobre a habituação.

Mayer, um jornalista norte-americano de origem germânica, tentou se encontrar com Adolf Hitler em 1935. O encontro não aconteceu, mas Mayer fez muitas viagens pela Alemanha nazista. Ele ficou atônito ao descobrir que havia um tipo de movimento de massa, e não apenas a tirania de poucas pessoas diabólicas. Por esse motivo, concluiu que seu plano original era equivocado. Seu verdadeiro interesse não era Hitler, e sim a humanidade — pessoas como ele, a quem "havia ocorrido algo que não tinha (pelo menos até então) ocorrido a mim nem aos meus compatriotas".[5] Em 1952, Mayer voltou à Alemanha para descobrir o que tornou o nazismo uma realidade possível e estudar quando e se a democracia poderia colapsar rumo ao fascismo outra vez, além de como as pessoas reagem e se habituam a ele em tempo real.

Para obter respostas, Mayer estabeleceu um objetivo e seguiu em frente. Ele se concentrou em dez pessoas diferentes em muitos aspectos, mas com uma característica em comum: todas tinham sido membros do Partido Nazista. Eventualmente, todos concordaram em falar, aceitando a explicação de que, como ele era um norte-americano de origem germânica, queria dar às pessoas de sua nação uma compreensão melhor da Alemanha. Mayer falou a verdade nesse quesito e em quase todo o restante. Contudo, ele não foi sincero em relação a uma questão fundamental: Mayer não revelou que era judeu.

No fim da década de 1930 — o período que mais interessava a Mayer —, esses sujeitos tinham empregos de zelador, soldado, marceneiro, gerente de escritório, confeiteiro, cobrador, inspetor, professor de ensino médio ou policial. Um deles estava no ensino médio na época. Todos eram do sexo masculino. Nenhum tinha ocupado um cargo de liderança ou influência. Eles se referiam a si mesmos como "*wir kleine Leute*" [nós, os inferiores, em tradução livre] e moravam em Marburg, uma cidade universitária situada no rio Lahn, a pouca distância de Frankfurt.

Mayer conversou com eles ao longo de um ano em condições informais: tomando café, em jantares ou almoços e em longos e relaxados passeios noturnos. O jornalista virou amigo de cada um (e o tempo todo se refere a eles desse jeito). Como Mayer afirmou, em nítida surpresa: "Eu *gostava* deles. Não consegui evitar." Eles sabiam ser irônicos, engraçados e autodepreciativos. A maioria gostava de uma piada que teve origem na Alemanha nazista:

— O que é um ariano?
— Um ariano é um homem alto como Hitler, loiro como Goebbels e ágil como Göring.

Eles também sabiam se virar nas ruas. E ao falar das opiniões de pessoas comuns sob o comando de Hitler, um deles perguntou: "Oposição? (...) Como alguém poderia saber? Como é que alguém pode saber se outra pessoa se opõe ou não a algo? O fato de um homem *dizer* que se opõe ou não depende das circunstâncias, de onde, quando, para quem e como ele diz isso. E depois você ainda precisa adivinhar *por que* ele diz o que diz."[6]

O novo amigo de Mayer estava se referindo à noção, mencionada no Capítulo 10, de "falsificação de preferências": as pessoas muitas vezes não dizem do que gostam e o que pensam, pelo menos em público, por causa das normas sociais vigentes (ou das ameaças oficiais).[7] A falsificação de preferências pode ser encontrada em todo lugar, inclusive em democracias. Ela é um dos motivos pelos quais os sistemas políticos e o *status quo* podem ser muito mais frágeis do que as pessoas acreditam. Quando o autoritarismo está ganhando espaço, a falsificação de preferências corre desenfreada, o que contribui para a habituação. Isso acontece porque, se as pessoas não souberem que outros indivíduos estão preocupados ou com raiva, terão maior probabilidade de se acostumar ao que estão testemunhando e achar tudo normal. Conforme os meses e os anos foram se passando, os cidadãos se habituaram aos aspectos do nazismo dos quais não gostavam.

A conclusão mais impressionante de Mayer é que, com uma exceção parcial (o professor), nenhum dos sujeitos "encarava o nazismo sob o mesmo ponto de vista que nós — você e eu —, *em nenhum aspecto*". Embora a maioria de nós entenda o nazismo como uma forma de tirania, que escraviza ou assassina seus cidadãos e viola os direitos humanos, os sujeitos que Mayer estudou "não sabiam, antes de 1933, que o nazismo era cruel. Eles não sabiam, entre 1933 e 1945, que o nazismo era cruel. E continuam não sabendo agora". Sete anos depois de terminada a guerra, eles pensavam no governo de Hitler antes da guerra como a melhor época da vida deles.

Segundo o relato de Mayer, os seres humanos se concentram na própria vida e "nas percepções que encontram em suas atividades diárias". As normas democráticas podem ser derrubadas, e a democracia pode entrar em colapso apenas por esse motivo.

Mayer não mencionou o antissemitismo com nenhum dos sujeitos, mas, depois de alguns encontros, todos comentaram por conta própria e voltavam ao assunto a todo instante. Quando a sinagoga local foi queimada, em 1938, a maioria das pessoas na comunidade sentiu apenas uma obrigação: "Não interferir." Em algum momento, Mayer mostrou aos amigos uma cópia de 11 de novembro de 1938 do jornal local que continha o seguinte relato: "Pelo bem da segurança deles, vários judeus do sexo masculino foram levados em custódia ontem. Hoje de manhã, eles foram enviados para fora da cidade." Nenhum dos amigos de Mayer se lembrava de ter visto isso nem nada parecido.

Com evidente fadiga, o confeiteiro disse: "As pessoas não tinham tempo para pensar. Havia muita coisa acontecendo." Seu relato condizia com o de um colega de Mayer, um filólogo alemão que estava no país naquela época e enfatizou a natureza devastadoramente progressiva da ascensão à tirania, em que afirmava: "Não tínhamos tempo para pensar nessas coisas horríveis que estavam crescendo, aos pouquinhos, ao nosso redor."

O filólogo destacou um regime determinado a desviar a atenção do povo por meio de autocelebrações e dramas infinitos (muitas vezes envolvendo inimigos reais ou imaginados) e também "a habituação gradual do povo, pouco a pouco". De acordo com o relato dele, "Cada passo era tão pequeno, tão inconsequente, tão bem-explicado ou, de vez em quando, tão pesaroso" que as pessoas não percebiam mais "aquilo se desenvolvendo dia após dia, do mesmo jeito que um fazendeiro não percebe a própria plantação de milho crescendo. Até que, certo dia, o milho está mais alto do que ele".[8]

A CONTINUAÇÃO AUTOMÁTICA DA VIDA COMUM

Concentrando-se mais em 1933, Haffner oferece um cenário complementar. Com apenas 25 anos e estudando direito com o objetivo de se tornar juiz ou administrador, Haffner descreve que seus amigos espirituosos e seus colegas da universidade estavam preocupados com diversão, perspectivas de carreira e casos amorosos.

Algumas ações agressivas, voltadas a dissidentes políticos, começaram logo, mas os cidadãos eram ao mesmo tempo distraídos por um fluxo interminável de festividades e celebrações. As pessoas paqueravam, curtiam um romance, "iam ao cinema, faziam uma refeição numa pequena adega, bebiam Chianti e saíam para dançar". Essa "continuação automática da vida comum" promovia a habituação e atrapalhava toda e qualquer reação organizada e contundente contra o horror.[9]

No relato de Haffner, o colapso da liberdade e da aplicação da lei ocorreu aos poucos, a partir de acontecimentos que pareciam um tanto insignificantes. A Alemanha não mudou de repente. Haffner acredita que, apesar de a extensão total do nazismo ter se revelado apenas com o tempo, sua verdadeira natureza era evidente e conhecida para alguns alemães desde o início — embora eles não soubessem o que estava por vir.

Isso também é observado nas reações dos próprios judeus. Em 1933, quando oficiais nazistas ficaram parados de maneira ameaçadora na frente de lojas judaicas, os judeus ficaram apenas "ofendidos". Eles não se mostraram preocupados nem ansiosos. Apenas "ofendidos". É razoável pensar que encarar a situação apenas como uma ofensa — sem a preocupação e a ansiedade, muito menos o pavor — era uma reação inicial sensata. Mesmo assim, Haffner argumenta que a brutalidade de Hitler e a subsequente politização da vida cotidiana estava nítida para alguns desde o início. Nos dias iniciais de seu regime, um autoproclamado republicano aconselhou Haffner a evitar comentários céticos porque eles não eram úteis: "Acho que eu conheço os fascistas melhor do que você. Nós, republicanos, temos que andar com os lobos."[10]

Livros começaram a desaparecer das livrarias e bibliotecas. Periódicos e jornais também desapareceram aos poucos, e os que se mantiveram em atividade seguiam a ideologia do partido. Já em 1933, os alemães que se recusavam a apoiar o nazismo se viram "numa situação infernal: havia uma total e absoluta desesperança; as pessoas eram submetidas todos os dias a insultos e humilhações".[11]

CADA ATO É PIOR DO QUE O ANTERIOR, MAS SÓ UM POUCO

Exatamente pela natureza delicada e até íntima de seus relatos, Mayer e Haffner falam de modo direto com aqueles que se preocupam com o que torna a liberdade e a democracia vulneráveis. Não sabemos se devemos acreditar nos sujeitos que Mayer estudou quando eles alegaram ignorância em relação aos atos de Hitler. Mayer também não tem certeza. Entretanto, os sujeitos são convincentes quando dizem que o que aconteceu foi uma forma de habituação lenta.

Um dos cidadãos alemães com quem Mayer conversou disse: "Cada ato, cada ocasião, é pior do que o anterior, mas só um pouco pior. (...) Se o último e pior ato de todo o regime tivesse acontecido logo depois do primeiro e menor, milhares, ou melhor, milhões teriam ficado chocados o suficiente. (...) Mas é lógico que não é assim que acontece. Entre o primeiro e o último ato, foram dados centenas de pequenos passos, alguns imperceptíveis, e cada um deles nos preparava para que não ficássemos chocados com o ato seguinte. O Passo C não é muito pior do que o Passo B, e, se você não reclamou do Passo B, por que faria isso em relação ao Passo C? E assim por diante, até o Passo D."[12]

O Passo D foi a execução de milhões de pessoas pelo regime nazista. Contudo, o genocídio não começou a partir do Passo D. Ele começou com o Passo A — restrições sobre os direitos jurídicos, econômicos e sociais dos judeus alemães, que, de maneira gradual e constante, se acumularam ao longo da década de 1930. Em primeiro de abril de 1933, empresas que tinham proprietários judeus foram boicotadas. Pouco depois, advogados judeus perderam a licença, e todas as pessoas judias foram proibidas de atuar como jornalistas. Alguns meses depois, foi aprovada uma lei que autorizava os médicos a realizarem esterilizações em judeus mesmo sem consentimento. Inúmeras outras restrições foram aplicadas, e atos violentos continuaram ocorrendo até 1939, quando Hitler autorizou a realização de eutanásia forçada em pessoas com deficiências, o que, por fim, resultou em execuções sistemáticas em massa.

Já constatamos que a habituação se instala quando algo acontece de maneira constante ou frequente, ou quando algo muda bem aos poucos. Até mesmo uma grande explosão pode passar despercebida se tiver sido precedida por uma em menores proporções, que foi precedida por outra ainda menor. No entanto, se as pessoas depararem com uma "explosão" sem terem sido expostas às etapas anteriores, elas não terão tido a oportunidade de se habituar e, portanto, a probabilidade de reagir é maior.

Essa é em geral a experiência de forasteiros, que tomam conhecimento de uma situação horrível — que está além de seu ambiente imediato — já no Passo D, sem terem sido expostos aos Passos A, B e C de maneira direta. Aqueles que observam de fora com horror (como cidadãos que testemunham coisas horríveis acontecendo no exterior) estarão menos vulneráveis à habituação, já que não foram expostos a todos os passos ao longo do caminho, e podem, assim, decidir ser atores — dando apoio às pessoas que precisam de ajuda e trabalhando para combater aqueles que fazem mal — em vez de espectadores.

Haffner argumenta que algumas pessoas inseridas na situação podem notar logo de início o que está acontecendo, talvez por uma combinação de disposição e experiência, talvez por previsão ou teimosia. Alguns judeus se encaixavam nessa categoria e deixaram a Alemanha antes que fosse tarde demais. Haffner também se coloca nessa posição: "Quanto aos nazistas, meu olfato não me deixou continuar a ter nenhuma dúvida. Era simplesmente cansativo falar sobre quais de seus supostos objetivos e supostas intenções ainda eram aceitáveis ou até mesmo 'historicamente justificáveis' quando tudo aquilo fedia. E como fedia! Estava óbvio para mim, desde o início, que os nazistas eram inimigos: meus inimigos e inimigos de tudo o que eu amava."[13]

Contudo, muitas vezes essa categoria não é ampla o suficiente. Habituação, confusão, distração, interesse próprio, medo, racionalização e uma noção pessoal de impotência suscetibilizam coisas terríveis. Elas ajudam a explicar não só a ascensão do nazismo como também a desintegração da democracia e a perda da liberdade em muitos lugares.

A HABITUAÇÃO DAS MASSAS?

Até que ponto a habituação ao horror é comum? Talvez você ache que não podemos extrair lições gerais do que aconteceu na Alemanha na década de 1930. Se considerarmos a Maria mediana e o João padrão, e aos poucos aumentarmos os atos chocantes que essas pessoas comuns testemunham, quantas delas concordariam com tais atos? Quantos participariam e quantos se oporiam?

Para responder a essas perguntas, considere o seguinte cenário (ele pode lhe parecer familiar, mas estamos prestes a oferecer uma reviravolta para uma história antiga):[14]

Num dia quente de agosto, você adentra o velho prédio de tijolos marrons do departamento de psicologia da Universidade de Yale para participar de um estudo.[15] O pesquisador, que o recrutou no início da semana, informou que a meta era examinar os efeitos da punição sobre a memória.

Ao chegar, a recepção é presidida pelo tal pesquisador, que leva você a uma sala com outro voluntário. O pesquisador explica que você vai participar do estudo junto do outro voluntário, que vai ficar numa sala adjacente. Você vai interpretar um professor, e seu parceiro, um estudante. No papel de estudante, ele vai receber uma lista de pares de palavras para decorar e deverá repeti-las enquanto estiver amarrado a uma cadeira elétrica. Sua tarefa, então, é apertar um botão numa máquina de aparência sofisticada que vai eletrocutar o estudante toda vez que ele errar.

O gerador de choque indica nítidos trinta níveis de tensão, que vão de 15 a 450 volts. Ao lado de cada nível, há uma descrição, que vai de CHOQUE LEVE (de intensidade próxima à voltagem mais baixa) a PERIGO: CHOQUE GRAVE (de intensidade próxima à voltagem mais alta). O pesquisador garante a ambos que "embora os choques possam ser extremamente dolorosos, não causam nenhum dano tecidual permanente na pele", e então pede a você que teste a voltagem mais baixa no próprio braço. Depois de testar, você concorda que não é tão ruim. Então, o experimento começa!

Você comunica ao estudante a primeira palavra do teste através do intercomunicador: "Celular." O aluno responde corretamente: "Telefone." Você fala a segunda palavra: "Sorte." "Dinossauro", tenta o aluno. Resposta errada, então o pesquisador o instrui a apertar o botão com a voltagem mais baixa para eletrocutar o outro voluntário. A cada erro adicional, você tem que aumentar a voltagem em 15 volts: 30, 45, 60, 75. Quando chega aos 75 volts, você escuta grunhidos baixos vindos da outra sala, mas continua: 90, 105, 120. Nesse ponto, o estudante grita.

Quando você chega aos 150 volts, o estudante berra: "Pesquisador, me tire daqui! Quero sair do experimento! Eu me recuso a continuar!" Ao nível de 180 volts, o estudante deixa escapar: "Não aguento mais a dor." Aos 270, o estudante urra e, aos 300, se recusa a responder a qualquer pergunta. Depois do nível 330, não se ouve mais o estudante. Em que ponto você para de acionar os choques?

Como você talvez tenha notado, o cenário descrito simula a famosa série de estudos realizados em 1961 por Stanley Milgram, que atuava como psicólogo em Yale.[16] O "estudante" de Milgram era um confederado que trabalhava para o psicólogo. No estudo inicial, Milgram relatou que 65% dos participantes chegaram ao choque de 450 volts, que configurava como dois níveis acima da primeira descrição de PERIGO: CHOQUE GRAVE. Num estudo posterior, 62% dos participantes chegaram ao nível máximo. É pouco provável que os voluntários que participaram do experimento de Milgram representassem casos isolados. Eram profissionais de diversas áreas, como engenheiros, professores do ensino médio e funcionários dos correios. Embora só tenha incluído homens, as descobertas básicas foram replicadas em 2009 (com taxas de obediência apenas um pouco mais baixas) em um estudo que incluía tanto homens quanto mulheres.[17]

O objetivo de Milgram era compreender a ascensão do autoritarismo tão nitidamente manifestado na Alemanha durante a Segunda Guerra Mundial. Ele queria estudar a obediência e entender como as pessoas conseguiam ser coniventes de atos horríveis. De fato, seus estudos nos fazem chegar a uma conclusão importante sobre a obediência. No entanto, com ou sem intenção, Milgram também estava estudando a habituação.

Imagine que ele tivesse pedido aos voluntários que acionassem os choques com a voltagem máxima logo de início. Quantas pessoas teriam obedecido? Nossa suspeita é que os números teriam sido muito mais baixos. Ao pedir aos "professores" que aumentassem a voltagem um nível de cada vez, de A para B, depois de B para C e então de C para D, Milgram estava induzindo a habituação. Os professores talvez tenham sentido um pouco de culpa no nível A (quando acionaram o choque de 15 volts), mas esse sentimento cedia a cada novo choque administrado. Ao chegarem ao nível D (a voltagem alta), os professores já tinham se adaptado à ideia e à culpa de provocar uma dor pavorosa em outra pessoa.

Acionar choques num laboratório controlado em Yale está muito longe de ser o mesmo que participar de um genocídio (ou testemunhá-lo), mas nossa suspeita é que o princípio em ação nos dois casos é semelhante. Quando os horrores começam em pequenas proporções e aumentam aos poucos, despertam uma reação emocional mais fraca, enfrentam menos resistência e encontram mais aceitação, permitindo que horrores de cada vez maiores amplitudes aconteçam em plena luz do dia. A consciência desse fenômeno pode permitir que mais pessoas prevejam o que está por vir e consigam agir a tempo.

13

LEI:
COMO PRECIFICAR A DOR?

Alguns anos atrás, Cass estava indo a pé para sua casa em Concord, Massachusetts, numa noite fria, escura e cheia de neve. Ele atravessou para comprar uma pizza para o filho, depois atravessou de novo para pegar o caminho mais rápido para casa.

Depois disso, Cass só se lembra de ter acordado no que parecia ser um hospital. Seu corpo estava ligado a diversos aparelhos. A cabeça doía; os braços doíam; as pernas doíam. Tudo doía. O peito era a região de maior dor. Cass mal conseguia se mover. Ele pensou: *Existem duas possibilidades: a primeira é que estou num hospital, e a situação não é nada boa; a segunda é que só estou tendo um daqueles sonhos. Parece muito mais provável que eu esteja sonhando.* Confortável com essa conclusão, Cass voltou a dormir. Algumas horas depois, acordou de novo. Ele ainda estava no hospital. Tudo ainda doía. Não era um sonho.

O médico informou a Cass que ele tinha sido atingido por um carro a cerca de 65 quilômetros por hora. "Você devia ficar aliviado; poderia ter morrido", disse o médico. Aliviado não era bem como Cass se sentia. Numa voz baixa e calma, o médico continuou: "Você teve uma concussão séria e quebrou vários ossos", e, em seguida, perguntou a Cass se ele conseguia mexer os dedos dos pés. Cass conseguiu, e o médico abriu um sorriso largo, o alívio evidente.

O médico explicou a Cass que ele tinha dormido por doze horas e, embora seus ferimentos fossem muitos e bem sérios, os primeiros sinais apontavam para uma recuperação completa. Seriam algumas semanas, e possivelmente alguns meses, difíceis. Contudo, em pouco tempo Cass ficaria bem.

A previsão do médico foi assertiva. A recuperação foi rápida, mas as primeiras semanas não foram muito agradáveis — elas seguiram com uma boa dose de dor e mais do que um pouco de sofrimento. Durante essas semanas, a polícia deu a Cass inúmeros detalhes de como o acidente ocorrera.

A visibilidade na rua onde Cass atravessou estava bem ruim em meio à tempestade de neve, e, ao que parecia, o motorista que atingiu Cass não o tinha visto nem diminuído a velocidade. Alguns amigos de Cass se perguntaram se ele ia processar o motorista e pedir uma indenização.

Cass não tinha o menor interesse em fazer isso. No entanto, se o motorista tivesse de fato sido imprudente — se, por exemplo, ele tivesse ultrapassado o limite de velocidade e não estivesse de olho na estrada —, Cass poderia ter sido indenizado com muito dinheiro num processo legal de danos causados por "dor e sofrimento" (como é chamado segundo a jurisprudência nos Estados Unidos), ou seja, pelo infortúnio que ele tinha vivido como resultado da lesão. Ele também poderia ter conseguido uma indenização por "danos morais": por ter perdido o prazer de viver durante a recuperação. (Nada de correr ou pular; fazer menos caminhadas; nada de jogar tênis; menos diversão.)

Em diversos sistemas judiciais, você consegue receber dinheiro em troca de dor e sofrimento e da diminuição do prazer de viver decorrentes de agressões, acidentes rodoviários, intoxicação alimentar num restaurante, assédio sexual no trabalho e assim por diante — no Brasil, ambos os casos seriam enquadrados em "danos morais". Algumas pessoas acabam ganhando muito dinheiro nessas situações. Grosso modo, "dor e sofrimento" é um processo relacionado à *in*felicidade experienciada (uma hora ou um dia difícil), enquanto "danos hedônicos" são relacionados à felicidade perdida (uma incapacidade de aproveitar certas atividades).

Então, se você for atingido por um carro e levar algumas semanas para se recuperar, com certeza passará por muita dor e sofrimento. O sistema judicial vai querer saber: "Quanto dinheiro você quer para não ficar pior do que se nunca tivesse sido atropelado?" Você pode sentir a tentação de responder: "Você está brincando? Nenhuma quantia seria suficiente!"

Isso pode até ser verdade. Entretanto, com certeza é melhor receber uma indenização do que não receber nada, e, se você não sofreu tanto assim, talvez uma pequena quantia já compense as semanas não tão boas. Mesmo que você tenha sofrido muito, talvez uma grande quantia de dinheiro proporcione um alto grau de compensação. Pelo menos, é isso o que se espera.

Em relação aos danos hedônicos, a questão é que, se você sofreu algum machucado, é provável que tenha perdido algo, incluindo atividades de que gosta ou ama. Talvez você não possa correr por alguns meses. O dinheiro deve servir de compensação pela perda — deve levar você ao estado, em termos de bem-estar geral, em que estaria se não tivesse sofrido uma lesão. Talvez nenhuma quantia de dinheiro seja capaz de fazer isso, pelo menos quando se trata de perdas mais terríveis. Contudo, o objetivo é tentar restaurar as pessoas ao nível de bem-estar que teriam experimentado se a lesão não tivesse acontecido.

As indenizações também têm como objetivo criar um efeito inibidor. Esses tipos de processo servem para encorajar as pessoas a dirigir com mais segurança, a reduzir o risco de intoxicação alimentar, a produzir medicamentos livres de efeitos colaterais danosos.

Para identificar o valor correto da indenização, jurados e juízes devem responder a algumas perguntas difíceis sobre a natureza e a qualidade das experiências pelas quais a pessoa passou. Eles precisam entender o que significa passar oito semanas se recuperando de um acidente de carro e, depois, transformar esse conhecimento num valor monetário. O valor certo é 10 mil dólares? 50 mil? 100 mil? 200 mil? Mais? Como um jurado ou um juiz vai saber disso? Mesmo com a experiência pessoal, o próprio Cass não fazia ideia.

A esta altura, é provável que você já saiba que, como as pessoas se habituam, é também provável que elas sofram muito menos e lidem muito menos com a infelicidade do que se não se habituassem. Contudo, isso não é intuitivo. A partir de estudos, mostrou-se com nitidez que nós subestimamos a habituação quando prevemos como acontecimentos terríveis vão afetar a nós e aos outros. Imagine, por exemplo, que alguém tenha perdido dois dedos e recorrido ao sistema judicial para ter suas perdas indenizadas, incluindo a dor e o sofrimento. Quando pensamos nisso, a ideia de perder dois dedos parece bem horrível. No entanto, por causa da habituação, o impacto dessa perda na vida real da pessoa, dia após dia ou com o passar dos meses, pode não ser tão grave quanto ela imagina.

Depois de um período de ajuste e transição, as pessoas que perdem dois dedos podem não estar se sentindo muito piores do que aquelas que não sofreram esse tipo de perda. Na verdade, elas podem nem mesmo estar se sentindo piores (a partir dos resultados de alguns estudos, sugere-se que não há nenhuma diferença nas medidas de bem-estar entre pessoas que perderam um membro e as que não perderam).[1] Jurados e juízes, assim como todo mundo, vão subestimar a capacidade das pessoas de se habituar a ter três dedos em uma das mãos. Por esse motivo, é provável que vão exagerar a magnitude de perdas emocionais.

Erros assim são agravados pelo que é conhecido como "ilusão de foco". A ideia básica é que, quando você pensa num aspecto da sua vida, muitas vezes exagera a importância dele. Você acha que a situação teve um impacto maior do que de fato teve. Como disse Daniel Kahneman: "Nada na vida é tão importante quanto você acha que é quando está pensando no assunto."[2]

Por exemplo, tanto as pessoas que moram na Califórnia quanto as que não moram tendem a acreditar que as pessoas são mais felizes lá.[3] Contudo, já se sabe que os californianos não são mais felizes do que quem vive em outros lugares. Ao focar o clima do Estado em particular, tanto as pessoas que moram na Califórnia quanto as pessoas que moram em Ohio acreditam que são ou seriam mais felizes na Califórnia — embora, a partir de dados, mostre-se que o clima não é um determinante tão importante para a felicidade da maioria dos indivíduos. A questão geral é que as pessoas focam uma perda ou um ganho específico sem perceber que, depois que a perda ou o ganho estiver estabelecido, é provável que elas não vão pensar muito nele. Quando "solicitadas" a pensar no clima ou qualquer outro fator (como a capacidade de ser bom em esportes) que seja um ingrediente um tanto pequeno na mistura do que determina a felicidade da maioria das pessoas, as ilusões de foco as levam a darem peso demais a esse fator.

Diante da necessidade de avaliar o valor da indenização por uma perda, a atenção do jurado e do juiz é concentrada na perda em questão. É como se os jurados tivessem que responder: "Você ficaria mais feliz na Califórnia?" Com o foco apenas em uma lesão específica, jurados e juízes dificilmente vão perceber que, na maioria dos casos, as pessoas talvez não pensem muito nessa lesão na vida cotidiana. As próprias circunstâncias de um julgamento convidam os indivíduos a negligenciarem a habituação e criarem uma ilusão de foco.* Não é difícil encontrar casos de indenizações que abranjam quantias consideráveis por dor e sofrimento que podem ter sido influenciadas por isso.[4] Por exemplo, uma indenização de 1 milhão de dólares pela perda da sensação e da força em uma das mãos,[5] ou uma indenização de 1,5 milhão de dólares por mãos desfiguradas.[6]

A mesma lógica se aplica aos danos hedônicos. Suponha que alguém tenha perdido a mobilidade e, por isso, não possa mais esquiar nem jogar futebol. Ambas as atividades são ótimas. No entanto, se a questão é o quanto essa pessoa perdeu em termos de "prazer de viver", a resposta pode muito bem ser: "Não chega nem aos pés do que você pensa."

Para sermos justos, como o próprio Cass pode atestar, o dano no curto prazo pode ser grave mesmo que a habituação faça o dano de longo prazo ser menor do que o esperado. No curto prazo, as

---

* Isso é verdade tanto para querelantes quanto para o júri. É provável que as pessoas que abrem processos judiciais estejam com o foco na própria lesão — é também provável que até mais do que aquelas que não abrem processos. Talvez até faça sentido desencorajar (alguns) querelantes de iniciar um processo porque o litígio vai impedir a habituação.

pessoas podem sentir um nível de estresse, medo, luto e tristeza pelo qual uma indenização significativa é justificada. Indenizações de alto valor monetário podem ser dadas por períodos curtos de sofrimento intenso ou pela sensação de perda.

Além disso, a habituação nem sempre acontece e, mesmo quando o faz, pode ser apenas parcial. Em alguns casos, os juízes ou jurados podem definir indenizações insuficientes, o que pode tornar mais difícil ainda se habituar, por exemplo, à dor física, e alguns indivíduos nunca se habituam. Suponha que um querelante sofra de dor crônica nas costas. A dor pode ser um tanto fraca, mas, se for persistente, pode ser terrível. Não é difícil encontrar casos em que os jurados ofereceram indenizações baixas em instâncias análogas. Por exemplo:

- 4 mil dólares por um acidente que gera dores de cabeça de três a quatro vezes por semana e dor persistente nas mãos, nos joelhos e nos ombros.[7]
- 25 mil dólares para uma mulher de 19 anos cujo acidente provocou desfiguramento do quadril e dor nas costas.[8]
- 30 mil dólares por uma dor permanente no pescoço, causada por uma hérnia de disco cervical, e no joelho, por causa de um menisco torcido.[9]

Em cada caso, a indenização parece baixa demais, porque a habituação pode não ocorrer ou pode ser limitada, já que é provável que a lesão seja duradoura. Quando você pensa nesses problemas — dor fraca nas costas, dores de cabeça, zumbido nos ouvidos e dor no pescoço ou no joelho —, eles podem não parecer nada muito sério. Muitos de nós conhecemos esses sintomas, o que já não pode ser dito quanto à perda de um membro. É fácil imaginar o júri chegando à conclusão de que, embora dores de cabeça sejam desagradáveis, elas podem fazer parte da vida cotidiana, enquanto a perda de um membro é devastadora. Contudo, se as pessoas não se habituarem às dores de cabeça ou ao zumbido nos ouvidos e a condições semelhantes, elas vão sofrer perdas intensas, que os juízes ou jurados podem não levar em conta. Além disso, se o incidente afetar a saúde mental da pessoa, desencadeando depressão ou ansiedade, por exemplo, o processo de habituação ocorrerá em um ritmo mais lento (como vimos no Capítulo 4). O dano emocional pode ser sério, e uma indenização significativa é justificada. Mesmo assim, juízes e jurados podem não perceber essa questão.

CAPACIDADES

A própria ideia de "dor e sofrimento" e "danos hedônicos" sugere que o que importa é se as pessoas estão infelizes ou perdendo o prazer na vida. (Em várias nações, como nos Estados Unidos, a lei fala nesses exatos termos.) Entretanto, como já vimos, *estados emocionais não são tudo o que importa*. O sistema judicial deveria estar atento a isso — e de fato está. Suponha que você tenha perdido as funções de uma perna e, depois de um período difícil, mas curto, de adaptação, fica tão feliz quanto era antes da perda. A lei deveria desconsiderar sua lesão?

De jeito nenhum. Você não consegue andar sem sua perna; e com certeza não consegue correr. Você não pode se envolver em diversas atividades que eram comuns na sua vida. Talvez não sinta mais dor e não esteja triste nem sofrendo. Mesmo assim, você perdeu uma capacidade.[10] E deveria receber uma indenização por essa perda. A perda é real e significativa, mesmo que a medição dos seus estados emocionais não consiga identificar isso. Considere o fato de que há muitas evidências de que as pessoas preferem ser saudáveis, ainda que tenham se habituado à determinada condição de saúde, e, por isso, não estejam perdendo muito — ou nada — em termos de prazer.[11]

Aqueles que perdem capacidades físicas ou cognitivas sofrem uma lesão objetiva. As pessoas que foram submetidas a colostomias ou fazem um tratamento de hemodiálise várias vezes por semana viveram uma perda real, qualquer que seja o estado emocional delas. O fato é que indivíduos ostomizados não apresentam níveis mais baixos de felicidade do que aqueles que não passaram pela intervenção cirúrgica, mas eles dizem que estariam dispostos a encurtar a vida até 15% se pudessem viver sem a colostomia.[12] De maneira semelhante, os pacientes de hemodiálise não parecem curtir os dias menos do que qualquer outra pessoa, mas muitos afirmam que estariam dispostos a subtrair um número significativo dos anos que lhes restam para ter rins funcionais.[13]

É possível que esses pacientes também sejam vulneráveis às ilusões de foco na mesma medida em que as pessoas em Chicago ou Cleveland acreditam que ficariam muito melhores se pudessem ter em suas cidades o clima que os moradores de Los Angeles tanto gostam. Mesmo assim, o fato de que os pacientes renunciariam a períodos significativos da própria vida para ficarem saudáveis por completo sugere que estão passando por perdas reais — perdas na capacidade —, mesmo que seu estado emocional esteja muito bom.

Em vários casos, é provável que a dor e o sofrimento ou os danos hedônicos sejam melhor entendidos como danos à capacidade. Por exemplo, alguns tribunais aprovaram indenizações bem altas para pessoas pela perda da capacidade de praticar um esporte,[14] pela perda do paladar e do olfato,[15] por danos à coordenação motora[16] e pela perda da função sexual.[17] Em casos desse tipo, os tribunais podem ter acreditado que os querelantes passaram a se sentir muito menos felizes. Em caso afirmativo, talvez eles tenham errado. Contudo, todos os querelantes perderam uma série de capacidades e, por esse motivo, mereciam indenizações significativas.

Se a pessoa não consegue andar nem correr, ou fazer atividades físicas, sua vida foi prejudicada, mesmo que ela tenha se habituado a esses prejuízos. Se ela se habituar às perdas, sua vida vai ser bem melhor do que seria caso não se habituasse. No entanto, mesmo assim, perdas continuam sendo perdas. As pessoas merecem ser indenizadas por elas.

14

EXPERIMENTOS COM VIVÊNCIA:
O FUTURO DA DESABITUAÇÃO

> *Se a humanidade é imperfeita, é útil haver opiniões diferentes, assim como é útil que hajam diferentes experimentos de vivência.*
>
> — JOHN STUART MILL[1]

Em 1271, um jovem italiano chamado Marco saiu de Veneza, sua cidade natal, numa jornada rumo à China. A viagem foi difícil; Marco teve que escalar montanhas e atravessar um grande deserto. Às vezes, a comida era escassa, e a água, limitada. Ele adoeceu no meio do caminho. Contudo, estava decidido a alcançar seu destino e, depois de cerca de quatro árduos anos, conseguiu.[2] Ele foi um dos poucos italianos a realizarem esse feito.

Mais à frente, 746 anos depois, outro italiano chamado Marco saiu de seu país natal rumo à China. Ele também atravessou desertos e montanhas, mas fez isso num avião a jato, e não a pé. Ele jantou um belo frango, bebeu uma taça de vinho branco, maratonou uma série e cochilou. Quando acordou, estava em Pequim. Ele levou nove horas e treze minutos para chegar ao destino. E foi um entre os cerca de 250 mil italianos a realizarem esse feito naquele ano.

Cinco anos depois, um terceiro homem chamado Marco estava descansando em seu apartamento em Veneza. Ele pôs um *headset* e, em poucos segundos, estava na Grande Muralha da

China. Passou os 32 minutos seguintes explorando magníficas nuances arquitetônicas e conversando com nativos pelo caminho. Também foi um entre os milhões de italianos a experimentarem a realidade virtual.

Hoje em dia, seu cérebro pode viajar para diferentes locais na Terra (e além) com grande facilidade em questão de minutos. Por meio da internet ou da realidade virtual, você pode mergulhar a mente em culturas e locais diferentes dos seus e se conectar com pessoas que vivem sob diversas crenças e normas. Também pode ir pessoalmente a esses lugares para sentir aromas, ouvir sons e ver paisagens que nunca cheirou, ouviu nem viu com apenas poucas horas de viagem, por meio do milagre dos voos comerciais.

Todavia, há não muito tempo, a maioria das pessoas passava a vida inteira dentro dos poucos quilômetros quadrados do local onde nasceram. Os Marcos, Marys, Toms, Abrahams, Saras e Francescas que viveram centenas e milhares de anos atrás eram expostos a um dialeto, uma cultura, um tipo de culinária e um tipo de paisagem. Eles encaravam essa forma de existência como natural, inevitável e fixa. Eles se habituaram a tudo que os cercava. A maioria nem sequer imaginava que existiam outras realidades possíveis. Algumas de suas crenças estavam erradas, e alguns de seus costumes eram cruéis, mas, sem a oportunidade de compará-los a outras ideias e normas, era difícil identificar necessidades e maneiras de fazer melhorias. Definidos e limitados pela própria experiência, eles não conseguiam distinguir com facilidade o que merecia ser aplaudido e celebrado e o que carecia de investigação e reavaliação.

Com certeza você também tem origens ancestrais que incluíam indivíduos com diferentes crenças, preferências e ideias. E é muito provável que também fosse difícil para eles compreender que o Deus que adoravam era apenas um entre os diversos objetos possíveis de adoração, ou que um clima de 15 °C é frio no Senegal, mas é considerado quente na Suécia. Para que seus ancestrais estivessem abertos a perspectivas antagônicas, que lhes permitissem repensar o que eles, de maneira possivelmente equivocada, acreditavam ser a norma, foram necessários "experimentos com vivência".

Adaptamos este termo da celebração de John Stuart Mill aos "experimentos de vivência".*[3] Muitas vezes Mill enfatizava a importância de encarar as crenças, os valores, as normas e as experiências individuais a partir de certa distância, de modo a ser possível avaliar tudo e, talvez, identificar em quais pontos seria interessante implementar uma mudança.[4]

Não há como saber com certeza o que é bom ou ruim para nós mesmos, nossa família ou nossa comunidade apenas como base em intuições e experiências limitadas. Essa impossibilidade se deve, em parte, às regras que regem a função e a arquitetura do nosso cérebro. Os algoritmos da mente podem tornar difícil perceber as maravilhas e os demônios ao nosso redor, se os ambientes, as normas e os comportamentos forem fixos e invariáveis. Como, então, podemos saber o que é melhor para nossa vida e para a sociedade? Como identificar o que precisa ser mudado e o que deve ser celebrado?

Considere as seguintes perguntas: Como você sabe se fumar causa câncer? Se uma moeda de prata vai boiar ou afundar num calmo lago azul? Se uma torta de limão é gostosa? Experimentando. Você prova a torta, joga a moeda na água e compara a longevidade das pessoas que passaram a vida fumando à dos não fumantes. Em aspectos importantes, a mesma abordagem funciona para definir os conceitos de bom e ruim. Esses conceitos precisam ser testados mediante experiências observadas de perto e talvez até vividas em primeira mão, e não apenas definidos por meio de suas intuições.**

É verdade que a vida é curta e os recursos são limitados, então não conseguimos experimentar em primeira mão todas as formas de viver para encontrar as crenças e os modos de vida que nos seriam ideais. É aqui que entram pessoas como Marco Polo.

---

* Nesse sentido, Mill chamou atenção para "o valor, no atual estado de baixa melhoria humana, de colocar os seres humanos em contato com pessoas diferentes delas mesmas, com modos de pensamento e ação incompatíveis àqueles com os quais estão familiarizadas".

** Nossa intenção, aqui, não é fazer uma declaração polêmica sobre os componentes de uma vida boa. A questão é apenas compreender que é difícil saber o que é bom e o que é ruim sem conhecer as alternativas.

Marco Polo teve uma vida diferenciada: teve experiências enriquecedoras em termos psicológicos. Ele saiu da Europa rumo à Ásia quando fazer isso era, ao mesmo tempo, difícil e raro, e experimentou um mundo completamente diferente do que conhecia. Ele se desabituou. Todos os aspectos do novo mundo com que se deparou moldaram sua forma de pensar sobre os aspectos de seu antigo mundo. O modo como ele percebia conformações como governança, família, matrimônio, crueldade, sabedoria e beleza mudou. Sua capacidade de detectar determinados sabores e sons também mudou.

O motivo é óbvio. O modo como você valoriza e percebe objetos, conceitos e acontecimentos — e até o fato de você percebê-los — depende do contexto. Os valores e as percepções dependem de quais outros objetos ou acontecimentos você vivencia à medida que redefine o molde, além daqueles que você vivenciou no passado. (Lembre-se da nossa epígrafe de H. G. Wells: "Mil coisas que pareciam anormais e repulsivas rapidamente se tornaram naturais e comuns para mim. Suponho que tudo na existência absorva a cor da tonalidade média dos nossos arredores.")[5]

Por exemplo, seu julgamento do que seria uma expressão ameaçadora depende das outras expressões diante de você.[6] Se houver rostos com expressões muito ameaçadoras à sua volta, você vai se habituar a eles; como resultado, vai começar a perceber expressões que poderiam parecer levemente ameaçadoras como neutras. Se as expressões ameaçadoras forem raras, você talvez veja expressões levemente ameaçadoras como muito ameaçadoras. Outro exemplo: imagine que você precise cumprir a tarefa de decidir quais propostas de pesquisa são éticas e quais não são. Se houver muitas propostas nitidamente antiéticas na pilha, a probabilidade de você aprovar propostas que, apesar de questionáveis, não são tão distintamente antiéticas será maior. A avaliação e a percepção dependem do que é prevalente, então, se coisas diferentes se tornarem prevalentes, sua percepção vai mudar, logo, seu julgamento do que é certo ou errado também vai.[7]

Marco Polo mudou drasticamente seu contexto e, quando voltou para a Itália, 24 anos depois, não estava mais habituado aos costumes europeus. Contudo, aqui está a parte importante: esses "experimentos com vivência" de um homem não mudaram apenas as perspectivas dele; Polo compartilhou suas observações com outras pessoas quando voltou à sua terra natal, primeiro de maneira oral, depois no *Livro das maravilhas: A descrição do mundo*, no qual detalhou suas jornadas. Nesse sentido, ele foi um empreendedor da desabituação.

O livro, que foi escrito por Rustichello da Pisa a partir das histórias narradas por Marco Polo, descrevia para os europeus uma cultura e um mundo diferentes do deles. O livro foi um grande sucesso. Ele deu aos leitores uma nova perspectiva da própria vida, permitindo que eles se desabituassem, movessem os olhos e percebessem as cores ao redor que não notavam antes. O livro permitiu que seus leitores desligassem a escala de cinza. "Experimentos com vivência" permitem que o experimentador (como Polo) e o observador (como o leitor) reavaliem a própria vida sob uma nova perspectiva e repensem crenças que podem ter ficado engessadas.

Hoje em dia, é muito mais fácil ser o experimentador e, ao mesmo tempo, o observador. Mais do que em qualquer outro momento da história, os seres humanos conseguem entrar em contato com pessoas diferentes e com modos desconhecidos de pensar e agir. Um dos motivos é a relativa facilidade de fazer viagens internacionais. Se você mora numa cidade ou nação que está enfrentando problemas terríveis (altas taxas de criminalidade, poluição atmosférica, altos níveis de pobreza, corrupção), pode tentar, com mais facilidade que antes, ver de perto outras que não enfrentam os mesmos problemas. Se você mora numa cidade ou nação que é maravilhosa em vários sentidos, pode, do mesmo modo, ver de perto outras que não são tão maravilhosas assim.

Embora não haja um substituto para a presença física, você não precisa viajar para ter contato com diferentes tipos de pessoa e modo de vida. Pode fazer isso on-line, por meio de textos, imagens, vídeos e realidades virtuais que talvez o ajudem a dar uma sacudida nas coisas. Pode acabar encontrando coisas revoltantes ou emocionantes. No entanto, em ambos os casos, terá se permitido enxergar suas condições e a própria vida sob uma nova luz e se surpreender com elementos que estavam bem diante de você.

Yogi Berra, o grande jogador de beisebol, certa vez disse: "É difícil fazer previsões, ainda mais sobre o futuro." Nós concordamos. Contudo, as tecnologias atuais e as que estão prestes a surgir prometem nos aproximar de crenças e tradições diversificadas. Temos total capacidade de imaginar um futuro no qual as pessoas conseguirão experimentar, durante um dia ou mesmo numa manhã, todos os diferentes tipos de realidade, distanciando estas das próprias experiências e, então, colocando-as sob uma nova luz.

Essas tecnologias podem servir como "máquinas de desabituação", que nos transportam para longe da nossa realidade, mas logo nos trazem de volta. Em alguns casos, os resultados serão perturbadores e desagradáveis. É possível que passemos a ver coisas terríveis como elas são de fato. Entretanto, em outros casos, esperamos que nosso mundo volte a brilhar para nós.

AGRADECIMENTOS

Somos gratos a muitas pessoas pela ajuda com este livro. Julia Cheiffetz, nossa editora na One Signal, desde o início achou nossa ideia promissora e nos guiou com maestria da concepção até o manuscrito final. A orientação e as anotações de Julia foram inestimáveis. Sameer Rahim, nosso editor na Little, Brown, também fez comentários inspiradores e nos ofereceu um otimismo providencial. Somos gratos ao brilhante Tim Whiting pela confiança depositada neste livro e no trabalho anterior. Da mesma forma, somos gratos a Ida Rothschild por ter dado atenção especial ao livro numa fase avançada do processo e por sugerir muitas alterações que geraram melhorias significativas.

Este livro não teria sido publicado sem nossas extraordinárias agentes: Heather Schroder (Compass Talent), Sophie Lambert (Conville and Walsh), Sarah Chalfant (Wylie Agency) e Rebecca Nagel (Wylie Agency). Temos sorte de ter essas mulheres fortes e inteligentes ao nosso lado, não só como agentes que brigam pelo nosso trabalho como também como amigas brilhantes e carinhosas.

Somos gratos a Amir Doron por nos mostrar algumas das histórias mais interessantes deste livro e a Mani Ramaswami e Lucile Kellis por discussões necessárias. Agradecemos a Oren Bar-Gill, Laura Globig, Eric Posner, Liron Rozenkrantz, Mark Tushnet e Valentina Vellani pelos comentários valiosos numa das primeiras versões do manuscrito. Também devemos um grande agradecimento aos brilhantes alunos do Affective Brain Lab, cuja pesquisa está descrita neste livro: Neil Garrett, Hadeel Haj Ali, Chris Kelly, Bastien Blain, Laura Globig, Valentina Vellani, Stephanie Lazzaro, Sara Zheng, Nora Holtz, Irene Cogliati Dezza, Moshe Glickman e India Pinhorn. Também somos gratos à Faculdade de Direito de Harvard e seu Programa de Economia Comportamental e Políticas Públicas e ao reitor John Manning, por diversos tipos de apoio. Por fim, agradecemos a Kathleen Rizzo e Victoria Yu pelo trabalho hercúleo de concluir este livro.

De Tali: Um enorme agradecimento à minha família pelo apoio. Tenho sorte de ter uma mente brilhante ao meu lado todos os dias — meu marido, Josh McDermott —, em cujas opiniões eu confio mais do que tudo. Este livro é dedicado ao nosso filho e à nossa filha, tão maravilhosos, amorosos e gentis, Livia e Leo. Meu amor por essas pessoas é algo a que nunca vou me habituar.

De Cass: Um agradecimento especial à minha esposa, Samantha Power, pela sabedoria, pelo bom humor, pela gentileza e por muitas discussões sobre este projeto. Meus filhos mais novos, Declan e Rían, foram interlocutores pacientes e engajados, e minha filha mais velha, Ellyn, foi uma grande amiga durante todo o processo; eles se unem a Livia e Leo nas dedicatórias. Meus labradores, Snow e Finley, ficaram comigo o tempo todo e apareceram neste livro em diversas etapas (de maneira sutil, espero).

NOTAS

---

1. WELLS, H. G. *A ilha do Dr. Moreau*. Editora Cartola, 2024.

Introdução: Como nos habituamos a tudo o tempo todo

1. Dethier, V. G. *The Hungry Fly: A Physiological Study of the Behavior Associated with Feeding*. Cambridge, Massachussetts: Harvard University Press, 1976, p. 411. Uma observação sobre o estilo das notas: Apresentamos uma variedade de notas e referências aqui, muitas vezes indicando páginas; quando o assunto em específico ou a citação usada é fácil de encontrar, seguimos a convenção e nos referimos à fonte de maneira mais ampla.
2. Ramaswami, M. "Network Plasticity in Adaptive Filtering and Behavioral Habituation", *Neuron*, v. 82, n. 6, 18 jun. 2014, pp. 1216-29.
3. TRAVEL BULLETIN. "New Study Finds What Triggers the 'Holiday Feeling'", maio 2019. Disponível em: www.travelbulletin.co.uk/news-mainmenu/new-study-finds-what-triggers-the-holiday-feeling.
4. WIKIPEDIA, s.v. "Dagen H".
5. Dembosky, A. "Can Virtual Reality Be Used to Combat Racial Bias in Health Care?", *KQED*, dez. 2021. Disponível em: www.kqed.org/news/11898973/can-virtual-reality-help-combat-racial-bias-in-health-care.
6. Allcott, H. *et al.* "The Welfare Effects of Social Media", *American Economic Review*, v. 110, n. 3, 2020, pp. 629-76.
7. Cavalazzi, B. *et al.* "Cellular Remains in a ~3.42-Billion-Year-Old Subseafloor Hydrothermal Environment", *Science Advances*, v. 7, n. 9, 2021; Dodd, M. S. *et al.* "Evidence for Early Life in Earth's Oldest Hydrothermal Vent Precipitates", *Nature*, v. 543, n. 7643, 2017, pp. 60-4.
8. Juang, B. T. *et al.* "Endogenous Nuclear RNAi Mediates Behavioral Adaptation to Odor", *Cell*, v. 154, n. 5, 2013, pp. 1010-22; Noelle, D. L. *et al.* "The Cyclic GMP-Dependent Protein Kinase EGL-4 Regulates Olfactory Adaptation in *C. elegans*", *Neuron*, v. 36, n. 6, 2002, pp. 1079-89.
9. Zimmer, C. "How Many Cells Are in Your Body?", *National Geographic*, 23 out. 2013. Disponível em: www.nationalgeographic.com/science/article/

how-many-cells-are-in-your-body#:~:text=37.2%20trillion%20cells.,magnitude%20except%20in%20the%20movies.

10. Kandel, E. R. *et al. Principles of Neural Science*. Nova York: McGraw-Hill, 5ª ed., 2013; Regehr, W. G. "Short-Term Presynaptic Plasticity", *Cold Spring Harbor Perspectives in Biology*, v. 4, n. 7, 2012, a005702.
11. Traxler, I. P. V. "On the Disappearance of Given Objects from Our Visual Field", *in:* Himly, K.; Schmidt, J. A. (org.) *Ophthalmologische Bibliothek*, v. 2, n. 2, 1804, pp. 1-53.
12. Benda, J. "Neural Adaptation", *Current Biology*, v. 31, n. 3, 2021, R110-R116.
13. Bristol, A. S.; Carew, T. J. "Differential Role of Inhibition in Habituation of Two Independent Afferent Pathways to a Common Motor Output", *Learning & Memory*, v. 12, n. 1, 2005, pp. 52-60.
14. Sokolov, E. N. "Higher Nervous Functions: The Orienting Reflex", *Annual Review of Physiology*, v. 25, n. 1, 1963, pp. 545-80.
15. Ishai, A. *et al.* "Repetition Suppression of Faces Is Modulated by Emotion", *Proceedings of the National Academy of Sciences of the USA*, v. 101, 2004, pp. 9827-32.

1: Felicidade: Sorvete, crise da meia-idade e monogamia

1. Marchese, D. "Julia Roberts Hasn't Changed. But Hollywood Has", *New York Times*, 18 abr. 2022. Disponível em: www.nytimes.com/interactive/2022/04/18/magazine/julia-roberts-interview.html.
2. Idem.
3. Idem.
4. Lucas, R. E. *et al.* "Reexamining Adaptation and the Set Point Model of Happiness: Reactions to Changes in Marital Status", *Journal of Personality and Social Psychology*, v. 84, n. 3, 2003, p. 527.
5. Scitovsky, T. *The Joyless Economy: The Psychology of Human Satisfaction*. Oxford: Oxford University Press on Demand, 1992, p. 71.
6. Epstein, L. H. *et al.* "Long-Term Habituation to Food in Obese and Non-obese Women", *American Journal of Clinical Nutrition*, v. 94, n. 2, 2011, pp. 371-76.
7. Zajonc, R. B. "Feeling and Thinking: Preferences Need No Inference", *American Psychologist*, v. 35, fev. 1980, pp. 151 71.
8. Nelson, L. D.; Meyvis, T. "Interrupted Consumption: Disrupting Adaptation to Hedonic Experiences", *Journal of Marketing Research*, v. 45, n. 6, 2008, pp. 654-64.
9. Santos, L. "My Life Is Awesome, So Why Can't I Enjoy It?", *Aspen Ideas*, jun. 2019. Disponível em: www.aspenideas.org/sessions/my-life-is-awesome-so-why-cant-i-enjoy-it.
10. Itkes, O. *et al.* "Dissociating Affective and Semantic Valence", *Journal of Experimental Psychology: General*, v. 146 n. 7, 2017, p. 924.
11. Blain, B.; Rutledge, R. B. "Momentary Subjective Well-Being Depends on Learning and Not Reward", *eLife*, 17 nov. 2020, p. 9.
12. Wilde, Oscar. *A importância de ser prudente*, L&PM, 2014.
13. Geana, A. *et al.* "Boredom, Information-Seeking and Exploration", *Semantic Scholar*, 2016. Disponível em: www.semanticscholar.org/paper/Boredom%

2C-Information-Seeking-and-Exploration-Geana-Wilson/20851b975b4e2cb99ed2f11cfb2067e10304661b#citing-papers.
14. Graham, C.; PoZuelO, J. R. "Happiness, Stress, and Age: How the U Curve Varies across People and Places", *Journal of Population Economics*, v. 30, n. 1, 2017, pp. 225-64.
15. Figura adaptada de: www.brookings.edu/articles/happiness-stress-and-age-how-the-u-curve-varies-across-people-and-places/.
16. Graham, C.; PoZuelO, J. R., *op. cit.*
17. NATIONAL INSTITUTE OF MENTAL HEALTH. Disponível em: www.nimh.nih.gov/health/statistics/suicide.
18. Gilovich, T.; Kumar, A.; Jampol, L. "A Wonderful Life: Experiential Consumption and the Pursuit of Happiness", *Journal of Consumer Psychology*, v. 25, n. 1, 2015, pp. 152-65.
19. Ibid.
20. Hawkins, John. (org.) *The Works of Samuel Johnson*, LL.D. Nova York: George Dearborn, v. 1, 1837, p. 412.
21. Idem.
22. Wilde, Oscar., *op. cit.*
23. Perel, E. *Mating in Captivity: Unlocking Erotic Intelligence*. Nova York: Harper, 2007, p. 272. Citamos este livro várias vezes a partir deste ponto; poupamos os leitores de notas de rodapé para todas as ocasiões.
24. Ibid., p. 10.
25. Idem.
26. Shackelford, T. K. *et al.* "Absence Makes the Adaptations Grow Fonder: Proportion of Time Apart from Partner, Male Sexual Psychology, and Sperm Competition in Humans (*Homo sapiens*)", *Journal of Comparative Psychology*, v. 121, n. 2, 2007, p. 214.
27. Frederick, S.; Loewenstein, G. "Hedonic Adaptation", *in: Well-Being: The Foundations of Hedonic Psychology*. KAHNEMAN, D.; DIENER, E.; SCHWARZ, N. (org.). Nova York: Russell Sage, 1999, pp. 302-29.
28. Lydon-Staley, D. M. *et al.* "Hunters, Busybodies and the Knowledge Network Building Associated with Deprivation Curiosity", *Nature Human Behaviour*, v. 5, n. 3, 2021, pp. 327-36.
29. Weller, Chris. "6 Novels Bill Gates Thinks Everyone Should Read", *Business Insider*, 2017.
30. Popomaronis, Tom. "Here's a Full List of Every Book Warren Buffett Has Recommended This Decade—in His Annual Letters", *CNBC*, 2019.

2: **Variedade:** Por que você deve dividir o que for bom em pedaços, mas engolir de uma só vez o que for ruim

1. Sudakow, J. "This Is Why Good Employees Resign within Their First Year and What You Can Do about It", *Inc.com*, 18 out. 2017.
2. Vaccaro, A. "Why Employees Quit Jobs Right After They've Started", *Inc.com*, 17 abr. 2014.
3. Diener, E.; Lucas, R. E.; Oishi, S. "Subjective Well-Being: The Science of Happiness and Life Satisfaction", *Handbook of Positive Psychology*, n. 2, 2002, pp. 63-73.

4. DECI, E. L.; RYAN, R. M. "Hedonia, Eudaimonia, and Well-Being: An Introduction", *Journal of Happiness Studies*, v. 9, n. 1, 2008, pp. 1-11.
5. O'BRIEN, E.; KASSIRER, S. "People Are Slow to Adapt to the Warm Glow of Giving", *Psychological Science*, v. 30, n. 2, 2019, pp 193-204.
6. Idem.
7. Oishi, S.; Westgate, E. C. "A Psychologically Rich Life: Beyond Happiness and Meaning", *Psychological Review*, v. 129, n. 4, 2022, p. 790.
8. Idem.
9. LEVITT, S. D. "Heads or Tails: The Impact of a Coin Toss on Major Life Decisions and Subsequent Happiness", *Review of Economic Studies*, v. 88, n. 1, 2021, pp. 378-405.
10. Idem.
11. Idem.
12. NELSON, L. D.; MEYVIS, T. "Interrupted Consumption: Disrupting Adaptation to Hedonic Experiences", *Journal of Marketing Research*, v. 45, n. 6, 2008, pp. 654-64.
13. Idem.
14. Idem.
15. Idem.
16. Idem.
17. Idem.
18. TRAVEL BULLETIN. "New Study Finds What Triggers the 'Holiday Feeling'", maio 2019. Disponível em: www.travelbulletin.co.uk/news-mainmenu/new-study-finds-what-triggers-the-holiday-feeling.
19. Idem.

3: Redes Sociais: Como despertar do coma induzido pela tecnologia

1. HARFORD, T. "Your Phones Notification Settings and the Meaning of Life", *Forbes*, jun. 2022.
2. HOLSTEIN, S. "10 Great Ways Quitting Social Media Changed My Life for the Better", ago. 2021. Disponível em: https://samholstein.com/10-great-ways-quitting-social-media-changed-my-life-for-the-better/.
3. CHOWDHURY, S. "14 Remarkable Ways My Life Changed When I Quit Social Media", *Inc.com*, 21 set. 2017. Disponível em: www.inc.com/quora/14-remarkable-ways-my-life-changed-when-i-quit-soc.html.
4. ALLCOTT, H. *et al.* "The Welfare Effects of Social Media", *American Economic Review*, v. 110, n. 3, 2020, pp. 629-76.
5. Zalani, R. "Screen Time Statistics (2022): Your Smartphone Is Hurting You", *Elite Content Marketer*.
6. RUBY, D. "Social Media Users — How Many People Use Social Media in 2023", *Demand Sage*, 2023. Disponível em: www.demandsage.com/social-media-users/.
7. ALLCOTT, H. *et al.*, *op. cit.*
8. BRAGHIERI, L.; LEVY, R. E.; MAKARIN, A. "Social Media and Mental Health", *American Economic Review*, v. 112, n. 11, 2022, pp. 3660-93.

9. Idem.
10. ALLCOTT, H. *et al.*, *op. cit.*
11. Frederick, S.; Loewenstein, G., op. cit.
12. Idem.
13. BUKSTEL L. H.; KILMANN, P. R. "Psychological Effects of Imprisonment on Confined Individuals", *Psychological Bulletin*, v. 88, n. 2, 1980, p. 469.
14. Frederick, S.; Loewenstein, G., *op. cit.*
15. WADSWORTH, T. "Sex and the Pursuit of Happiness: How Other Peoples Sex Lives Are Related to Our Sense of Well-Being", *Social Indicators Research*, v. 116, 2014, pp. 115-35.
16. SCALIA, A. "The Rule of Law as a Law of Rules", *University of Chicago Law Review*, v. 56, 1989, p. 1175.
17. ALLCOTT, H. *et al.*, *op. cit.*, p. 655.
18. Idem.
19. KRIEGER, A. "Rethinking Addiction", *Blog of the APA*, 21 abr. 2022. Disponível em: https://blog.apaonline.org/2022/04/21/rethinking-addiction/. Para ver o original, consulte: RUSH, B. *Medical Inquiries and Observations Upon the Diseases of the Mind*. Nova York: Hafner, 1810, p. 266.
20. ALLCOTT, H.; GENTZKOW, M.; SONG, L. "Digital Addiction", *American Economic Review*, v. 112, n. 7, 2022, pp. 2424-63.
21. Idem.
22. KELLY, C.; SHAROT, T. "Knowledge-Seeking Reflects and Shapes Mental Health", 2023.
23. CHOWDHURY, S., *op. cit.*

4: Resiliência: Um ingrediente crucial para ter a mente saudável

1. Atribuída a Michael Rutter (1985): https://medium.com/explore-the-Unfits/resilience-is-our-ability-to-bounce-back-from-lifes-challenges-and-unforeseen-difficulties-3e99485535a.
2. HELLER, A. S.; KRAUS, N. I.; VILLANO, W. J. "Depression Is Associated with Blunted Affective Responses to Naturalistic Reward Prediction Error" (em prep.).
3. NOLEN-HOEKSEMA, S.; WISCO, B. E.; LYUBOMIRSKY, S. "Rethinking Rumination", *Perspectives on Psychological Science*, v. 3, n. 5, 2008, pp. 400-24.
4. GLOBIG, L. K.; BLAIN, B.; SHAROT, T. "When Private Optimism Meets Public Despair: Dissociable Effects on Behavior and Well-Being", *Journal of Risk & Uncertainty*, v. 64, 2022, pp. 1-22.
5. AKNIN, L.; ZAKI, J.; DUNN, E. "The Pandemic Did Not Affect Mental Health the Way You Hunk", *The Atlantic*, jul. 2021.
6. FANCOURT, D. *et al.* "COVID-19 Social Study", *Results Release*, v. 10, 2021, p. 25.
7. Idem.
8. LUCAS, R. E.; CLARK, A. E.; GEORGELLIS, Y.; DIENER, E. "Reexamining Adaptation and the Set Point Model of Happiness: Reactions to Changes in Marital Status", *Journal of Personality and Social Psychology*, v. 84, n. 3, 2003, p. 527.
9. KENDLER, K. S. *et al.* "A Swedish National Twin Study of Lifetime Major Depression", *American Journal of Psychiatry*, v. 163, n. 1, 2006, pp. 109-14.

10. CANNIZZARO, D. "Return to Normalcy Causing Post-Pandemic Anxiety", *Wilx.com*, jun. 2021. Disponível em: www.wilx.com/2021/06/02/return-to-normalcy-causing-post-pandemic-anxiety/.
11. BHAT, U.; KANG, T. "Empress Masako: The Japanese Princess Who Struggles with Royal Life", *BBC*, maio 2019. Disponível em: www.bbc.com/news/world-asia-48118128.
12. MAYO CLINIC. "Adjustment Disorders." Disponível em: www.mayoclinic.org/diseases-conditions/adjustment-disorders/symptoms-causes/syc-20355224.
13. ISHAI, A. "Repetition Suppression of Faces Is Modulated by Emotion", *Proceedings of the National Academy of Sciences of the USA*, v. 101, 2004, pp. 9827-32.
14. WILLIAMS, L. E. *et al.* "Reduced Habituation in Patients with Schizophrenia", *Schizophrenia Research*, v. 151, n. 1-3, 2013, pp. 124-32.
15. ANDRADE, G. N. *et al.* "Atypical Visual and Somatosensory Adaptation in Schizophrenia-Spectrum Disorders", *Translational Psychiatry*, v. 6, n. 5, 2016, e804.
16. WIKIPEDIA, s.v. "Ornitofobia".
17. ABRAMOWITZ, J. S.; DEACON, B. J.; WHITESIDE, S. P. *Exposure Therapy for Anxiety: Principles and Practice*. Nova York: Guilford, 2019.

5: Criatividade: Supere a habituação do pensamento

1. POLLARD, C. W. *The Soul of the Firm*. Grand Rapids: HarperCollins, 1996, p. 116.
2. GOLDMAN, T. "High Jumper Dick Fosbury, Who Revolutionized the Sport, with His 'Flop', Dies at 76", *NPR*, mar. 2023.
3. WIKIPEDIA, s.v. "Richard Douglas Fosbury."
4. WELCH, B. *The Wizard of Poz: Dick Fosbury's One-Man High-Jump Revolution*. Nova York: Simon & Schuster, 2018. Citamos este livro várias vezes a partir deste ponto; poupamos os leitores de notas de rodapé em todas as ocasiões.
5. Idem.
6. TOWER, N. "Trial and Error: How Dick Fosbury Revolutionized the High Jump", *Global Sports Matters*, out. 2018; OLYMPICS, "How One Man Changed the High Jump Forever", *YouTube*, abr. 2018. Disponível em: www.youtube.com/watch?v=CZsH46Ek2ao.
7. MADDUX, W. W.; GALINSKY, A. D. "Cultural Borders and Mental Barriers: The Relationship between Living Abroad and Creativity", *Journal of Personality and Social Psychology*, v. 96, n. 5, 2009, p. 1047.
8. FRITH E. *et al.* "Systematic Review of the Proposed Associations between Physical Exercise and Creative Thinking", *Europe's Journal of Psychology*, v. 15, n. 4, 2019, p. 858.
9. MAIN, K. J. *et al.* "Change It Up: Inactivity and Repetitive Activity Reduce Creative Thinking", *Journal of Creative Behavior*, v. 54, n. 2, 2020, pp. 395-406.
10. Idem.
11. Idem.
12. Idem.
13. CARSON, S. H.; PETERSON, J. B.; HIGGINS, D. M. "Decreased Latent Inhibition Is Associated with Increased Creative Achievement in High-Functioning Individuals", *Journal of Personality and Social Psychology*, v. 85, n. 3, 2003, p. 499.

14. Idem.
15. MARTINDALE, C. *et al.* "Creativity, Oversensitivity, and Rate of Habituation", *Personality and Individual Differences*, v. 20, n. 4 1996, pp. 423-27.
16. CARSON, S. H.; PETERSON, J. B.; HIGGINS, D. M., *op. cit.*
17. WELCH, B., *op. cit.*
18. THALER, R. H. Discurso de convocação: University of Chicago Graduate School of Business, 15 jun. 2003.
19. WIKIPEDIA, s.v. "Richard Douglas Fosbury".
20. Idem.
21. WELCH, B., *op. cit.*

6: **Mentiras:** Como impedir que o nariz do seu filho cresça

1. KIRCHNER, B. *The Bernard Madoff Investment Scam*. Upper Saddle River: FT Press, 2010.
2. SHAROT, T. "The Danger of Small Lies", *Thrive Global*, 2022.
3. GARRETT, N. *et al.* "The Brain Adapts to Dishonesty", *Nature Neuroscience*, v. 19, n. 12, 2016, pp. 1727-32.
4. WELSH, D. T. *et al.* "The Slippery Slope: How Small Ethical Transgressions Pave the Way for Larger Future Transgressions", *Journal of Applied Psychology*, v. 100, n. 1, 2015, p. 114.
5. BREITER, H. C. *et al.* "Response and Habituation of the Human Amygdala during Visual Processing of Facial Expression", *Neuron*, v. 17, 1996, pp. 875-87; ISHAI, A. *et al.* "Repetition Suppression of Faces Is Modulated by Emotion", *Proceedings of the National Academy of Sciences of the USA*, v. 101, 2004, 9827-32.; DENNY, B. T. *et al.* "Insula-Amygdala Functional Connectivity Is Correlated with Habituation to Repeated Negative Images", *Social Cognitive and Affective Neuroscience*, v. 9, 2014, pp. 1660-67.
6. DALTON, P. "Olfaction", *in: Steven's Handbook of Experimental Psychology: Sensation and Perception*; PASHLER, H.; YANTIS, S. Hoboken, Nova Jersey: John Wiley & Sons, 2002, pp. 691-746.
7. SCHACHTER, S.; LATANE, B. "Crime, Cognition, and the Autonomic Nervous System", *in: Nebraska Symposium on Motivation*, v. 12. LEVINE, D. (org.) Lincoln: University of Nebraska, 1964, pp. 221-75.
8. SHAROT, T.; GARRETT, N. "Trumps Lying Seems to Be Getting Worse. Psychology Suggests There's a Reason Why", *NBC News*, 23 maio 2018.
9. JANEZIC, K. A.; GALLEGO, A. "Eliciting Preferences for Truth-Telling in a Survey of Politicians", *Proceedings of the National Academy of Sciences of the USA*, v. 117, n. 36, 2020, pp. 22002-8.
10. GRAHAM, J. "Americans Are Increasingly Comfortable with Many White Lies, New Poll Reveals", *Deseret News*, 28 mar. 2018.
11. WELSH, D. T., *et al.*, *op. cit.*
12. WEAVER, C. "Belle Gibson: The Girl Who Conned Us All", *Australian Women's Weekly*, 25 jun. 2015.
13. DAVEY, M. "'None of It's True': Wellness Blogger Belle Gibson Admits She Never Had Cancer", *The Guardian*, 22 abr. 2015.

14. Observamos fortes evidências que sugerem que alguns cientistas comportamentais que trabalham com a desonestidade também fabricaram dados.
15. KIRCHNER, B., *op. cit.*
16. Idem.
17. GRAHAM, J.; HAIDT, J.; NOSEK, B. A. "Liberals and Conservatives Rely on Different Sets of Moral Foundations", *Journal of Personality and Social Psychology*, v. 96, n. 5, 2009, p. 1029.
18. BARON, J. SPRANCA, M. "Protected Values", *Organizational Behavior and Human Decision Processes*, v. 70, n. 1, 1997, pp. 1-16; MCGRAW, A. P.; FETLOCK, P. E. "Taboo Trade-Offs, Relational Framing, and the Acceptability of Exchanges", *Journal of Consumer Psychology*, v. 15, n. 1, 2005, pp. 2-15.
19. O relatório foi publicado anteriormente no jornal israelense *Haaretz*, em 09 jun. 2006.
20. WILLIAMS, B. *Moral Luck: Philosophical Papers, 1973-1980*. Cambridge: Cambridge University Press, 1981, p. 18.
21. SHAROT; GARRETT; LAZZARO. Artigo não publicado.

7: (Des)informação: Como fazer as pessoas acreditarem em (quase) tudo

1. HITLER, A. *Mein Kampf: Zwei Bände in einem Band*. Berlim: Franz Eher Nachfolger, 1943.
2. HASHER, L.; GOLDSTEIN, D.; TOPPINO, T. "Frequency and the Conference of Referential Validity", *Journal of Verbal Learning and Verbal Behavior*, v. 16, n. 1, 1977, pp. 107-12.
3. Idem.
4. HASSAN, A.; BARBER, S. J. "The Effects of Repetition Frequency on the Illusory Truth Effect", *Cognitive Research: Principles and Implications*, v. 6, n. 1, 2021, pp. 1-12.
5. PENNYCOOK, G.; CANNON, T. D.; RAND, D. G. "Prior Exposure Increases Perceived Accuracy of Fake News", *Journal of Experimental Psychology: General*, v. 147, n. 12, 2018, p. 1865.
6. FAZIO, L. K. *et al.* "Knowledge Does Not Protect against Illusory Truth", *Journal of Experimental Psychology: General*, v. 144, n. 5, 2015, p. 993.
7. KEERSMAECKER, J. De *et al.* "Investigating the Robustness of the Illusory Truth Effect across Individual Differences in Cognitive Ability, Need for Cognitive Closure, and Cognitive Style", *Personality and Social Psychology Bulletin*, v. 46, n. 2, 2020, pp. 204-15.
8. Idem.
9. MITCHELL, J. P. *et al.* "Misattribution Errors in Alzheimer's Disease: The Illusory Truth Effect", *Neuropsychology*, v. 20, n. 2, 2006, p. 185.
10. LEVINE, T. R. *et al.* "Norms, Expectations, and Deception: A Norm Violation Model of Veracity Judgments", *Communications Monographs*, v. 67, n. 2, 2000, pp. 123-37.
11. SCHACTER, D. L. "The Seven Sins of Memory: Insights from Psychology and Cognitive Neuroscience", *American Psychologist*, v. 54, n. 3, 1999, p. 182.

12. BEGG, I.; ARMOUR, V.; KERR, T. "On Believing What We Remember", *Canadian Journal of Behavioural Science / Revue canadienne des sciences du comportement*, v. 17, n. 3, 1985, p. 199.
13. FIEDLER, K. "Metacognitive Myopia — Gullibility as a Major Obstacle in the Way of Irrational Behavior", in: *The Social Psychology of Gullibility: Fake News, Conspiracy Theories, and Irrational Beliefs*. FORGAS, J. P.; BAUMEISTER, R. (org.) Nova York: Routledge, 2019, pp. 123-39.
14. HORNER, A. J.; HENSON, R. N., "Priming, Response Learning and Repetition Suppression", *Neuropsychologia*, v. 46, n. 7, 2008, pp. 1979-91.
15. REBER, R.; SCHWARZ, N. "Effects of Perceptual Fluency on Judgments of Truth", *Consciousness and Cognition*, v. 8, n. 3 1999, pp. 338-42.
16. HITLER, A., *op. cit.*
17. VELLANI, V. *et al.* "The Illusory Truth Effect Leads to the Spread of Misinformation", *Cognition*, v. 236, 2023, 105421.
18. MIKKELSON, B. "Leper in Chesterfield Cigarette Factory", *Snopes*, 17 dez. 1999. Disponível em: www.snopes.com/fact-check/the-leper-who-changes-spots/.
19. SKURNIK, I. *et al.* "How Warnings about False Claims Become Recommendations", *Journal of Consumer Research*, v. 31, n. 4, 2005, pp. 713-24.
20. Idem.
21. PANTAZI, M.; KLEIN O.; KISSINE, M.; "Is Justice Blind or Myopic? An Examination of the Effects of Meta-Cognitive Myopia and Truth Bias on Mock Jurors and Judges", *Judgment and Decision Making*, v. 15, n. 2, 2020, p. 214.
22. PENNYCOOK, G. *et al.* "Shifting Attention to Accuracy Can Reduce Misinformation Online", *Nature*, v. 592, n. 7855, 2021, pp. 590-5.
23. SHAROT, T. "To Quell Misinformation, Use Carrots — Not Just Sticks", *Nature*, v. 591, n. 7850, 2021, p. 347.
24. GLOBIG, L. K.; HOLTZ, N., SHAROT, T. "Changing the Incentive Structure of Social Media Platforms to Halt the Spread of Misinformation", *eLife*, v. 12, 2023, e85767.

8: Risco: O que os suecos nos ensinaram com o *Högertrafikomläggningen*

1. SYNNOTT, M. "Legendary Climber Alex Honnold Shares His Closest Call", *National Geographic*, 30 dez. 2015. Disponível em: www.nationalgeographic.com/adventure/article/ropeless-climber-alex-honnolds-closest-call.
2. LOS ANGELES TIMES. "Magician Killed Attempting Coffin Escape Trick", 1 nov. 1990; JON PINCH (blog). "When Magic Kills the Magician". Disponível em: www.finchmagician.com/blog/when-magic-kills-the-magician.
3. UNITED PRESS INTERNATIONAL. "Magician Dies in Halloween Houdini-Type Stunt", 1 nov. 1990. Disponível em: www.upi.com/Archives/1990/ll/01/Magician-dies-in-Halloween-Houdini-type-stunt/2524657435600/.
4. Idem.
5. BOSCH, D. S. "Risk Habituation", *Headington Institute*, 2016. Disponível em: www.headington-institute.org/ resource/risk-habituation/.

6. ALI, H. H.; GHCKMAN, M.; SHAROT, T. "Slippery Slope of Risk-Taking: The Role of Habituation in Risk-Taking Escalation", *Computational Cognitive Neuroscience Annual Meeting*, 2023.
7. LOEWENSTEIN, G. F. et al. "Risk as Feelings", *Psychological Bulletin*, v. 127, n. 2, 2001, p 267.
8. KERSHAW, I. et al. "David Camerons Legacy: The Historians' Verdict", *The Guardian*, 15 jul. 2016. Disponível em: www.theguardian.com/politics/2016/jul/15/david-camerons-legacy-the-historians-verdict.
9. GLOBIG, L. K.; BLAIN, B.; SHAROT, T. "Perceptions of Personal and Public Risk: Dissociable Effects on Behavior and Well-Being", *Journal of Risk & Uncertainty*, v. 64, 2022, pp. 213-34.
10. SLOVIC, P. "Perception of Risk", *Science*, v. 236, n. 4799, 1987, pp. 280-85.
11. CORTER, J. E.; CHEN, Y. J. "Do Investment Risk Tolerance Attitudes Predict Portfolio Risk?", *Journal of Business and Psychology*, v. 20, n. 3, 2006, pp. 369-81.
12. "Why Workplace Accidents Often Happen Late in Projects", *ISHN*, 1 out. 2016. Disponível em: www.ishn.com/articles/105044-why-workplace-accidents-often-happen-late-in-projects#:~:text=This%20behavior%20is%20described%20as,%E2%80%9CTrapped%20Under%20the%20Sea.%E2%80%9D.
13. SWIDEY, N. *Trapped Under the Sea: One Engineering Marvel, Five Men, and a Disaster Ten Miles into the Darkness*. Nova York: Crown, 2014.
14. DAALMANS, J. *Human Behavior in Hazardous Situations: Best Practice Safety Management in the Chemical and Process Industries*. Oxford: Butterworth-Heinemann, 2012.
15. Idem.
16. TIME. "Sweden: Switch to the Right", set. 1967; "Swedish Motorists Move to Right", *Montreal Gazette*, set. 1967; Wikipedia, s.v. "Dagen H".
17. PERAKSLIS, C. "Hagen Hogertrafik (H-Oay) and Risk Habituation [Last Word]", *IEEE Technology and Society Magazine*, v. 35, n. 1, 2016, p. 88.
18. FDA. "Cigarette Labeling and Health Warning Requirements." Disponível em: www.fda.gov/tobacco-products/labeling-and-warning-statements-tobacco-products/cigarette-labeling-and-health-warning-requirements.
19. ANDERSON, B. B. et al. "How Polymorphic Warnings Reduce Habituation in the Brain: Insights from an fMRI Study", *Proceedings of the 33rd Annual ACM Conference on Human Factors in Computing Systems*, 2015, pp. 2883-92.
20. VANCE, A. et al. "Tuning Out Security Warnings: A Longitudinal Examination of Habituation through fMRI, Eye Tracking, and Field Experiments", *MIS Quarterly ML*, n. 2, 2018, pp. 355-80.
21. Idem.
22. KIM, N.; AHN, C. R. "Using a Virtual Reality-Based Experiment Environment to Examine Risk Habituation in Construction Safety", *Proceedings of the International Symposium on Automation and Robotics in Construction* (IAARC), 2020.
23. ALI, H. H; GHCKMAN, M.; SHAROT, T., *op. cit.*
24. "Mortality among Teenagers Aged 12-19 Years: United States, 1999-2006", *in: NCHS Data Brief*, n. 37, maio 2010; e "CDC Report On Childhood Injury", *Injury Center Connection*, v. 1, n. 4, 2008.
25. SYNNOTT, M., *op. cit.*

9: Ambiente: Você poderia morar ao lado de uma fazenda de porcos no sul durante o verão

1. DUBOS, R. "Mere Survival Is Not Enough for Man", *in: Life Magazine*, v. 69, n. 4, 24 jul. 1970, p. 2.
2. QUORA. Disponível em: www.quora.com/Whats-it-like-to-live-near-train-tracks#.
3. QUORA. Disponível em: www.quora.com/How-do-people-who-live-near-the-airport-cope-with-the-noise.
4. LIB QUOTES. Disponível em: https://libquotes.com/robert-orben/quote/lbw1u0d.
5. QUORA. Disponível em: www.quora.com/How-do-people-who-live-near-the-airport-cope-with-the-noise.
6. EVANS, G. W.; JACOBS S. V.; FRAGER, N. B. "Adaptation to Air Pollution", *Journal of Environmental Psychology*, v. 2, n. 2, 1982: pp. 99-108.
7. NBC. "Report Says LA Has Most Polluted Air in the US", mar. 2022.
8. TAYLOR, M; LAVILLE, S. "British People Unaware of Pollution Levels in the Air They Breathe — Study", *The Guardian*, 28 fev. 2017.
9. EVANS, G. W.; JACOBS S. V.; FRAGER, N. B., *op. cit.*
10. Idem.
11. SHAROT, T. *O viés otimista: Por que somos programados para ver o mundo pelo lado positivo*. Tradução de RODRIGUES, A. B. Rio de Janeiro: Editora Rocco, 2016.
12. GLOBIG, L. K.; BLAIN, B.; SHAROT, T. "Perceptions of Personal and Public Risk: Dissociable Effects on Behavior and Well-Being", *Journal of Risk and Uncertainty*, v. 64, 2022, pp. 213-34.
13. DUNLAP, R. E.; GALLUP JR., G. H.; GALLUP, A. M. "Of Global Concern", *Environment Science and Policy for Sustainable Development*, v. 35, n. 9, 1993, pp. 7-39.
14. LEVINSON, A. "Happiness and Air Pollution", *in: Handbook on Wellbeing Happiness and the Environment*. MADDISON, D.; REHDANZ, K; WELSCH, H. (org.). Cheltenham: Edward Elgar, 2020, pp. 164-82.
15. Idem.
16. GUNNARSEN L.; FANGER, P. O. "Adaptation to Indoor Air Pollution", *Environment International*, v. 18, n. 1, 1992, pp. 43-54.
17. INGALL, A. "Distracted People Can Be 'Smell Blind'", *University of Sussex*, 5 jun. 2018. Disponível em: www.sussex.ac.uk/broadcast/read/45089.
18. SHEN, Y.; DASGUPTA, S.; NAVLAKHA, S. "Habituation as a Neural Algorithm for Online Odor Discrimination", *Proceedings of the National Academy of Sciences of the USA*, v. 117, n. 22, 2020, pp. 12402-10.
19. GOLTZ, F. L. *Beiträge zur Lehre von den Functionen der Nervencentren des Frosches*. Berlin: August Hirschwald, 1869; FALLOWS, J. "Guest-Post Wisdom on Frogs", *The Atlantic*, 21 jul. 2009. Disponível em: www.theatlantic.com/technology/archive/2009/07/guest-post-wisdom-on-frogs/21789/.
20. HEINZMANN, A. "Ueber die Wirkung sehr allmäliger Aenderungen thermischer Reize auf die Empfindungsnerven", *Archiv für die gesamte Physiologie des Menschen und der Thiere*, v. 6, 1872, 222-36. Disponível em: https://doi.org/10.1007/BF01612252; SCRIPTURE, E. W. *The New Psychology*. Nova York: W. Scott Publishing, 1897, p. 300.

21. FAST COMPANY. "Next Time, What Say We Boil a Consultant", 31 out. 1995; GIBBONS, W. "The Legend of the Boiling Frog Is Just a Legend", *Ecoviews*, 23 dez. 2007.
22. KRUGMAN, P. "Boiling the Frog", *The New York Times*, 13 jul. 2009.
23. GRANT, A. *Pense de novo: O poder de saber o que você não sabe*. Tradução de SIMMER, C. Rio de Janeiro: Editora Sextante, 2021.
24. FALLOWS, J., *op. cit.*
25. MOORE, F. C. *et al.* "Rapidly Declining Remarkability of Temperature Anomalies May Obscure Public Perception of Climate Change", *Proceedings of the National Academy of Sciences of the USA*, v. 116, n. 11, 2019, pp. 4905-10.
26. Ibid., p. 4909.
27. DAVIS, T. R. "Chamber Cold Acclimatization in Man", *Journal of Applied Physiology*, v. 16, n. 6, 1961, pp. 1011-15.
28. BRAZAITIS, M. *et al.* "Time Course of Physiological and Psychological Responses in Humans during a 20-Day Severe-Cold-Acclimation Programme", *PLoS One*, v. 9, n. 4, 2014, e94698.
29. HEID, M. "How to Help Your Body Adjust to Colder Weather", *Time*, 29 out. 2019. Disponível em: https://time.com/5712904/adjust-to-cold-weather/.
30. DUBOS, R. *Um animal tão humano*. Tradução de LAMBERTI, A. São Paulo: Editora Melhoramentos, 1974.

10: Progresso: Liberte-se das prisões das baixas expectativas

1. RABBI JESSE PAIKIN. Disponível em: https://jessepaikin.com/2020/07/05/may-you-always-be-surprised/.
2. HER ETIQUETTE. Disponível em: https://her-etiquette.com/beautiful-story-start-new-year-jorge-bucay/.
3. STEVENSON, B.; WOLFERS, J. "The Paradox of Declining Female Happiness", *American Economic Journal: Economic Policy*, v. 1, n. 2, 2009, pp. 190-225.
4. Idem.
5. TESCH-RÖMER, C.; MOTEL-KLINGEBIEL, A; TOMASIK, M. J. "Gender Differences in Subjective Well-Being: Comparing Societies with Respect to Gender Equality", *Social Indicators Research*, v. 85, n. 2, 2008, pp. 329-49; LIMA, S. V. "A Cross-Country Investigation of the Determinants of the Happiness Gender Gap", *in:* "Essays on Economics and Happiness", cap. 2. (Dissertação de doutorado, Università di Milano-Bicocca, 2013); MEISENBERG G.; WOODLEY, M. A. "Gender Differences in Subjective Well-Being and Their Relationships with Gender Equality", *Journal of Happiness Studies*, v. 16, n. 6, 2015, pp. 1539-55; ZUCKERMAN, M.; LI, C.; HALL, J. A. "When Men and Women Differ in Self-Esteem and When They Don't: A Meta-Analysis", *Journal of Research in Personality*, v. 64, 2016, pp. 34-51.
6. PEW RESEARCH CENTER. Disponível em: https://www.pewresearch.org/social-trends/2023/04/13/in-a-growing-share-of-u-s-marriages-husbands-and-wives-earn-about-the-same/.
7. RUTLEDGE, R. B. *et al.* "A Computational and Neural Model of Momentary Subjective Well-Being", *Proceedings of the National Academy of Sciences of the USA*, v. 111, n. 33, 2014, pp. 12252-57.

8. GRAHAM, C. "Why Societies Stay Stuck in Bad Equilibrium: Insights from Happiness Studies amidst Prosperity and Adversity", IZA Conference on Frontiers *in: Labor Economics: The Economics of Well-Being and Happiness*, Washington, D.C., 2009.
9. ELSTER, J. *America before 1787: The Unraveling of a Colonial Regime*. Princeton, Nova Jersey: Princeton University Press, 2023.
10. SEN, A. *Commodities and Capabilities*. Amsterdã: North-Holland, 1985, p. 7.
11. GRAHAM, C., *op. cit.*
12. Idem.
13. Idem.
14. HELLIWELL, J. F. *et al. World Happiness Report 2021*. Disponível em: https://worldhappiness.report/ed/2021/.
15. ELSTER, J., *op. cit.*, p. 45.
16. GRAHAM, C., *op. cit.*
17. TESCH-RÖMER, C.; MOTEL-KLINGEBIEL, A; TOMASIK, M. J., *op. cit.*; LIMA, S. Vieira., *op. cit.*
18. ORWELL, G. *1984*. Companhia Das Letras, 2009.

11: Discriminação: O Judeu Gentil, a cientista que usa minissaia e as crianças que simplesmente não eram legais

1. GRIFFIN, J. H. *Black Like Me: The Definitive Griffin Estate Edition, Corrected from Original Manuscripts*. Chicago: Wings Press, 2004, p. 210.
2. HOLLEY, P. "'Super Racist' Pool Safety Poster Prompts Red Cross Apology", *The Washington Post*, 27 jun. 2016. Disponível em: www.washingtonpost.com/news/morning-mix/wp/2016/06/27/super-racist-pool-safety-poster-prompts-red-cross-apology/.
3. Idem.
4. WEATHERBY, W. J.; WELLAND, C. *Chariots of Fire*. Nova York: Dell/Quicksilver, 1982, p. 31.
5. GRIFFIN, J. H., *op. cit.*, p. 192.
6. Ibid., p. 49.
7. Ibid., p. 64.
8. DEMBOSKY, A., *op. cit.*
9. PECK, T. C. *et al.*, "Putting Yourself in the Skin of a Black Avatar Reduces Implicit Racial Bias", *Consciousness and Cognition*, v. 22, n. 3, 2013, pp. 779-87.
10. MACKINNON, C. A.; *Sexual Harassment of Working Women: A Case of Sex Discrimination*. New Haven: Yale University Press, 1979.
11. *Meritor Savings Bank v. Vincent,* 477 U.S. 57,64, 1986. (Símbolos de edição interna omitidos).
12. FRIEDAN, B. *A mística feminina*. Tradução de BITELLI, C.; YACUBIAN, F.; LIBANIO, B.; VARGAS, M. Rio de Janeiro: Rosa dos Tempos, 2020.
13. NORTHUP, S. *Doze anos de escravidão*. Tradução de CHANG, C. Rio de Janeiro: Penguin-Companhia, 2014.
14. NAVE, K. *et al.* "Wilding the Predictive Brain", *Wiley Interdisciplinary Reviews: Cognitive Science*, v. 11, n. 6, 2020, e1542.

15. FERRER, X. et al. "Bias and Discrimination in AI: A Cross-Disciplinary Perspective", *IEEE Technology and Society Magazine*, v. 40, n. 2, 2021, pp. 72-80; MILLER, K. "A Matter of Perspective: Discrimination, Bias, and Inequality in AI", in: *Legal Regulations, Implications, and Issues Surrounding Digital Data*. JACKSON, M.; SHELLY, M. (org.). Hershey, Pensilvânia: IGI Global, 2020, pp. 182-202.
16. TELFORD, T. "Apple Card Algorithm Sparks Gender Bias Allegations against Goldman Sachs", *The Washington Post*, 11 nov. 2019. Disponível em: www.washingtonpost.com/business/2019/11/11/apple-card-algorithm-sparks-gender-bias-allegations-against-goldman-sachs/.
17. GLICKMAN, M.; SHAROT, T. "Biased AI Produce Biased Humans", *PsyArXiv*, 2023.

12: Tirania: A natureza devastadoramente progressiva da ascensão ao fascismo

1. MAYER, M. *They Thought They Were Free*. Chicago: University of Chicago Press, 1955, p. 168. Várias citações deste livro aparecem a partir desse ponto, como você poderá verificar pelo contexto.
2. HAFFNER, S. *Defying Hitler*. Nova York: Macmillan, 2000. Várias citações deste livro aparecem a seguir, e você poderá verificar isso pelo contexto; poupamos o leitor das referências a cada página.
3. Ibid., p. 142.
4. Idem.
5. MAYER, Milton., *op. cit.*, cap. 8.
6. Ibid., p. 93.
7. KURAN, T. *Public Truths, Private Lies*. Cambridge, Massachussetts: Harvard University Press, 1997, p. 3.
8. MAYER, M., *op. cit.*, p. 168.
9. HAFFNER, S., *op. cit.*, p. 111.
10. Ibid., p. 150.
11. Ibid., p. 156.
12. MAYER, M., *op. cit.*, pp. 169-70.
13. HAFFNER, S., *op. cit.*, p. 85.
14. MILGRAM, S. *Obedience to Authority*. Nova York: Harper Perennial, 2009.
15. Idem.
16. MILGRAM, S. "Behavioral Study of Obedience", *Journal of Abnormal and Social Psychology*, v. 67, n. 4, 1963, pp. 371-8.
17. BURGER, J. M. "Repheating Milgram: Would People Still Obey Today?", *American Psychologist*, v. 64, n. 1, 2009, p. 1.

13: Lei: Como precificar a dor?

1. UBEL, P. A; LOEWENSTEIN, G. "Pain and Suffering Awards: They Shouldn't Be (Just) about Pain and Suffering", *Journal of Legal Studies*, v. 37, n. S2, 2008, S195-S216.
2. KAHNEMAN, D. *Thinking Fast and Slow*. Nova York: Farrar, Straus and Giroux, 2011, p. 402.

3. SCHKADE, D. A.; KAHNEMAN, D.; "Does Living in California Make People Happy? A Focusing Illusion in Judgments of Life Satisfaction", *Psychological Science*, v. 9, n. 5, 1998, pp. 340-6.
4. *Duuriu v. City of New York*, 577 N.Y.S. 2d 64 (N.Y. App. Div. 1991); *Coleman v. Deno*, 832 So. 2d 1016 (La. Ct. App. 2002); *Squibb v. Century Group*, 824 So. 2d 361 (La. Ct. App. 2002); *Thornton v. Amtrak*, 802 So. 2d 816 (La. Ct. App. 2001); e *Keefe v. E & D Specialty Stands, Inc.*, 708 N.Y.S. 2d 214 (N.Y. App. Div. 2000).
5. *Keefe*, 708 N.Y.S. 2d.
6. *Thornton*, 802 So. 2d; veja também *Levy v. Bayou Indus. Maint Servs.*, 855 So. 2d 968 (La. Ct. App. 2003). (Indenização de 50 mil dólares por perda do prazer de viver como consequência da síndrome pós-concussão).
7. *Hatcher v. Ramada Plaza Hotel & Conf. Ctr*, No. CV010807378S, 2003 WL 430506 (Conn. Super. Ct. 29 jan. 2003).
8. *Frankel v. Todd*, 260 F. Supp. 772 (E.D. Pa. 1966).
9. *Russo v. Jordan*, No. 27,683 CVN 1998,2001 WL 914107 (N.Y. Civ. Ct. 4 jun. 2001).
10. Amartya Sen e Martha Nussbaum exploraram a centralidade das capacidades em diversos estudos. Veja, por exemplo: SEN, A., *op. cit.*; NUSSBAUM, M. *Creating Capabilities: The Human Development Approach*. Cambridge, Massachussetts: Harvard University Press, 2011. Não estamos usando a ideia de "capacidades" no mesmo sentido que Sen e Nussbaum, mas nosso uso pertence à mesma família, focando a capacidade de viver de maneira funcional, e não apenas em estados mentais subjetivos.
11. UBEL, P. A; LOEWENSTEIN, G., *op. cit.*
12. LOEWENSTEIN, G.; UBEL, P. A. "Hedonic Adaptation and the Role of Decision and Experience Utility in Public Policy", *Journal of Public Economics*, v. 92, n. 8-9, 2008, pp. 1795-1810.
13. Ibid., p. 1799.
14. *Matos v. Clarendon Nat Ins. Co.*, 808 So. 2d 841 (La. Ct. App. 2002).
15. *Daugherty v. Erie R.R. Co.*, 169 A 2d 549 (Pa. Sup. Ct. 1961).
16. *Nemmers v. United States*, 681F. Supp. 567 (C.D. Ill. 1988).
17. *Varnell v. Louisiana Tech University*, 709 So. 2d 890,896 (La. Ct. App. 1998).

14: Experimentos com vivência: O futuro da desabituação

1. MILL, J. S. *On Liberty*. Londres: John W Parker & Son, 1859, p. 101.
2. POLO, M.; PISA, R. Da. *O livro das maravilhas: A descrição do mundo*. Tradução de BRAGA JR., E. Porto Alegre: L&PM, 1999.
3. MILL, J. S. *Principles of Political Economy with Some of Their Applications to Social Philosophy*. Nova York: D. Appleton & Company, v. II, 1909, p. 135.
4. MILL, J. S. *On Liberty*. Londres: John W Parker & Son, 1859.
5. WELLS, H. G., *op. cit.*, p. 136.
6. LEVARI, D. E. *et al.* "Prevalence-Induced Concept Change in Human Judgment", *Science*, v. 360, n. 6396, 2018, pp. 1465-7.
7. Idem.
8. POLO, M.; PISA, R. Da. *O livro das maravilhas: A descrição do mundo*. Tradução de BRAGA JR., E. Porto Alegre: L&PM, 1999.

ÍNDICE REMISSIVO

Nota: páginas em itálico indicam ilustrações.

#

1984 (Orwell), 171

A

A importância de ser prudente (Wilde), 30
A mística feminina (Friedan), 182
Abrahams, Harold, 178
adaptação neural, 139
Afeganistão, 169
África do Sul, 176
Além da imaginação, 26, 30
Allcott, Hunt, 56-57, 61-62
ambiente, 145-159
    aeroportos, 146
    estudos e analogias sobre o pulo do sapo, 153-154
    fazenda de porcos, 146
    mudança climática, 154-156, 158
    poluição do ar, 146-153, 158
    Regras de Voo Visual (VFR) *versus* Regras de Voo por Instrumentos (IFR), 159
    resposta de tremor ao frio, 156-158,
    trilhos de ferrovias, 145-146
animais de circo, 163
apartheid, 176
Apple, 185
autoritarismo, 192, 198. *Veja também* tirania

B

bactérias, 14-15
Barrington-Leigh, Christopher, 150
Bassett, Dani, 38-39
Berra, Yogi, 213
BiasWatchNeuro, 186
Blain, Bastien, 29, 71
bom e ruim, conhecimento de, 210-211
Braghieri, Luca, 57-58
Brown, Reynaldo, 94
Bucay, Jorge, 163
Buffett, Warren, 39-40
Burrus, Joe ("Incrível Joe"), 129, 133-34

C

caçadores de sensações, 38-39
Califórnia, 111-112, 203-204
câmaras de ar puro, 151
Cameron, David, 133
Carruagens de fogo, 178
Carson, Shelley, 88-89
Caruthers, Ed, 94
Casablanca, 35
cérebro
    amígdala, 98
    córtex visual, 139
    estímulos filtrados pelo, 153
    habituação como um processo no, 14-18

neurônios como preditores, 167-169, 183
resposta emocional no, 64, 98-99
Cheyenne (Wyoming), 147
Chowdhury, Shovan, 53-54
cidade de Nova York, 111, 146
cigarros Chesterfield, 121-124
Coase, Ronald, 92
colostomias, 206
compensações morais, 108-109
confiança, 133, 142, 179
continente africano, 169
covid-19
   proposta dos economistas para combater, 108-109
   resiliência à, 71-76
   risco de contrair, 134
criatividade, 83-94
   de pessoas de fora, 91-93
   e atividade física, 86-88
   e habituação lenta, 88-91
   e necessidades, 85
   e pequenas mudanças, 86-88, 93-94
   e QI alto, 91
   e ter uma rotina, 92-93
   na economia, 92
   na psicologia, 92
   nas leis, 92
   no salto em altura, 83-85, 91-92, 93-94
   realizadores criativos eminentes (criativos), 88-90
Crow, Sheryl, 41
Cruz Vermelha, 174, *175*, 181

D

Daalmans, Juni, 136
depressão, 30, 57-58, 62, 69, 70, 78, 79, 206
desabituação. *Veja também* habituação
   a coisas ruins e como lutar por mudanças, 12
   à discriminação, 181
   à poluição do ar, 151
   à segregação, 181
   ao estimular resultados negativos, 139 141, *141*
   ao risco, 137-144
   perspectiva de, 11-12
   por meio da exposição ao desconhecido, 210
   por meio da mudança, 139
   por meio da realidade virtual, 140-141, *141*, 180-181, 209
   por meio das tecnologias, 180-181, 213 (*veja também* realidade virtual)
   por meio de experimentos com a vida, 208-213
   por meio de intervalos, 26-27
   por meio de treinamento, 142
desinformação, 110, 111-126
   boato dos cigarros Chesterfield, 121-122
   de Hitler, 111, 114, 119
   de políticos e marketeiros, 119
   e precisão, sensibilidade à, e recompensas, 125-126
   e processamento neural em resposta a estímulos repetidos, 118
   efeito ilusório da verdade, 112-114, 119
   facilidade de processamento de informações associadas à verdade, 117-120, 125
   familiaridade associada à verdade, 114-117
   informações primárias *versus* metainformações, 116
   nas redes sociais, 119-120, 125
   pela repetição de uma mentira, 112
   proteção contra, 125-126
   viés da verdade, 122-125, 126
desonestidade. *Veja* mentira
diálise, 206, 207
direitos civis, 181, 182
discriminação, 174-187
   contra as mulheres, 164-167, 177-177, 181, 183-6
   contra gays, 177
   contra judeus, 177, 178
   contra pessoas de cor, 174-176, *175*, 181
   cotas e políticas de diversidade para combater, 185-186

desabituação à, 181-183, 186
e mudar a etnia ou o gênero de alguém, 179-181
e viés, 183-188
habituação à, 176, 178
habituação por vítimas de, 178-179
papel dos estereótipos e das generalizações, 183-184
doença de Alzheimer, 114
Dolezal, Rachel, 104
dor, indenização por. *Veja* lei
Doze anos de escravidão (Northup), 182
Dubos, René, 145, 158

E
edição de som, 152
efeito ilusório da verdade, 112-114, 119
eletromiografia (EMG), 28
Elster, Jon, 170
emoções. *Veja também* felicidade/prazer
habituação às, 99-100, 133
versus intelecto, 28-29
empreendedores de desabituação, 18, 172-173, 181-183, 186, 211
erotismo, 35
erros de previsão (surpresas), 167-168
erros negativos de previsão (lacunas entre expectativas e resultados), 167, 169, 170
esquizofrenia, 77, 78, 90
estado de Nova York, 111
excedente de consumo, 56
expectativas baixas, 165, 169-170
experimentos com a vida, 208-213
falsificação de preferências, 171, 192

F
Facebook
  pausas no uso do, 55-57, 64-65
  sentir-se afastado depois de sair do, 61-62
  uso do, e saúde mental, 57-58
Fancourt, Daisy, 72-73, 75
Fanger, Ole, 151
fascismo, 191
FDA (Food and Drug Administration), 138

felicidade/prazer, 21-40
  definição de felicidade, 43-44
  e a mesmice da meia-idade, 31-33, *31*
  e habituação à vida cotidiana, 26
  e o mero efeito da exposição, 25n
  e poluição do ar, 150-151
  e riqueza, 23-24
  e sensação *versus* conhecimento, 28-29
  experiência subjetiva, 21-22
  por meio da exploração ou da acomodação, 37-40
  por meio da mudança de ambiente, 27-28
  por meio da satisfação incompleta e intermitente dos desejos, 23-25
  por meio da variedade, 43-44
  por meio de experiências *versus* posses, 33-35
  por meio do amor/casamento/intimidade, 35-37
  por meio do aprendizado/progresso, 30-31
  por meio do descanso, 21-22, 26-28
  recuperando o brilho, 25-31
fobias, 78-79
Fosbury flop, 84-85, 92-94
Fosbury, Dick, 83-85, 91-94
Fratscher, Carl, 153
Friedan, Betty: *A mística feminina*, 182
fumaça de cigarro, 151-152
fumaça de tabaco, 151

G
Gates, Bill, 39
gays, discriminação contra, 177
Geana, Andra, 30
Gervais, Ricky: *O primeiro mentiroso*, 110
Gibson, Belle, 103-105, 106
Globig, Laura, 71, 126, 215-216
Goltz, Friedrich, 153
Google, 139
Griffin, John Howard, 174
  Na pele de um negro, 179
Gunnarsen, Lars, 151

H

habituação, 11-18
   a coisas boas, 30
   à dor e a perdas, 203-206
   à tirania, gradual, 189-194, 195
   ao horror, 197-199
   ao risco, 131-137, 139, 144-144
   definição, 12
   dependência da sobrevivência à, 18
   e motivações, 30
   emocional, 99-100, 133
   fracasso em se habituar, 76-79, 90
   impacto da depressão sobre, 69-71, 206
   lenta, valor da, 88-91
   origens, 14
   por meio da inibição entre neurônios, 15-17
   superando (*veja* desabituação)
   tédio de reviver um ótimo dia, 11-12
   visão, 14-15
Haffner, Sebastian (Raimund Pretzel)
   História de um alemão: Memórias 1914-1933, 189-190, 193-196
   sobre escrita histórica, 190
Haj Ali, Hadeel, 131, 141, *141*
hanseníase, 121
Hansson, David e Jamie Heinemeier, 185
Harford, Tim, 53
Hartfield, John, 94
Heinzmann, A., 153
Heller, Aaron, 68-70, 73
Heschel, Abraham Joshua, 163
História de um alemão: Memórias 1914-1933 (Haffner), 190, 193-196
Hitchcock, Alfred: *Os pássaros,* 78
Hitler, Adolf, 111, 114, 120, 189-195
Högertrafikomläggningen (Suécia, 1967), 129, 137
Holmes, Elizabeth, 96, 104-106
Holstein, Sam, 53
Holtz, Nora, 126, 216
Honnold, Alex, 129, 144
Houdini, Harry, 129, 130

I

ilusão do foco, 203-204, 207
Instagram, 55, 61, 64, 103, 110
internet. *Veja* redes sociais
intuições, 210

J

Johnson, Boris, 73
Johnson, Samuel, 34
judeus
   antissemitismo, 192
   discriminação contra, 177, 178
   reações ao nazismo, 194, 196
   violência contra, 195

K

Kahneman, Daniel, 92, 203
Kelly, Chris, 65-66
Kron, Assaf, 28

L

Laboratório de Aquecimento e Condicionamento de Ar (Dinamarca), 151
lei, 200-207
   danos à capacidade, indenização por, 206-207, 231n10
   danos hedônicos, indenização por, 201-202, 204, 206
   desencorajar, indenização para, 202-203
   dor e sofrimento, indenização por, 201-206
   e a ilusão do foco, 203-204, 207
   estimativa da habituação à dor e a perdas, 203-206
Levitt, Steven, 47-48
limpeza do porto de Boston, 135-136
Livro das maravilhas: A descrição do mundo (Rustichello), 212
Los Angeles, 147-150, 207

M

MacKinnon, Catharine: *Sexual Harassment of Working Women,* 182
Madoff, Bernard, 95, 105-106
Main, Kelly, 86, 93

Masako Owada, 76, 77
Mayer, Milton: *They Thought They Were Free*, 189-193, 195
mentira, 95-110
    abnegada, 105-106
    aceitabilidade da, 109-110
    atividade cerebral durante a, 98
    cortando pela raiz, 106-110
    custo social da, 98n
    dados fabricados, 105, 224n14
    de Gibson, 103-104, 106
    de Holmes, 104, 106
    de Trump, 101
    e habituação emocional, 99-100
    escandalosa, 104
    habituação à, 96-97, 102-105, 109-110
    na política, 101-102, 104
    norma contra, 109
    por psicopatas, 106
mesmice na meia-idade, 31-33, *31*
Milgram, Stanley, 198-199
Mill, John Stuart, 208, 210
miopia metacognitiva, 116
Moore, Frances, 155
mudança climática, 154-56, 158
mudanças no nível de adaptação (percepções de "normalidade"), 58-59, 155
mulheres
    direitos das e igualdade para, 164-166, 171
    discriminação contra, 164-166, 177-99, 181, 183-6
    expectativas baixas das, 169-171

N

Na pele de um negro (Griffin), 179
Naruhito, Príncipe, 76
Narynin, Unci, 146
Nature, 125
nazismo, 189, 191-196
negros, discriminação contra, 174-176, *176*, 182
neurônios dopaminérgicos, 168
neurônios, 14-15
neurotransmissores, 168

Niv, Yael, 186-187
"normalidade", percepções de (mudanças no nível de adaptação), 58-59, 155
normas, rigidez das, 107, 109
Northup, Solomon: *Doze anos de escravidão,* 182
novidade/mudança *versus* segurança/previsibilidade, 35-36

O

O primeiro mentiroso (Gervais), 109
Oishi, Shigehiro, 45-46
Orben, Robert, 146
ornitofobia (fobia de aves), 78
Orwell, George: *1984,* 171
Os pássaros (Hitchcock), 78
"Outro lugar" (episódio da série *Além da imaginação),* 26, 30

P

Pantazi, Myrto, 124
Parks, Rosa, 181-182
pensamento inovador. *Veja* criatividade
Perel, Esther, 35-37
Phone Dashboard, 64
Pollard, C. William, 83
Polo, Marco, 210, 212
poluição do ar, 148, 158
prazer. *Veja* felicidade/prazer
preferências adaptativas, 169-170
Pretzel, Raimund. *Veja* Haffner, Sebastian
progresso, 163-173
    e erros negativos de previsão (lacunas entre expectativas e resultados), 167, 170
    e expectativas baixas, 169-171
    e habituação às limitações, 164
    e habituação, graus de, 171-172
    e preferências adaptativas, 169-170
    e surpresas (erros de previsão), 167-169
    mulheres, direitos das e igualdade para, 164-166, 171
    por empreendedores de desabituação, 172-173

R

realidade virtual, 140-141, *141,* 180-181, 209
redes sociais, 53-66
    assédio no X, 62-63
    desinformação sobre, 119-120, 125
    e percepções de "normalidade" (mudanças no nível de adaptação), 58-59, 155
    excedente de consumo em, 56
    Facebook, pausas no uso do, 55-57, 64-65
    Facebook, sentir-se afastado depois de sair do, 61-62
    habituação ao, 64
    impacto de remover coisas irritantes constantes, 54-55
    número de usuários no mundo, 55-56
    qualidade do tempo de tela, 65-66
    sair ou reduzir o tempo em, 53-54, 55-57, 61-62, 64-65
    uso do Facebook e saúde mental, 57-58
    vício em, 63-64
Regras de Voo por Instrumentos (IFR) *versus* Regras de Voo Visual (VFR), 158
Rehnquist, William, 182
Reino Unido
    apostas de Cameron para, 134
    confinamentos por covid-19 no, 72-73, 75
    poluição do ar no, 148
resiliência, 67-79
    a notas baixas, 68-71
    à pandemia de covid-19, 71-76
    definição, 67
    e ruminação, 69-71
    e transtorno de ajuste, 76-77
    impacto da saúde mental sobre, 69-71, 73-79
Reunião Anual da Sociedade Internacional de Neurociência Comportamental, 186
riscos, 129 144
    com filhos, 141-142
    de acidentes de trânsito, 137-137
    de apostadores, 131
    de escapologistas, 129-131, 133-134
    de investidores, 133, 134-136
    de políticos, 134
    e realidade virtual, 140-141, *141*
    em casa, 137
    em obras, 150-137
    emoções na avaliação de, 131-133
    intervenção para tornar as atividades mais seguras, 142-144
    novo e desconhecido *versus* antigo e conhecido, 134-137
    segurança on-line, 138-140
Roberts, Julia, 22-23, 27
rostos, reação a, 81, 211
ruminação, 68-70
Rush, Benjamin, 63
Rustichello da Pisa: *Livro das maravilhas: A descrição do mundo,* 212
Rutledge, Robb, 29
Rutter, Michael, 67

S

Santos, George, 105
Santos, Laurie, 28
saúde mental
    depressão, 31, 57-58, 69-71, 79, 206
    esquizofrenia, 78, 90
    fobias, 78-79
    resiliência impactada pela, 73-79
    transtorno de ajuste, 76-77
    transtorno obsessivo-compulsivo, 79
Sawyer, Margaret, 174, 175-176, 181, 182
Scalia, Antonin, 60
Scitovsky, Tibor, 24
Seldon, Anthony, 133
Sen, Amartya, 169
Sexual Harassment of Working Women (MacKinnon), 182
Sharot, Tali
    pesquisa sobre a mentira, 97-99, 101
    pesquisa sobre desinformação, 120, 125-126
    pesquisa sobre férias, 51-52

pesquisa sobre habituação ao
  risco, 131, 134, 141, *141*
pesquisa sobre redes sociais, 65-66
pesquisa sobre resiliência na pandemia, 71,74
vítima de um golpista, 123-125
Shiller, Robert, 92
sistemas de IA (inteligência artificial), 184-185
smog, 147-152, 157
Sorokin, Anna, 122
Stapel, Diederik Alexander, 105
suicídio, 32
Sunstein, Cass R.
  acidente de carro, 200-201
  experiência como explorador/acomodado, 37, 39
  visita à África do Sul, 176-177
Suprema Corte dos Estados Unidos, 60, 182
surpresas (erros de previsão), 167-168
Swidey, Neil, 135, 136

T
terapia de exposição, 79
Thaler, Richard, 92
They Thought They Were Free, 189-193, 195
tirania, 188-199
  antissemitismo na, 192
  direitos civis e liberdades na, 188
  e habituação ao horror, 197-199
  fascismo, 194
  habituação gradual à, 189-194, 192-195
  nazismo, 189-197
  reações de judeus ao nazismo, 194, 196
  vida comum na, 189-190, 193-194
  violência contra judeus, 195
  vulnerabilidade da democracia à, 194-197
Toews, Frank, 84
transtorno de ajuste, 76
transtorno obsessivo-compulsivo, 79
Troxler, Ignaz Paul Vital, 15
Trump, Donald, 101
Twitter *(agora* X), 54, 58, 154

U
UCLA (Universidade da Califórnia em Los Angeles), 147
Universidade Brigham Young, 139
Universidade da Califórnia em Los Angeles (UCLA), 147
Universidade de Pittsburgh, 139
Universidade Haifa (Israel), 28

V
variedade, 41-52
  e dores de transição, 41-43
  e previsão da habituação, 48-50
  felicidade por meio da, 43-44
  impacto de mudanças sobre a felicidade, 46-48
  para ter uma vida psicologicamente rica, 45-46
  pausas durante experiências agradáveis e experiências ruins duradouras, 48-52
  significado/propósito por meio da, 44-45
  valor de uma vida variada, 43-46
Vellani, Valentina, 215
vício, 63-64
viés da verdade, 121-123, 125, 126
viés, 122-125, 126, 183-187
vulnerabilidade da democracia à tirania, 216-19

W
Wade, Brady, 146
Wells, H. G, 211
Westgate, Erin, 45-46
Wilde, Oscar, 35
  A importância de ser prudente, 30
Williams, Bernard, 109
Wozniak, Steve, 185

X
X *(antigo* Twitter), 54, 58, 154

Z
Zuckerberg, Mark, 57

1ª edição	JANEIRO DE 2025
impressão	BARTIRA
papel de miolo	IVORY BULK 65 G/M²
papel de capa	CARTÃO SUPREMO ALTA ALVURA 250 G/M²
tipografia	KEPLER STD